FRANÇOISE MALLET-JORIS

dossier critique et inédits

suivi de

LE MIROIR, LE VOYAGE ET LA FÊTE

par

Monique Detry

BERNARD GRASSET
PARIS

Tous droits de traduction, de reproduction et d'adaptation
réservés pour tous pays, y compris l'U.R.S.S.
© *Editions Grasset 1976*

FRANÇOISE MALLET-JORIS

suivi de

LE MIROIR, LE VOYAGE ET LA FÊTE

FRANÇOISE MALLET-VÉRITÉ

par Claude Roy

Le premier qui prononce le mot *flamande,* je tire mon revolver et je casse une assiette. Oui, je sais que Françoise est blonde, belle, belge, qu'il y a dans sa mémoire et ses livres des béguines, des van Baarnheim, des canaux, des kermesses, et qu'à partir du mot *flamande* on peut tout enchaîner, son « réalisme » avec la peinture flamande, la douce cruauté de regard et le cynisme passionné du *Rempart des béguines* avec la vieille malice des libres penseurs bataves, sa religion avec les mystiques flamands et Ruysbroek l'Admirable. Je ne permets qu'à Françoise elle-même de parler de sa Flandre, avec cette voix posée, paisible, limpide, ce ton d'écolière auquel il ne faut pas se fier plus qu'à l'eau qui dort, et cet humour acide, si positif, si bienveillant, qu'elle pose dans la conversation comme les vieux peintres de chez elle posent une tache de couleur aiguë sur un paysage de gris et de neige. Bon, Françoise Lilar, dite Françoise Mallet-Joris, est des Flandres. Ça aide à une certaine image trompeuse, une jeune fille un peu scandaleuse, mais qui s'est *rangée* depuis : c'est debout à six heures du matin, ça reprend son roman en cours comme une dentellière son point de Birche, ça a quatre enfants, ça fait sûrement des confitures dans de grandes bassines de cuivre où les airelles mitonnent à feu doux aussi patiemment qu'un roman se cuit (en deux ans pour Françoise) ; c'est un personnage, cette petite personne. Je vous accorde qu'elle est flamande.

Et maintenant, n'en parlons plus. Quant au *personnage,* passons.

Les romans de Françoise Mallet-Joris trompent leur monde, mais ne se trompent pas sur le monde. Ils trompent leur monde, enfin le monde qui catalogue et classe, qui met en fiches, et qui ne sait jamais très bien où mettre Françoise Mallet-Joris. Les fabricants de manuels de littérature la mettent volontiers (en désespoir de cause) dans le tiroir des Romanciers Naturalistes de la Famille Bourgeoise, entre Zola et Bazin (Hervé), l'équivalent flamand-féminin d'un Mauriac (« Familles, je vous hais » menant à « Dieu, je vous aime ») où les nœuds de vipères seraient noués au point de Malines. Il y a tout ce qu'il faut dans ces romans, en effet, pour sauver les apparences d'un solide naturalisme social, avec le trio de base de la rêverie romanesque de Françoise Mallet-Joris : la jeune fille sournoisement rebelle, qui s'appelle tour à tour Hélène, Cordélia, Albertine, et même Marie Mancini ; le Père, auquel il arrive que la jeune demoiselle dispute sa maîtresse, et le Séducteur, qui s'appelle Tamara, Jean, Louis XIV, comme vous voudrez. Le rapport obsédant qui s'établit dans un livre de Françoise Mallet-Joris, c'est presque toujours le rapport entre les Grandes Personnes, les Grands Intérêts, les Grands Mots, les Grandes Affaires, les Grandes Familles et une petite chèvre maligne et absolue, qui cache derrière des yeux qui n'ont pas froid une âme de feu. Le Séducteur, c'est une façon de refuser le monde gelé, figé des parents travestis en adultes. L'amour, même s'il ne se raconte pas d'histoires d'amour, est toujours plus sérieux que l'argent, la respectabilité, les rapports sociaux et mondains. D'une saison en Espagne avec ces amoureux qu'elle n'arrivait pas tout à fait à aimer, Françoise Mallet-Joris écrit, dans un de ces raccourcis-miroirs qui sont les harmoniques de sa poésie long-résumant dans la trame de sa prose : « *Nous étions des enfants cachés dans le jardin, que les grandes personnes appellent et qui s'amusent à ne pas répondre.* » L'auteur des *Mensonges* (tous ses romans pourraient porter ce titre, ou celui des *Personnages*) est toujours un peu l'enfant songeuse cachée dans le jardin, qui observe à travers les feuilles les micmacs des grandes personnes, les juge avec une sévère indulgence, et pour les punir d'être si peu vraiment vraies, ne répond pas quand on l'appelle.

Ce qui ne veut pas dire que, quand elle joue dans le jardin ses jeux à elle, la jeune fille enfant se prenne trop aisément au jeu. J'aime beaucoup les poèmes quasi clandestins que Françoise écrivait entre quinze et seize ans, quand elle s'appelait encore Lilar, le cahier d'écolier sur lequel ils sont imprimés est aujourd'hui introuvable, l'auteur avait dix-sept ans quand ils parurent, et des nattes. Je les aime, parce qu'ils sont nostalgiques (la nostalgie du futur, l'attente d'une promesse) et lucides. Point de transports qui transportent mal, pas de niaiseries. L'un d'eux, avec ses faiblesses, contient déjà toute Françoise, comme le bourgeon toute la feuille, comme le cocon tout le papillon. La jeune fille y parle à un homme (« *ton désir étranger qui brûle et qui halète* »), elle l'interroge sans parler :

« *As-tu connu cette attente et ce souvenir, et cette crainte que ce qui s'en vient soit moins beau que le souvenir ?* » et le poème se termine sur une petite note ironique, désabusée avant d'avoir même abusé, un accent amer et narquois :

« *— Naturellement tu penses à autre chose.* »

Il y a au cœur de tout ce qu'a écrit Françoise Mallet-Joris la présence d'une perpétuelle *étrangère :* la sourde angoisse, la solitude mesurée, l'interrogation sans réponse de celle qui n'arrive pas à jouer le jeu quand ce n'est pas pour de bon. Elle pose indéfiniment la grande question des enfants : « C'était pour de vrai ? » Il n'y a que cela qui lui importe réellement : que ce soit *pour de vrai*. Et comme la vérité n'est pas une chose, un caillou qu'on déterre et prend dans la main, un fruit des Hespérides qu'on cueille et mord, comme la vérité est un rapport, une relation, une harmonie (entre quoi et quoi ? entre qui et qui ?), Françoise écrit des romans. Des romans qui sont une longue, patiente quête, une enquête : quelqu'un dans le roman, Françoise et ses douces petites sœurs si dures, est aux aguets, pèse et soupèse, récuse les travestis, dément les masques, débrouille les mensonges, débusque les personnages de leur rôle, et cherche ces instants où le vrai se fait jour au-delà des mensonges, les minutes de vérité. La *morale* n'intéresse guère Françoise. Ce qu'on a pris pour le cynisme de ses premiers livres, l'esprit religieux secret de ses derniers, c'est la même jeune femme hardie, la même exigence. Elle raconte qu'un de ses petits garçons, lisant *Tarass Boulba*, ses exploits, ses incendies, ses crimes, disait : « Ce n'est pas bien, mais c'est beau ! » Et Françoise ajoute : « *Oui, c'est beau comme est beau l'incendie. Je ne suis pas contre l'incendie moi-même. Ce que je n'aime pas, ce sont les faux incendies au néon.* » Elle écrit comme elle est, comme elle vit, patiente et inquiète, calme et feu, scrupuleuse et merveilleusement folle de vérité, démêlant sans relâche le vrai feu du néon, les fils d'or des fils de nylon, le faux-semblant du bon aloi, la note fausse du ton juste. Françoise Mallet-Joris, qui écrit des romans comme Pénélope tissait, petite dentellière de l'absolu.

UNE FLAMANDE CORROSIVE

par François Nourissier

Nous sommes des amis d'enfance. D'une enfance, il faut le confesser, inventée. Voici à peu près dix ans que Françoise Mallet-Joris et moi décidâmes de nous être connus tout gosses à Biarritz, d'avoir joué au sable ensemble sur les dunes de La Panne. Cela faisait sérieux. Mais aujourd'hui je m'inquiète de savoir si ces imaginaires années 30 m'autorisent à faire le portrait de Françoise... Je le feuillette : mon album Mallet-Joris est quand même assez complet. Il y manque quelques images Lilar : la maison anversoise, une villa sur un lac italien. Mais pour le reste, je dispose d'un bon stock de souvenirs.

Secrète et publique

Voici Françoise en ciré noir (elle portait encore ses nattes en ce temps-là) riant aux éclats au fond du Studio Raspail. Françoise à un vernissage de son mari, Jacques Delfau, boulevard du Montparnasse. Françoise entre Gisèle et René Julliard, rue de l'Université, dans le grand appartement un peu trop achalandé pour son goût, en bavardeurs et questionneurs. La voici dans sa maison normande, laissant aller sa bohème à deux pas de là où Roger Martin du Gard mena une vie si bourgeoise, organisée et nobélisante. La voici dans le logis exigu de la rue Royer-Collard aux fenêtres donnant sur l'enseigne de « l'Empire céleste » (qui fut un troquet chinois avant de devenir le titre d'un de ses romans), livrée aux assauts d'un orchestre de jazz et aux rafales alternées des cris, des courses, des leçons de piano et des supplications, c'est-à-dire à la tumultueuse vitalité de sa famille. La voici entre sa mère, Suzanne Lilar, et sa sœur. Au comité de lecture des éditions Grasset. Dirigeant une historique soirée de collages collectifs à même les murs de sa maison. Travaillant avec moi aux dialogues d'un film que nous abandonnâmes, sagement, avant que l'œuvre achevée ne nous plongeât dans un excès d'embarras. Me voici l'écoutant dire du bien de nos amis. La voici m'écoutant en dire du mal...

Mais aucune comédie sociale, aucune anecdote et même aucune scène familiale ne vaudra jamais l'aventure à la fois secrète et publique d'une œuvre. Un écrivain se trouve dans ses livres, nulle part ailleurs. A quoi bon évoquer l'extrême jeunesse de Françoise Mallet, ces années que la légende décrit volontiers comme tumultueuses, tendues, difficiles et remarquablement précoces ? Il existe pour les dire des poèmes de 1947, un roman de 1951. Cela ne suffit-il pas ? Autour de quelques tâtonnements, d'un séjour aux Etats-Unis, de cette espèce de cri innocent et cinglant que fut *le Rempart des béguines*, il est permis aux amateurs de biographie d'imaginer l'accent fiévreux et avide que prend l'adolescence quand elle a le cœur et les yeux vifs.

Ensuite je pense que la plus honnête façon de présenter Françoise Mallet-Joris est une énumération : douze livres, deux traductions, des préfaces, des articles, un mari peintre, quatre enfants aux yeux superbes dont l'un, déjà, est un homme au profil batailleur.

Sent-on ce que cette énumération signifie ?

Au fond des petits cafés

Elle signifie, malgré les succès, une lutte de tous les jours pour le silence, pour le temps, pour l'argent. (Pourquoi le mot écorcherait-il les oreilles ? Dire d'un écrivain qu'il ne possède pas toujours assez d'argent, c'est dire, d'une autre façon, qu'il possède assez de liberté.) Elle signifie, malgré l'atavisme grand-bourgeois, la volonté d'organiser et de maintenir autour de soi quelque chose qui ressemble à ce qu'on aime, à ce qu'on pense, c'est-à-dire une vie non assujettie, un peu désordonnée, ouverte et offerte à autrui. Par voie de conséquence, cela veut dire aussi les heures à traquer la solitude au fond des petits cafés du quartier du Luxembourg, les cahiers repris de matin en matin, devant un thé qui refroidit, où des histoires de violence et de détresse sont menées à terme d'une écriture d'enfant sage. Cela veut dire les migraines, les insomnies, l'angoisse de tout et de rien, les comprimés blancs et les dragées roses, cet étrange bricolage qui tient de l'intoxication, de l'artisanat et du défi, nommé littérature.

Au questionnaire Marcel Proust, Françoise Mallet-Joris a donné, entre autres, deux réponses superbes : « *Mon rêve de bonheur ? Ne plus écrire. Quel serait mon plus grand malheur ? Ne plus écrire.* » Impossible de tout avouer en moins de mots.

J'ai bien aimé, dans le texte de Claude Roy, comme il commençait : « *Le premier qui prononce le mot* flamande, *je tire mon revolver et je casse une assiette...* » Il est vrai que cet adjectif fade, ménager, rose, intimiste et blond, qui poursuit Françoise de chronique en feuilleton sous les prétextes qu'elle est née belge et que ses yeux sont clairs, il est vrai que cet adjectif est bien agaçant. Je terminerai donc en essayant de le pulvériser.

Une fixité meurtrière

Chez elle, je le jure, pas trace de cuivres astiqués, pas la moindre odeur d'encaustique, pas de carrelage où se mirer. Ce serait même plutôt pagaïe et compagnie. Mythologiquement, on sait que les voix blondes sont gentillettes et les yeux bleus, rassurants. Or la voix de Françoise, à mon oreille, serait passablement menaçante et ses yeux, aux miens, d'une fixité vite meurtrière. Nous connaissons tous des gens qui hurlent et flamboient dans la colère. Françoise, elle, devient toute rouge et murmure des vérités d'une voix qui n'est plus du tout blonde mais *blanche* — si vous saisissez la nuance — son regard tranquillement planté dans celui de l'adversaire. Les colères de Françoise, ses raids justiciers, ses crises de bon sens et de loyauté constituent de vrais massacres. Quiconque y a assisté perd le goût d'évoquer la sempiternelle blondinette anversoise et réaliste, méticuleuse et arrangeante.

Françoise n'est méticuleuse que dans la comptabilité amicale. Elle est terriblement dérangeante. Non seulement pour des personnages aussi considérables que les reporters ou les éditeurs mais, j'imagine, pour ce personnage plus considérable encore à Qui elle s'adresse à sa façon, coléreuse et désarmée, et qu'elle a la discrétion de ne presque jamais nommer par Son nom. Ah non ! Françoise Mallet-Joris n'est pas une confectionneuse de pâtisseries romanesques, mais une manière d'Antigone, éperdue et bien contrôlée, qui ne cache son jeu que par dédain de l'opinion. Au reste, elle ne cache pas son jeu quand elle écrit. Relisez *les Personnages*, *Lettre à moi-même*, les pages d'intimité qu'elle a glissées dans sa *Marie Mancini* ou le cruel épilogue de son dernier roman : le meilleur d'elle décape, saccage, mord, ruine les comédies du caractère et de l'âme. Si Flandre il y a, il faut alors inventer un acide flamand, et du feu, et des sarcasmes. Un Carnaval aux masques d'abord grimaçants, bientôt arrachés.

*Françoise Mallet-Joris
répond au
questionnaire Marcel Proust*

Quel est, pour vous, le comble de la misère ? Le mépris de soi-même.
Où aimeriez-vous vivre ? Où il y a des livres et du soleil.

Votre idéal de bonheur terrestre ? Ne pas penser au bonheur.
Pour quelles fautes avez-vous le plus d'indulgence ? Celles qui ne sont pas méditées.
Quels sont les héros de roman que vous préférez ? Ceux qui sont heureux.
Quel est votre personnage historique favori ? Louis XIII.
Vos héroïnes favorites dans la vie réelle ? Marceline Desbordes-Valmore. Zélie Martin (la mère de sainte Thérèse de Lisieux).

Vos héroïnes dans la fiction ? Pauline (dans *Polyeucte*). Madame de Mortsauf. Chantal (dans *La Joie*).

Votre peintre favori ? Il y en a beaucoup. Klee. Bissière. Mais aussi Rembrandt.

Votre musicien favori ? Beaucoup aussi. Satie. Bartok. Mais aussi Bach et Haendel.

Votre qualité préférée chez l'homme ? Le courage.

Votre qualité préférée chez la femme ?	La bonté.
Votre vertu préférée ?	La bonté et le courage.
Votre occupation préférée ?	Le travail vrai.
Qui auriez-vous aimé être ?	Mon meilleur moi.
Le principal trait de mon caractère ?	La volonté d'agir consciemment.
Ce que j'apprécie le plus chez mes amis ?	L'indulgence.
Mon principal défaut ?	L'impatience.
Mon rêve de bonheur ?	Ne plus écrire.
Quel serait mon plus grand malheur ?	Ne plus écrire.
Ce que je voudrais être ?	...
La couleur que je préfère ?	Toutes.
La fleur que j'aime ?	Toutes.
L'oiseau que je préfère ?	Tous.
Mes auteurs favoris en prose ?	Bernanos. Valery Larbaud. Balzac. Diderot.
Mes poètes préférés ?	Apollinaire. Nerval. Verlaine. Claudel. Rilke.
Mes héros dans la vie réelle ?	Van Gogh. Artaud. Le curé d'Ars.
Mes héroïnes dans l'histoire ?	...
Mes noms favoris ?	Les plus simples.
Ce que je déteste par-dessus tout ?	Le fanatisme, le racisme, mais aussi la lâcheté, les compromissions.
Caractères historiques que je méprise le plus ?	...
Le fait militaire que j'admire le plus ?	Aucun.
La réforme que j'admire le plus ?	...
Le don de la nature que je voudrais avoir ?	Me faire comprendre.
Comment j'aimerais mourir ?	Dans la paix intérieure.
Etat présent de mon esprit ?	La tension.
Ma devise ?	Aujourd'hui.

Biographie
très sommaire

1930 Naissance à Anvers de Françoise-Eugénie-Julienne Lilar, le 6 juillet, à 6 h 45. Signe : Cancer. Ascendant : Lion.
Elle est la fille d'Albert Lilar, avocat, professeur de droit maritime, ministre d'Etat et de Suzanne Lilar, née Verbist, avocate, écrivain, membre de l'Académie de Belgique.

1934 Naissance à Anvers de Marie Lilar, sa sœur.
Jusqu'à l'âge de quatre ans, parle surtout le flamand avec sa bonne Maria, qui restera dans la famille toute sa vie.

1936 Entre au Cours Marie-José.
Apprend à lire et découvre la littérature à travers *les Contes* d'Andersen.

1938 Séjourne au Ritz, à Paris, pour la première et unique fois de son existence, en compagnie de son père venu traiter une affaire. Se souvient d'y avoir dégusté une poule au riz dans sa chambre.

1940 L'exode la conduit jusqu'à Brive-la-Gaillarde, où elle restera plusieurs mois.

1943 Interrompt ses études pour cause de maladie.

1944 Commence à écrire ses premiers poèmes.

1946 Est reçue à son « jury central ».

1947   Publie *Poèmes du Dimanche*, imprimés sur un cahier d'écolier. Elle a tout juste seize ans et demi.
Part pour les Etats-Unis, au collège de **Bryn-Mawr**, près de Philadelphie. Elle y restera un an afin de perfectionner son anglais.
En profite pour se marier avec Robert Amadou, professeur de lettres, et français.
Retour en Europe. Elle s'installe à Paris.
25 décembre : naissance de son fils Daniel.

1949   Suit des cours de littérature comparée à la Sorbonne. Etudie également la littérature anglaise.

1950   Ecrit *le Rempart des béguines*.

1951   Publie son livre sous le pseudonyme de Françoise Mallet, choisi au hasard.
Le sujet du roman et la jeunesse de l'auteur suscitent une manière de scandale chez les bien-pensants.
Pendant l'été, voyage en Grèce à motocyclette. Se souvient d'avoir couché dans un cimetière, à l'abri d'une tombe.

1952   Entre comme lectrice aux éditions Julliard. Ajoute Joris, prénom flamand, à son pseudonyme pour éviter les confusions.
Epouse Alain Joxe, historien, et s'installe au 4, rue Royer-Collard.

1953   Découvre les joies de l'écriture matinale dans les cafés, aux environs du Luxembourg.

1954   Compose les différentes nouvelles de *Cordélia*.
Milite au P.S.A., aux côtés de Pierre Mendès France.

1955   Publie *la Chambre rouge*, suite et fin du *Rempart*.
Le père Carré lui donne le sacrement du baptême à Saint-Pierre-du-Gros-Caillou.
29 juillet : naissance de Vincent.

1956   Publie successivement *Cordélia*, puis, à l'automne, *les Mensonges* qui ratera de peu le prix Femina.
Voyage en Tunisie.

1957   Reçoit le prix des Libraires, ainsi qu'une médaille remise par le roi Baudoin. Elle s'achète à cette occasion un chapeau.
Fait l'acquisition d'une ferme dans l'Orne, au Gué de la Chaîne.

1958   8 février : naissance d'Alberte.
15 mars : mariage avec le peintre Jacques Delfau et baptême d'Alberte.
Publie *l'Empire céleste*, qui obtient le prix Femina.

1960   14 mai : naissance de Pauline.

1961   Publie *les Personnages*.

1963   Publie *Lettre à moi-même*.

1964   Publie *Marie Mancini*.
Reçoit le prix de Monaco, remis par le prince Rainier. Elle s'achète à cette occasion un second chapeau.

1965   Entre au comité de lecture des éditions Grasset.
Participe à la campagne présidentielle, en faveur de François Mitterrand.

1966   Publie *les Signes et les prodiges*.

1967   Tient une chronique de télévision dans *Panorama chrétien*.

1968   S'installe avec sa famille dans une vieille maison de la rue Jacob, surtout remarquable par ses plafonds.
Publie *Trois Ages de la nuit*.

1969   Est élue au jury Femina.

1970   Publie *La Maison de papier*.
Elue à l'unanimité à l'académie Goncourt, au « couvert » de Lucien Descaves et de Pierre Mac Orlan.

1971   Ecrit ses premières chansons.

1972   Voyage en Suède.

1973   Publie *le Jeu du souterrain*.

1974　Voyage en Finlande.

1975　Tournée mouvementée au Canada avec l'académie Goncourt.
　　　Est victime d'un attentat manqué à son domicile.

1976　Publie *Allegra* et *J'aurais voulu jouer de l'accordéon*.

*Entretien
avec
Matthieu Galey*

Une romancière prise au mot

M. G. — Il y a chez vous une espèce d'innocence. A quoi cela tient-il ?

F. M.-J. — Je crois que ça tient au fait qu'il y a une vraie scission, entre moi-même quand j'écris et moi-même quand j'existe. Par exemple, j'ai tendance dans la vie, ça m'arrive tout le temps, à prendre au mot, absolument littéralement, tout ce qu'on me dit. Je ne pose jamais aucune question. Si on me dit qu'on arrivera à six heures, je crois que ça veut dire six heures. On me dit autre chose, je le crois. Je ne me demande pas si les gens ont des arrière-pensées, tandis que si j'écrivais, si je racontais la scène que je suis en train de vivre, il est évident que je me poserais des questions et que je comprendrais beaucoup mieux. Je reste très à la surface des choses, dans la vie, plus que je ne le suis quand j'écris. J'aime beaucoup écrire des lettres à mes amis, par exemple, parce que c'est un moyen de communication, pour moi plus facile et plus vrai.

J'écris tous les jours, en dehors des périodes où je suis vraiment en mauvaise santé. J'écris surtout au café. J'ai trop de préoccupations chez moi. Au fond j'aime beaucoup ma maison, j'aime beaucoup mes enfants, il y a un tas de choses qui m'intéressent chez moi et j'éprouve le besoin de couper court à tout en m'en allant.

M. G. — Vous ne vous sentez pas constamment un écrivain ?

F. M.-J. — Non. Je sens bien sûr de temps en temps des choses qui me frappent, mais ce sont plutôt des atmosphères que des personnes. Et parfois des situations.

En général je ne prends pas de notes et ensuite, très très longtemps après ces choses réapparaissent. Souvent elles se sont modifiées avec le temps, mais ça s'est fait d'une façon tout à fait inconsciente.

L'écriture, effort sportif

F. M.-J. — Je ne suis pas vaniteuse, mais je suis très orgueilleuse. Je ne le suis que par rapport à moi-même : un mauvais jugement sur ma personne, ou sur mon travail, ne m'affecte pas, mais le sentiment que je n'ai pas fait aussi bien que j'aurais pu faire m'affecte énormément.

M. G. — Et cela vous arrive souvent ?

F. M.-J. — Oui, assez souvent.

M. G. — On peut poser la question à l'envers : est-ce qu'il vous arrive souvent d'être contente ?

F. M.-J. — De temps en temps, mais pas très souvent.

C'est purement intérieur. Je sens que j'ai donné mon maximum, c'est comme un effort sportif.

C'est le sentiment d'une fatigue où l'on sent qu'on s'est absorbé complètement dans le travail qu'on a fait. On se sent bien.

Je ne juge pas du résultat, je juge de mon effort, et ça me donne une satisfaction de me dire que c'était le mieux de ce que, moi, je pouvais faire. Maintenant, situer le mieux de ce que je peux faire, moi, dans le monde ou dans la littérature, ou dans une échelle de valeurs quelconque, ça je ne le fais pas, je crois que c'est très mauvais de le faire.

A partir d'un certain moment je sais que je ne peux plus rien. Ça se détache, c'est mort. Que ce soit bon ou mauvais.

Influences et antipathies

F. M.-J. — Le premier romancier que j'ai beaucoup aimé c'est Tolstoï, et puis Thomas Mann, et Rilke aussi, mais ce n'est pas un romancier.

M. G. — Et Tolstoï, lequel ?

F. M.-J. — Oh ! *Guerre et Paix, Résurrection.*

M. G. — Vous aviez quel âge quand vous les avez lus ?

F. M.-J. — Treize ans.

M. G. — Vous étiez une petite fille très intelligente ?

F. M.-J. — J'étais une petite fille qui était très souvent malade, alors j'avais beaucoup de temps pour lire. C'était la seule chose qui me distrayait. Je vivais tout entière dans les livres que je lisais. J'en lisais des quantités, plusieurs par semaine. Mais il y avait heureusement chez moi une très grande bibliothèque. Je les prenais systématiquement l'un après l'autre, je ne choisissais même pas.

M. G. — Alors, chez Tolstoï, qu'est-ce qui vous avait séduite en particulier ?

F. M.-J. — Ah ! une ampleur, une respiration très large. Ce n'est pas étriqué, cette atmosphère de la Russie, ce pays, ces paysages, et puis la vie de famille aussi, les descriptions de la vie de famille, que j'aimais beaucoup.

Je ne sais pas très bien, c'est difficile à définir, mais je me rappelle par exemple qu'une scène comme la chasse au renard dans *Guerre et Paix*, ou les mascarades qu'il y a dans le roman, m'ont vraiment frappée... Et puis il y a les promenades sous les étoiles. Il me semble que c'est une chose qu'il faut donner à ses enfants, un peu de ce sens du merveilleux, dans le quotidien, dans les choses très familières.

Mais je crois que ce sont surtout les poèmes de Rilke qui ont eu beaucoup d'influence sur moi. C'est sûrement à cause de cela que j'ai commencé par écrire des poèmes. J'en écris encore.

Balzac, je l'ai lu encore plus jeune ; j'ai commencé à

onze ans et je ne comprenais pas tout mais c'était plutôt la multitude de personnages qui me fascinait. J'étais entrée dans un monde d'adultes, ça m'intéressait énormément, mais de la même façon que m'intéressaient les amis de mes parents, par exemple.

M. G. — Et parmi les écrivains contemporains ?

F. M.-J. — Dans les auteurs de ce siècle, je me rappelle surtout Bernanos, que j'avais lu aussi assez jeune, et qui m'avait beaucoup frappée. Et puis des poètes, toujours des poètes.

Proust, je l'ai lu plus tard.

Ça m'a plu, mais je ne crois pas que ça m'ait influencée.

Je l'aime dans le sens où quand je le reprends pour le relire, je ne peux pas m'arrêter, il faut que je continue. C'est un plaisir musical mais si loin de moi que c'est comme un art, presque.

M. G. — Gide n'a eu aucune influence, non plus ?

F. M.-J. — Non, pas beaucoup. J'ai lu Colette, et puis Dostoïevski. J'aime également Julien Green, ce décalage entre la réalité et la réalité intérieure ; on ne sait jamais très bien jusqu'à quel point l'une communique avec l'autre.

Parmi ceux que je n'aime pas, Rousseau m'agace énormément, et il continue de m'agacer. C'est un épanchement sans force. Je sens une espèce d'attendrissement sur soi-même qui me déplaît.

Je trouve que c'est complaisant.

M. G. — *La Lettre à moi-même* l'est peut-être aussi ?

F. M.-J. — Je ne crois pas. Au fond, je ne parle pas de moi-même, tellement. Je parle d'une expérience que j'ai faite, mais toujours, en l'écrivant, j'avais le sentiment (je n'aime pas ce mot mais je n'en trouve pas d'autre) d'apporter un *témoignage* sur une chose que j'avais vécue mais qui appartenait à tout le monde plutôt que celui de raconter une chose qui m'était propre, à moi seule.

Ce que je n'aime pas beaucoup, en somme, c'est ce qu'on appelle le roman d'analyse français, c'est *Adolphe* par exemple, ou *Dominique*.

M. G. — Radiguet, non plus ?

F. M.-J. — Si, j'ai aimé Radiguet. Je dois le reconnaître, mais je le sens un peu comme une faiblesse.

M. G. — La musique joue aussi un rôle. Quelle musique ?

F. M.-J. — Toute la musique, alors vraiment, toute la musique. J'aime beaucoup la musique classique.

Bach en particulier, surtout les œuvres qui sont très techniques, qui sont un peu austères comme *l'Art de la Fugue*, mais j'aime également Beethoven, et Mozart. Plus près j'aime beaucoup Schubert, j'aime Schumann. Je suis très très sensible à la musique, même quand elle est mauvaise. J'aime aussi la musique moderne, les œuvres de recherches, comme Schönberg ou Darius Milhaud, ou Bartók. Et puis les chansonnettes, même les plus stupides.

L'esprit des lieux

M. G. — Il y a aussi des villes dans la vie, des paysages...

F. M.-J. — Je suis restée surtout très attachée à un décor nordique, typiquement nordique, aux grandes villes du Nord qui sont des ports comme Amsterdam ou Hambourg, ou... Anvers. J'aime beaucoup le soleil, j'apprécie les pays méditerranéens, mais je suis moins directement touchée que par la vie nordique, peut-être parce qu'elle est plus poétique ; on s'y défend davantage contre la nature. On se replie sur soi-même... La vie est plus lente.

M. G. — C'est très difficile d'avoir une vie lente dans une ville.

F. M.-J. — Oh ! c'est une question d'organisation.

M. G. — Vous êtes complètement séparée du reste du monde, dans ce cas-là.

F. M.-J. — Oui, je regarde, je ne participe pas mais je regarde, je regarde avec un certain plaisir.

M. G. — Alors vous devriez aimer les maisons, les objets, qui sont des choses stables. Ce qu'on appelle les biens terrestres.

F. M.-J. — Je les aime, en soi. J'ai habité plusieurs maisons et je les ai choisies parce que je les aimais, mais je suis incapable de sentir que cette maison est à moi. J'y habite, mais je ne suis pas capable de modifier son décor, de faire des aménagements, des ameublements. En général, les maisons où nous habitons sont très inconfortables, il manque toujours des choses qu'on ne peut pas se résoudre à y installer. On y séjourne, mais elles ne nous appartiennent pas.

Je n'ai pas le sentiment de la propriété. Il y a un certain nombre de petites choses auxquelles je tiens et qui me suivent partout... C'est un peu la tente du nomade, mais ce sont des choses qui n'ont pas du tout de valeur : des petits masques en couleur qu'ont faits les enfants, des tentures, des couvertures, des tapis. Ce qu'on pourrait transporter avec soi en cas d'incendie.

Les mûres, les lilas, et la mémoire

F. M.-J. — Pour moi, le souvenir c'est une image. Dans le passé, les choses dont je me souviens vivement sont coupées entre elles. Elles forment une série de tableaux, éclairés, mais entre ces tableaux je ne me souviens presque de rien.

M. G. — La guerre, par exemple ?

F. M.-J. — Elle m'évoque un mûrier, parce que nous étions réfugiés dans le midi de la France et que nous volions beaucoup de fruits sur les mûriers. Les gens du pays ne les mangeaient pas ; ils disaient que c'était bon pour les cochons, mais ma mère nous en faisait des confitures, trouvant que c'était tout à fait bon pour nous. Et je revois toujours ces arbres, je n'avais jamais vu des mûres sur des arbres, je revois toujours ces grands mûriers dans lesquels nous grimpions pour cueillir ces fruits et beaucoup de petits enfants en dessous qui se moquaient de nous.

C'est *un* des souvenirs que j'ai de la guerre. Un autre souvenir c'est le jour de l'offensive allemande. Comme c'était au printemps, ma mère était dans notre jardin d'Anvers, en train de couper des lilas, et on est accouru tout à coup lui dire que l'offensive avait commencé. Elle a posé les lilas par terre, et ces lilas sont restés là et se sont fanés. Ça, ça m'avait beaucoup frappée. C'était le contraste qui m'avait fait sentir, étant enfant, assez jeune, qu'il se passait vraiment une chose exceptionnelle.

Le souvenir part toujours pour moi d'une atmosphère, en général plutôt d'objets ou d'un cadre que d'un personnage. Je peux me souvenir d'un tas de choses qui ont rapport à la guerre en partant de cette image des lilas, mais il faut que je revienne toujours à cette image pour revivre cette époque.

La forme et le souvenir

F. M.-J. — Je crois qu'il y a une relation assez étroite même entre le fait que je me souvienne, par flashes, par tableaux, vivement éclairés, et que je ne me souvienne pas, mais pas du tout, de certaines périodes qui disparaissent de ma mémoire. Je crois qu'il y a un rapport entre cela et le fait que je n'aime pas les transitions, que je n'aime plus du tout écrire des transitions. Par contre, écrire par tableaux très coupés correspond beaucoup plus au mécanisme naturel de mon esprit. C'est pour moi un mouvement plus naturel. On gagne toujours à suivre une espèce de mouvement naturel. C'est un rythme qui n'est pas dans mes premiers livres parce que j'étais influencée par le roman classique. Il me semblait qu'il fallait faire comme ça, qu'on ne pouvait pas laisser des personnages dans un salon et les reprendre trois ans après dans un jardin, qu'il fallait dire ce qui s'était passé entre-temps. Au fond, ce n'est pas indispensable.

M. G. — Vous posez-vous des problèmes de forme ?

F. M.-J. — Je ne crois pas que la forme soit ce qu'il y a de plus valable dans ce que je fais. De temps en temps, il y a un moment où la visualisation des choses devient si forte que j'essaie toujours de la traduire, le plus exactement possible. Si elle est très forte je crois que je traduis très précisément et c'est vivant. Si je ne vois pas assez bien, les mots pèsent et ne correspondent pas à ce que je vois. C'est très pénible, c'est un long travail, mais ce n'est pas ce qu'on appelle exactement un problème de forme.

M. G. — Vos pages sont sans retouche ?

F. M.-J. — Elles le sont dans la mesure où je ne retouche pas au fur et à mesure. J'écris le livre tout entier, d'un seul bloc, et je le reprends d'un seul bloc, parce que je tiens beaucoup à rester dans le mouvement, dans l'élan, comme un lecteur. Il me semble que si j'écris sans m'arrêter, comme une personne qui lit un livre le lit sans s'arrêter, je peux très bien dépister les passages qui sont trop longs, trop courts, ennuyeux, pas vivants, mais je ne retouche pas sur la page, non jamais. Je trouve que ça fige. Il y a des livres que j'ai refaits quatre fois complètement. En général je les refais au moins deux fois. *L'Empire céleste,* par exemple, où j'avais imaginé un homme qui écrit son journal, je l'ai repris plusieurs fois et sous des optiques très différentes. Au départ c'était un homme qui écrivait son journal et qui se jugeait lui-même, au bout de ce livre, de ce journal. Ensuite c'était un homme qui donnait à lire son journal à des amis qui le jugeaient sévèrement mais lui ne s'en apercevait jamais. Et enfin c'était un homme qui écrivait son journal, sans se poser aucune question, journal que des amis lisaient, mais alors il s'apercevait, à cause d'eux, du décalage entre son personnage et sa personne. Cela s'est fait en trois ou quatre fois.

Une espèce de germination

F. M.-J. — J'ai très peu d'idées, mais je considère plutôt que c'est un don d'avoir très peu d'idées. Si on en a trop, on ne peut en élucider aucune, alors une tous les ans, ou tous les deux ans, cela suffit.

M. G. — Mais de quoi naissent-elles, ces idées ?

F. M.-J. — Très souvent d'atmosphères et puis elles demeurent très longtemps à l'état latent. Par exemple un jour, il y a très longtemps déjà, j'ai rencontré un monsieur très âgé qui m'a demandé d'aller chez lui pour me jouer des compositions qu'il avait écrites, au piano, et qui n'avaient jamais été entendues par beaucoup de monde. Un compositeur, mais pas célèbre du tout. Alors je suis allée chez lui, dans un cadre très désuet et il m'a joué ses mélodies, qui étaient belles, d'ailleurs. Déjà, ça m'a beaucoup émue de penser qu'au fond si peu de gens avaient entendu cette musique et que peut-être personne ne l'entendrait jamais plus. A un moment, pendant qu'il jouait, j'ai regardé la pièce. Il y avait un très ancien miroir avec un cadre assez tarabiscoté et des flambeaux sur les côtés, en bronze. Je le voyais dans ce miroir très taché, et c'était comme s'il était déjà mort, ce monsieur, comme s'il était déjà son propre souvenir. Il n'y avait plus rien à faire pour lui. C'était comme si j'étais déjà dans le souvenir de cet après-midi. Il ne pouvait plus rien arriver. Ça m'a fait une très forte impression et ce souvenir me revient de temps en temps. Il est possible qu'il en naisse quelque chose, mais il est possible aussi qu'il n'en sorte rien du tout. J'ai le sentiment qu'il faut laisser se développer les choses par une espèce de germination tout à fait végétale ; il ne faut rien forcer. Mais beaucoup de choses me sont venues comme ça, d'un souvenir. Elles se transforment, petit à petit.

Je n'ai jamais l'impression d'intervenir d'une façon active, j'ai plutôt l'impression de vider mon esprit et d'attendre que d'une vision initiale naissent des choses, toutes seules. Très souvent ça ne naît pas, mais quelquefois, par chance, ça se produit.

M. G. — Comment ? Vous attendez que l'inspiration vienne ?

F. M.-J. — Non, je n'attends pas, j'écris. Mais j'écris jusqu'à ce que tout d'un coup il y ait un mot qui se mette à vivre. J'écris sur un personnage. En admettant que je veuille commencer à travailler autour du souvenir de ce vieux monsieur, par exemple, j'écris des suppositions : il se pourrait que... En particulier, j'écris dans mon journal intime, sur différents personnages que j'ai observés, comme celui-là, et finalement il y en a un qui tout d'un coup se met à vivre. A ce moment-là, il n'y a plus qu'à le laisser faire. C'est surtout un effort d'attention.

M. G. — Ne pourriez-vous pas être vous-même le personnage sur lequel germe l'imagination ?

F. M.-J. — Oui, dans des livres comme *Lettre à moi-même* j'ai parlé de moi, mais c'était la même chose que pour ce vieux monsieur, c'était moi que je regardais avec quelque distance.

M. G. — Donc le moi-même de la *Lettre* n'est pas vous ?

F. M.-J. — Non, il n'est pas absolument moi, il est « des choses qui me sont arrivées » plutôt que moi. Quand j'étais enfant, mon livre favori était *A travers le miroir*. Au fond, c'est resté très proche de moi. Il faut le traverser. C'est ce sentiment qu'il y a quelque part une très mince pellicule entre deux mondes qu'il faut traverser. De temps en temps on y arrive mais pas toujours. Dans ce cas-là, il faut attendre.

Un besoin de justifier la vie

F. M.-J. — C'est mon travail qui m'a amenée à la foi. Quand j'étais enfant je ne souffrais pas du tout de vivre dans un milieu où on ne parlait jamais de ces problèmes. Au contraire je considérais toutes les paroles et tous les actes des grandes personnes qui m'entouraient comme extrêmement drôles mais tout à fait dénués de sens et cette impression d'absurdité et d'étonnement rejoint celle que j'ai encore aujourd'hui quelquefois. Mon travail était la seule chose qui me paraissait avoir un sens, et ce sens je l'ai creusé petit à petit parce qu'au fond, si on veut écrire un livre parmi tant d'autres, ou peindre quelque chose quand tant de gens le font, ça peut paraître aussi un peu absurde. Et ce besoin que j'avais d'écrire s'est épanoui en un besoin de justifier ma vie.

Le fait d'écrire était déjà un effort pour donner une espèce de sens à mon existence.

Je crois que l'existence doit être justifiée, fût-ce à un très petit niveau. C'est toujours le passage à travers le miroir : j'étais séparée de quelque chose d'essentiel et toute l'écriture était un effort pour rejoindre cette chose essentielle.

Comme je suis très immédiate dans mes sentiments, dans mes perceptions, je sentais beaucoup moins ce manque dans tous les autres événements de la vie. J'étais trop intensément dans l'instant pour pouvoir envisager autre chose et tout ce qui m'arrivait me paraissait aussi assez absurde et drôle.

M. G. — Vous sentiez cette carence, mais qu'imaginiez-vous comme solution, avant de vous convertir ?

F. M.-J. — Je n'imaginais pas du tout de solution. J'attendais. C'est toujours la même attitude. Je pensais qu'à un moment quelque chose, qui ne serait peut-être pas différent de ce que je faisais déjà, mais *quelque chose* se remplirait de sens tout à coup. Il suffisait d'être très attentif.

Je m'intéressais à quelque chose qui peut être appelé le mysticisme si l'on veut, mais je le sentais comme on sent un objet dans l'obscurité, sans le voir. Je sentais un besoin, un manque, une recherche ; je n'avais aucune idée de la forme que cela pouvait prendre.

M. G. — Et comment l'événement s'est-il produit ?

F. M.-J. — Très simplement. J'ai décidé un jour d'aller voir un prêtre dont on m'avait dit qu'il s'occupait tout particulièrement des gens du spectacle et des arts, et je suis allée le voir pour discuter avec lui. Comment j'en suis venue à cette décision, je ne sais pas. Enfin, il me semblait tout de même qu'en dehors du travail il devait y avoir un mode de communication, il devait y avoir... il fallait parler à quelqu'un. Alors je suis allée le voir, on a discuté un peu et finalement j'ai pris cette décision, tout à fait aveuglément, avec d'ailleurs un sentiment d'extrême répulsion, de grand danger. Un engagement qu'on prend sans savoir ni pourquoi ni comment, et que cependant je voulais prendre.

M. G. — Cela vous paraissait un risque ?

F. M.-J. — Terrible.

M. G. — Pourquoi ?

F. M.-J. — Je me disais qu'on s'engageait à une foule de choses... Toujours ma façon de prendre les mots au pied de la lettre !... Je pensais que si on était chrétien on devait être parfait, absolument parfait, je ne me sentais pas du tout en état de le devenir et pourtant je sentais qu'il fallait le faire, c'était une espèce de courage idiot, vraiment... Tout à fait aveugle et instinctif.

Ce que j'ai pu avoir ensuite de connaissances, de réflexion, sur ces problèmes, d'enrichissement, tout est venu après. Et quand je suis allée dans cette chapelle pour me faire baptiser j'étais vraiment dans un état d'appréhension épouvantable, presque d'horreur. Vraiment. Je m'y suis traînée comme on se traîne à une exécution, mais il le fallait.

Depuis, j'ai eu le sentiment d'avoir à lutter beaucoup pour mener une vie chrétienne, réellement, c'est un problème de toute existence, mais je n'ai pas eu le problème du doute, jamais.

M. G. — N'est-ce pas la question essentielle qui se pose à un chrétien ?

F. M.-J. — Le doute ?

M. G. — Oui.

F. M.-J. — Ah ! non. Le problème c'est plutôt le sommeil.

M. G. — Quel sommeil ?

F. M.-J. — Une espèce d'habitude. J'ai été frappée, très frappée, dans les débuts de ma conversion, quand j'allais à la messe le dimanche, de voir que les gens ne se souriaient pas, ne se sentaient pas un peu parents. Quand on va à une réunion politique, les gens se parlent ; quand on rencontre des gens à Noël qui portent des cadeaux, on se sourit, on est un peu ensemble. A la messe, c'est bien rare, et ça m'attristait.

C'est tout de même une communauté, et je voudrais qu'elle soit plus joyeuse.

Mais comment aborder les autres chrétiens ? On aurait l'air d'un fou...

Comme une autre famille

M. G. — Est-ce que cette conversion vous a changée, vous ?

F. M.-J. — J'ai l'impression qu'elle m'a apporté un élargissement, disons un enrichissement considérable. Ce sont les mêmes choses qui m'occupent, mais elles sont... elles ont un sens.

M. G. — Vous êtes devenue quelqu'un de plus juste, ou au contraire de plus passionné ?

F. M.-J. — C'est un élargissement de mes intérêts, surtout. J'ai trouvé une espèce de rapport universel entre toutes choses. Je n'ai plus l'impression, quand je m'occupe d'une chose qui ne concerne pas mon travail, de perdre mon temps, ou de me disperser. Au contraire, je retrouve une fraternité que j'ignorais avant. J'avais trop tendance à me replier complètement sur moi-même. Ça m'a ouvert à beaucoup de choses, même celles qui n'ont rien à voir avec la religion. A beaucoup d'êtres, aussi, que je n'aurais pas compris auparavant.

M. G. — C'est une porte ouverte ?

F. M.-J. — Oui, je trouve en moi-même les mêmes éléments qu'avant ma conversion. Par exemple, j'ai toujours été très angoissée à un certain moment, je me suis posé beaucoup de problèmes, et en même temps j'ai toujours eu de grands élans de vitalité, de joie de vivre. Mais maintenant cette angoisse, cette joie de vivre, je les unis en quelque sorte avec les problèmes des autres. La foi ne me sépare pas d'eux, elle m'unit. C'est comme un accroissement de ma famille, une autre famille.

Les Oeuvres

vues par

Lise Deharme - Gérard Bauer - Jean Blanzat - Émile Henriot - Robert Kemp Jean Mistler - Henry Bonnier - Luc Estang - Pierre-Henri Simon - Robert Kanters - Kléber Haedens - Bertrand Poirot-Delpech

POÈMES DU DIMANCHE

UN PETIT SAINT JEAN
par Lise Deharme

Le talent de cette petite fille nous fait honte. Et nous voudrions, plutôt que de vous en parler, écrire pour vous ces phrases d'elle — merveilleuses, orgueilleuses et simples — qui nous enchantent, comme si une petite sirène lucide sortait de l'eau pour nous apprendre à regarder ce que nous ne voyons plus.

« Le prisonnier songeait à sa maison de briques rouges, à sa haie tendre où l'on prenait des hannetons, et se demandait combien de pétales a l'églantine... »

Je cherche à m'imaginer cette enfant, cette rose des sables que je ne connais pas et qui « immobile à travers les heures travaille à reconstruire le mot de Mélisande ».

Cette petite fille qu'on dit très belle et dont la bouche fraîche se fane une seconde pour parler de l'amour. Cette petite fille qui enfile les grains de sable, les yeux vers l'eau qui leur ressemble en mordillant une de ses boucles.

Je t'écoute : « Petite fille ancienne dentellière, tisse de tes doigts morts le fin réseau des chansons d'autrefois... »

« Le chant simple et puissant des enfants et des dieux... » Enfant gâtée durcie par les embruns, mûrie par la mer et le soleil violents des Flandres, et toute passionnée du sel amer de la mer et de l'enfance, car personne n'eut jamais cette conscience de l'enfance comme cette enfant de seize ans, comme cette petite fille vieille comme le monde.

Audacieuse et insolente adolescente qu'une « douloureuse envie de rire prend aux épaules », qui nommes les églises des « glacières de midi », qui t'intéresses aux vieilles demoiselles dont le « Dieu est redevenu l'image bien élevée, qui bénis la cuisine à carreaux rouges », Françoise Lilar, petite fille orgueilleuse et transparente, je vois trembler sur ton cœur les roseaux d'Ophélie, ta chevelure de saule « plus claire à la racine » est celle de Psyché. « Près des longues statues de pierres allongées, une rose fleurit toute droite. » Cette rose, c'est Juliette Capulet...

Françoise Lilar, qui comptez les pulsations de l'amour au rythme des feux de signalisation des carrefours, et qui comparez la venue de l'été à du vin frais tiré et à l'aurore, vous êtes un petit saint Jean Bouche d'Or.

LE REMPART DES BÉGUINES

FEMMES DAMNÉES
par Gérard Bauer
de l'Académie Goncourt

On vient de faire un succès, ces dernières semaines, au livre de début d'une romancière : *le Rempart des béguines.* L'auteur, Mme Françoise Mallet, a vingt ans. Elle a écrit ce roman lorsqu'elle en avait dix-sept et qu'elle était ce qu'on appelle une jeune fille bourgeoise. Son manuscrit comportait alors cinq cents pages. Elle le corrigea deux fois, l'allégea jusqu'à ne plus être que ces deux cents pages accueillies aujourd'hui avec faveur et quelque bruit. Entre-temps, la jeune fille s'était mariée, était devenue une jeune mère, avait rompu ce mariage, quitté son pays natal (elle est Belge) et commencé à Paris une vie nouvelle. Si je donne ici ces détails, ce n'est certes pas une indiscrétion, car Mme Françoise Mallet les a confirmés à la radio lorsqu'on l'a fait parler de son livre ; et ces détails ne sont pas simplement une anecdote : ils placent le récit de Mme Françoise Mallet dans le cadre et le temps où il fut écrit. Or, ce n'est pas un récit ordinaire, loin de là ; ni une rêverie de petite fille, vous en pourrez juger si vous le lisez. En attendant je souhaiterais le résumer sans le trahir, mais sans trahir, également, un tact qu'on doit à ses lecteurs.

L'héroïne, Hélène Noris, a quinze ans, et elle vit dans une grande ville provinciale auprès de son père, veuf de 45 ans, et qui mène de front des affaires commerciales et des ambitions politiques. Hélène (elle conte son aventure comme une expérience personnelle et *le Rempart des béguines* pourrait être aussi bien, si ce n'était un roman, un journal intime) Hélène, donc, a été élevée dans un cours de jeunes filles ; et elle a connu, auprès de son père, une femme bien différente de celles qu'elle rencontrait habituellement dans sa province. Cette femme, grande, souple, mystérieuse, aussi poétique que M. Noris l'est peu lui-même, se nomme Tamara. Saluons tout de suite le talent de l'auteur : cette Tamara pouvait être une « vamp » de mauvaise qualité. Or, en dépit de son nom, de ses traits conventionnels, elle garde dans le récit une originalité et une vérité. Elle est vivante quoique livresque ; et attrayante certainement puisque après avoir séduit M. Noris, elle exerce son charme sur sa fille. Nous voilà donc aux portes de l'enfer et l'auteur, qui n'est guère plus âgée que son héroïne, va les pousser d'une main légère et nous y entraîner comme si c'était la promenade la plus naturelle du monde. Certes, la littérature contemporaine nous a, sinon habitués, du moins familiarisés aux confidentes des amitiés particulières. Balzac y mettait combien plus de discrétion et de mystère avec *la Fille aux yeux d'or !* Les temps ont aboli des pudeurs. Nous avons penché nos visages sur des « puits de solitude » et levé nos regards vers les écrans où se profilait Olivia. Mais au *Rempart des béguines* (c'est la promenade où gîte la belle Tamara) les précautions ne sont que des raffinements et la jeune Hélène y succombe bientôt, en toute innocence, c'est-à-dire avec une innocence qui sait très bien user de ses privilèges. Et entre son père et la maîtresse de son père, cette fille, qui a l'âge de Juliette, se fraye un chemin sans Roméos — où elle ne peut pas ne pas rencontrer l'abjection. Elle l'y rencontre en effet ; mais l'art de l'auteur est de lui donner le ton d'une élégante perversité. Je ne sais si Françoise Mallet a lu, lorsqu'elle était une jeune étudiante, nos conteurs du XVIIIe siècle ; mais il est certain qu'elle en a pris le tour, la clarté tranquille, l'élégant cynisme... Quelle sereine adresse pour conter ses plaisirs et parfois ses dégoûts, pour nous conduire jusqu'au dénouement de son aventure — mais à travers quels dédales ! — dénouement qui est tout simplement le mariage de son père avec la démoniaque Tamara. Il est vrai que cette Tamara, ayant doucement engraissé et pris goût à certaines aises quotidiennes, est mûre pour les retraites matrimoniales ; et la jeune Hélène pour des fiançailles sans souvenir... Quant au négociant-député, qui n'a tout de même pas soupçonné le roman qu'on nous conte, il pourra rejoindre, dans la « régularisation » de ses amours, une tranquillité qui lui manquait.

« Hippolyte, cher cœur, que dis-tu de ces choses ? » demandait Baudelaire dans *les Femmes damnées.* En effet : « que dis-tu de ces choses ? » Et qu'en pouvons-nous écrire sans paraître trop complaisant ou trop rigoureux — surtout lorsque l'auteur montre du talent, de l'adresse même ; et il est certain que pour un écrivain de vingt ans Mme Françoise Mallet en possède. Mais on demande à un livre de début plus de réserve et moins d'expérience. Je redoute qu'à se relire, un jour, plus tard, Mme Françoise Mallet éprouve quelque tristesse. Ce qu'on doit lui souhaiter c'est, à présent, d'écrire un roman où sa sensibilité n'ait pas à subir une si périlleuse épreuve et qu'elle y montre un attrait plus pur comme est son style et sans doute aussi le fond de son cœur.

LA CHAMBRE ROUGE

LES PULSATIONS DU CŒUR
par Jean Blanzat

Il y a quatre ans, Françoise Mallet-Joris fut la première à nous donner l'image d'une certaine jeune fille d'aujourd'hui. Depuis, quelques autres précoces romancières ont confirmé le portrait. Avec parfois de la stupeur, nous avons découvert une créature inconnue, formée par la lente évolution des mœurs et la crise morale qui suit les cataclysmes de l'histoire.

Au-delà des traits nouveaux, l'expérience prématurée, l'avidité de tout connaître, la possibilité de tout faire, nous avons, le premier étonnement passé, reconnu que cette jeune fille d'à présent n'était pas si différente de celles qui la précédèrent. Le cynisme, la sécheresse tranquille ne sont qu'une façade ; derrière, il y a un être égaré, déchiré, plus tragique peut-être qu'il ne le fut jamais.

Voilà, en tout cas, ce que nous montre, avec la Chambre rouge [1], la suite de l'éducation sentimentale d'Hélène Noris, l'héroïne adolescente du *Rempart des béguines* [2]. Le décor est le même ; Gers, un petit port belge au bord de son lac et de son fleuve, tout bruyant de ses kermesses. Dans la maison du père, bourgeois qui a des ambitions municipales et soigne sa popularité, Hélène, qui a maintenant dix-huit ans, vit avec Tamara, sa belle-mère, aventurière russe dont le récent mariage consacre une longue liaison.

1. *La Chambre rouge* (Julliard).
2. *Le Rempart des béguines* (Julliard).

Entre Hélène et Tamara, il y a beaucoup plus que la classique rivalité d'une jeune fille intransigeante et de l'intruse fourbe, coquette et d'ailleurs vieillissante. Tamara a naguère initié Hélène à certains jeux charnels, et, ensuite, a rompu. Ce qu'Hélène regrette dans cette aventure, restée à demi clandestine, n'est pas son innocence, mais la confiance, la tendresse, l'avidité qu'elle y avait mêlées et qu'on a bafouées. Elle est sortie de l'épreuve haineuse, humiliée, solitaire, pleine de méfiance et de mépris.

Ainsi, moralement défigurée, Hélène Noris s'avance vers ce qui est sa seconde aventure, mais sa première rencontre avec un homme. Le partenaire qui se présente, Jean Delfau, est un décorateur de théâtre très connu ; il a trente-cinq ans, il est riche ; il a la réputation d'un séducteur habile et froid.

De tous les combats singuliers du couple amoureux que le roman, inlassablement, met en scène, voici l'un des plus curieux, des plus équilibrés, et pourtant des plus pathétiques. Il y a entre la jeune demi-vierge et l'homme mûr plein d'autorité et d'expérience des ressemblances que, pour leur commun malheur, ils n'entrevoient que par instants. A l'endurcissement prématuré d'Hélène, à sa cuirasse de fierté, correspond la méfiance de Jean, qui souffre d'être riche, de passer pour un dilettante, qui souffre aussi parce qu'il a un bras à demi paralysé.

Tous deux s'avancent sous l'armure et, d'emblée, concluent un pacte explicite. Ce qu'ils vont vivre est une expérience dont la règle est qu'ils n'y risqueront rien. Ils doivent éviter d'empiéter sur leur liberté réciproque, de souffrir l'un par l'autre, en somme de se toucher au cœur.

Nous les voyons dans un combat subtil s'approcher, se reprendre, découvrir l'amour vrai, s'en écarter, y consentir et, finalement, se séparer parce que l'abnégation et la charité ne l'ont pas emporté sur l'amour-propre et la peur d'être dupe.

Avec la hardiesse de sa nature et l'inconscience de son âge, Hélène se jette dans le jeu. D'entrée elle s'offre à Delfau ; après quelques hésitations, il l'emmène dans la banale chambre rouge d'un hôtel. Hélène est sûre de soi. « *Ne me laissez pas courber la tête. Mon Dieu, jamais.* » C'est ainsi, en rebelle, qu'elle prie. A son amant elle déclare :

« Je ne suis pas sentimentale, ni romanesque, ni tendre et tout cela m'est bien égal. » Pourtant après quelques semaines elle est touchée, détendue ; moins par les révélations du plaisir que par la présence d'un homme en qui elle pressent un mystère, une fierté, une blessure peut-être semblable à la sienne. « (Jean), avoue-t-elle, *un nom que je ne puis plus penser sans l'agaçante, sourde douleur d'une meurtrissure invisible dont tout de même on se demande si elle est sans gravité.* »

L'amazone cynique, invulnérable est devenue une jeune fille proche de l'amour. Elle sait, elle sent que son compagnon a suivi un chemin parallèle. « *Je n'étais pas la seule à craindre l'inquiétant pouvoir de cet amour : lui aussi sentait, savait déjà que nous n'avions pas mis impunément les pieds dans ce domaine.* » Bientôt, officiellement, au grand jour, Hélène et Jean sont fiancés.

Mais l'homme, parce qu'il est l'homme et qu'il est l'aîné, croit devoir prouver et se prouver à lui-même qu'il n'est pas pris au piège du sentiment. Sous les yeux mêmes d'Hélène, il court l'aventure ; et elle a une réaction naturelle. « *Puisque Jean s'efforçait d'ôter tout venin à notre amour, pourquoi ne ferais-je pas de même ?* » Pour ne pas demeurer en reste, Hélène prend un autre amant ; un garçon médiocre, faux et lâche, qu'elle mène à la chambre rouge par défi. Lorsque, par hasard, Jean l'apprend, tout est perdu. Il n'a pas suffi au couple de comprendre que « *pour créer un amour heureux... il fallait une discipline* », cette discipline, ils n'y ont pas consenti.

Dans leur dernière entrevue, l'homme et la jeune fille devinent qu'ils ne se reverront plus. Ils ont trop bien tenu un pacte qui était contraire non pas seulement à l'usage mais aux lois profondes de l'amour vrai. « *Nous étions, s'écrie Hélène, avec une amère ironie, sauvés de l'amour, libres de ses exigences. Nous étions sauvés de la dépendance, de la gravité, de l'aveu, du pardon. Nous étions sauvés des autres et de nous-mêmes.* »

Si le mot n'impliquait une certaine sécheresse, une certaine intellectualité, nous dirions que Françoise Mallet-Joris a enregistré le duel, en analyste remarquable. Mais il y a dans ce livre beaucoup plus que des dons d'analyste. Elle enregistre non pas les mouvements des pensées, mais les pulsations des cœurs, son récit n'a rien de linéaire. Il se déroule sur le fond d'une comédie citadine et bourgeoise, tantôt sur le ton de l'humour, tantôt dans une opulence flamande de couleurs.

CORDÉLIA

LA PLUS DÉLICATE DENTELLIÈRE
par Émile Henriot
de l'Académie française

Mme Françoise Mallet-Joris, le jeune et cruel auteur du *Rempart des béguines* et de cette *Chambre rouge* qui m'a fait horreur l'an dernier, me paraît avoir accompli un grand progrès en quelques mois. Je ne crois pas qu'elle ait rien changé à sa nature, ni que son talent soit le moins du monde édulcoré. Elle écrit toujours à l'emporte-pièce, avec la simplicité et la rapidité de la maîtrise, en personne très sûre de son fait, douée d'une intelligence critique sans merci. Avait-elle un compte à régler dans ses premiers livres ? Ils étaient méchants. Dans ce volume nouveau, *Cordélia*, un recueil de contes pour la plupart très bien faits, il me semble discerner du cœur, et il y a même de l'esprit. Mais ce n'est pas pour ces qualités de prix Montyon que je recommanderai sincèrement la lecture de ces histoires. J'en signalerai seulement la réelle valeur littéraire, la diction aisée et volante, la justesse de touche. Si tout n'est pas de même épaisseur dans chacun de ces contes, une demi-douzaine au moins sont excellents et déjà d'un tour à faire classer un jeune écrivain.

Cordélia est le plus touchant. C'est le nom d'une petite gitane de quatorze ou quinze ans enfuie de sa caravane de nomades et ramassée un soir de chaleur sur une plage flamande par un gros brasseur, l'important M. Van Tittelboom, du petit village de Langeweghe. Il a recueilli chez lui cette jeunesse, par charité pour l'admiration des voisins cependant peu dupes de l'arrangement, et Cordélia est remise aux soins de la cuisinière, ravie d'avoir une victime à tourmenter en faisant valoir aux yeux des commères la bonté de son puissant maître. Pourtant, s'il n'avait obligé qu'une ingrate ? Une mauvaise fille, cette Cordélia, cette Cordule ! Ne refuse-t-elle pas de tenir le rôle qu'on lui a dévolu, dans la grande procession en l'honneur de la Sainte Vierge, aux fêtes du 15 août ? Tout le village est intéressé à cette cérémonie traditionnelle, qui met en compétition Langeweghe avec la bourgade rivale. On imagine de promener dans son cortège une vraie Marie entourée d'anges, suivie d'un défilé de mendiants, d'infirmes et de possédés que, se retournant vers eux, la Vierge bénirait et délivrerait de leurs maux. Cordule serait du défilé : une vraie mendiante, qui feindrait d'être possédée elle aussi, que l'on montrerait même attachée dans une cage... Cordélia refuse de se prêter à l'exhibition. Une révoltée ! La fête aura lieu tout de même, et la pauvre fille en sera, amenées de force, sous les rires, les pierres, les horions, les insultes : la procession tournée en kermesse, en bagarre, la petite, ensanglantée, en loques, s'échappant, disparaissant... Par la suite les processions qu'on avait supprimées à Langeweghe y ont été rétablies, et en souvenir de cette vieille histoire « *on a pris l'habitude d'y faire figurer, dans une cage de bois, un mannequin vêtu de rouge, auquel les enfants jettent des pierres : la sorcière Cordule.* »

Mme Françoise Mallet-Joris est, je crois, d'origine flamande : elle a l'imagination mouvementée, haute en couleur, et caricaturale, à la Breughel, à la Teniers. Plus près de nous c'est aux violentes mascarades d'Ensor qu'elle fait penser. La pitié en plus, une pitié un peu grinçante, pour les victimes : Cordélia, Marie, la petite Georgette du *Cendrier,* la Verna qui va être lâchée dans *Une rupture,* et qui ouvre un robinet de gaz, la faible et timide Sylvia, capable d'avoir du courage contre des mondains et des lâches ; ou l'effrayante Jimmy, la fille soldat dans un corps franc en Autriche, vers la fin de la guerre. Tout cela n'est pas gai à lire, mais c'est vigoureux, et quand l'anecdote la porte, Mme Mallet-Joris va droit au but, sans une ligne, sans un mot de trop. Et son registre est varié, de la drôlerie burlesque des *Poubelles* à la dramatique *Jimmy,* à l'humour charmant du *Souterrain,* qui mériterait à lui seul un prix de la nouvelle. Une petite mariée depuis peu, à la campagne avec des amis ; son mari absent, qu'elle est sur le point de tromper, sans entraînement parce que c'est comme ça, c'est sans importance et tôt ou tard cela sera. Pourquoi résister ? Luc est si gentil et si décidé... Mais les événements se mettent en travers, on a manqué le coche, on verra demain. Non, le lendemain, un niais emmène promener la petite dame, il s'intéresse aux châteaux en ruines, il lui en fera visiter un ; ils découvriront même ensemble un souterrain, un vrai. Un vieux château, un souterrain, des oubliettes ! Toute l'enfance rendue et retrouvée d'un coup, quelle merveille, quelle aventure ! Il ne se passe rien dans ce souterrain. L'amateur de ruines ne pense qu'à sa passion pour les vieilles pierres, et dans son enthousiasme il se contentera d'embrasser Fanny sur la joue, en lui demandant la permission. Sa petite compagne d'un jour en oubliera Luc, qui n'a pas su être là quand il le fallait. L'homme du souterrain aussi lui est indifférent, mais il lui a ouvert une porte sur quelque chose d'inconnu qui l'a fait rêver un instant. En somme, n'est-ce pas cela tromper son mari ? Le maladroit absent ne perdra certainement rien pour attendre, car cette gentille petite Fanny n'est pas de tout repos, avec ses curiosités, son fatalisme, sa cervelle d'oiseau et sa disponibilité à l'aventure. Mme Mallet-Joris a très joliment débrouillé, dans tous ses détours, ses méandres et son inquiétante innocence, cette âme minuscule, sans frein et promise à tous les hasards. On croyait l'auteur de *la Chambre rouge* spécialisée dans le vitriol et l'eau-forte ; et voici qu'elle se révèle aujourd'hui la plus délicate dentellière. Ne pas s'y fier toutefois. Lisez par exemple *Jimmy.* C'est de quelqu'un qui sait trop bien voir pour renoncer à nous étonner, à la première occasion.

LES MENSONGES

UN LIVRE ADMIRABLE ET SOLIDE
par *Émile Henriot*
de l'Académie française

Tant pis pour le Prix Femina qui aurait eu hier l'occasion de couronner un grand livre et qui ne l'a pas fait. Le succès public assuré consolera de cette déconvenue passagère Mme Françoise Mallet-Joris, l'auteur de ce beau roman, *les Mensonges* : un roman enfin qui est un roman, c'est-à-dire une histoire inventée, plausible, dans le sens du vrai.

Avec *les Mensonges*, Mme Mallet-Joris marque un pas important dans sa jeune carrière. Ses débuts avec *le Rempart des béguines* avaient étonné par leur audace, mais nul doute alors : dès ce premier livre il y avait quelqu'un. *La Chambre rouge* qui suivit, avait de quoi scandaliser par son cynisme, et je l'ai dit, assez écœuré par cet étalage de petites canailleries féminines et une volonté trop délibérée de trouver cela naturel et d'en remettre. L'hiver dernier Mme Mallet-Joris a pris d'une façon décisive le tournant et, avec son recueil de nouvelles : *Cordélia*, révélé ce don d'invention romanesque qu'on ne lui supposait pas encore et cette possibilité créatrice de mettre sur pied des personnages qui n'étaient pas nécessairement à sa ressemblance. Plusieurs de ces récits étaient frappés au coin d'une réalité virile, vigoureuse. Je me souviens, entre autres, de l'histoire saisissante et si bien menée de Jimmy, la femme-soldat, dans un commando de corps franc et son terrible règlement de comptes personnel que la jalousie introduisait dans les hasards assez effrayants de la guerre secrète et du maquis. Sur un autre plan, voici, abordé par le même auteur, dans *les Mensonges*, le roman purement objectif, où l'écrivain tirant tout de son invention n'apparaît pas un seul instant dans son livre. Il a seulement levé le rideau et c'est tout un monde qui s'ouvre aux yeux du lecteur. Proportion gardée, c'est au roman selon Balzac que le nouveau livre de Mme Mallet-Joris fait penser par le nombre et la diversité de ses comparses, autour de son personnage central, tous analysés au plus profond d'eux, dans leurs caractères, leurs intérêts, leurs passions. Il y a du baron Hulot et du père Goriot dans le vieux Klaes Van Baarnheim, le puissant héros des *Mensonges*. Je crois ne rien exagérer. J'ai été pris. Beaucoup le seront comme moi sans avoir à se le reprocher, ce qui arrive souvent à propos d'un livre dont la lecture nous a retenus, intéressés, et dont le souvenir, une fois le volume fermé, laisse une sorte de malaise. On avait marché, et, le talent de l'auteur nous avait eus. Mais on n'était pas très content de soi : les objections ou le refus n'étaient venus qu'après.

Les Mensonges se passent à Anvers, qui n'est pas nommé, désigné seulement par une initiale, et la précision n'importe pas. L'important c'est la réussite de cette peinture d'une grande ville du Nord à l'arrière-plan et comme toile de fond. Mme Mallet-Joris est de ces pays. Elle est imprégnée de leur atmosphère, et son art évoque tout d'abord les peintres flamands, hollandais, si divers entre leurs grandes truandailles et leur infinitésimale minutie, leurs étalements de goinfres, de mangeailles, de nudités charnelles, de corpulentes natures mortes composées de choses bonnes à manger — et leur délicatesse précise, vaporeuse, dans l'éclat irisé d'un verre, les fins entrelacs d'une dentelle ou d'un cordage de navire, la fixe transparence d'un regard. Plus d'une page des *Mensonges* fera penser à un truculent tableau de Snyders ou de Jordaens, à une scène grouillante de Breughel, à un intérieur de Cuyp ou de Vermeer, à une bamboche de Teniers ; plus près de nous, même, à une tragique mascarade d'Ensor. Mais ce n'est là que le décor, l'enveloppe picturale de ce livre coloré, brumeux et ouaté, plein d'odeurs marines de port, de brasserie et de fritures ; sur quel fond s'enlèvent en se détachant les figures du menu drame familial agencé par le romancier. Au premier plan, massif, tonitruant, bedonnant, des poches sous les yeux, le regard jaune, ruisselant d'orgueil et d'argent, frappant la table de son poing énorme, répandant la crainte et le respect avilissant de sa puissance autour de lui, le robuste Klaes de Baarnheim, ancien drapier qui a fait fortune dans la bière et tient courbés parents, employés, serviteurs, sous son violent despotisme. Bonhomme au fond, sous ces dehors, et voulant être aimé, malgré son apparente bruterie et sa pesante vanité de parvenu, aimant faire le bien, mais pour assurer sa domination, ne réussissant qu'à être haï de tous ces asservis qui attendent lâchement et hypocritement la mort du richard pour se partager son héritage. Il y a la sœur, les neveux, la nièce, le médecin, les secrétaires, les servantes, tour à tour terrifiés, moqués, humiliés, couverts de faveurs et d'insultes par le tyrannique brasseur, et Mme Mallet-Joris a trouvé le moyen de le montrer à la fois affreux et digne de pitié entre des explosions de colère, ses lourdes générosités, sa muflerie grossière, son réel besoin d'adhésion et, finalement, sa solitude.

Aimé, il l'a été de très nombreuses créatures, séducteur valeureux dans son plus jeune âge, devenu depuis digne de considération pour sa fortune et à ce titre méritant à son tour d'être séduit par d'adroites intéressées ; mais le bonhomme est méfiant, et il s'est épris sur le tard de sa propre fille, Alberte, qu'il a eue autrefois d'une maîtresse de passage restée dans la ville, où elle habita le Triangle, le quartier le plus mal famé du vieil Anvers, avec son ramas de prostituées, d'hôtels borgnes et de bars suspects. Elsa est le nom de cette misérable demi-folle, tombée au plus bas à la suite de sa courte liaison avec le brasseur, dont elle ne cesse de raconter les amours, de se vanter d'avoir été la maîtresse, se flattant de le redevenir ou, mieux même, de se faire épouser. Elle boit, elle est peut-être elle-même une de ces Maries du Triangle, ses compagnes de zinc et de mauvais lieux. Elle est toujours harnachée comme une chienlit de carnaval, toute en falbalas et couleurs vives, éblouie par ses grandeurs imaginaires et son faux luxe de pauvresse. Ainsi visible et scandaleuse, Klaes voudrait lui faire quitter le quartier, et la ville même. Tantôt il a offert d'augmenter la petite pension qu'il sert à Elsa, promis des sommes importantes ; et tantôt il coupe les vivres. Elsa ne veut pas s'en aller, elle refuse toutes les offres qu'on lui fait. Elle aime le Triangle, devenu le centre de sa vie abjecte, et un vague reste de fierté l'entretient dans son obstination. Elle est là chez elle, en attendant mieux de ses vagues rêves. Elle ne cédera pas à Klaes. D'autre part elle aime sa fille, Alberte, dont elle ne consent pas à s'éloigner, si sa misère l'a contrainte à se séparer contre argent de cette petite que le vieux Baarnheim a recueillie dans sa somptueuse demeure au grand déplaisir de ses proches. Alberte est au centre du livre, et le personnage est digne d'un roman anglais par la vérité de sa peinture en profondeur, dans le dessous de son caractère complexe, tirée en tous sens par ses hérédités : encore près du peuple de pauvres et de malheureux où elle a vécu sa première enfance, servante de brasseries louches, fille de femme perdue, témoin innocent de sa chiennerie, honteuse de cette vie dégradée ; apeurée de ce père criard qui l'a prise à lui, qui l'a arrachée au Triangle pour en faire une riche petite bourgeoise, enrubannée et luxueuse, aimant le plaisir ; peu à peu se faisant à cette existence nouvelle, sous la coupe de son paternel bienfaiteur, toujours tremblante devant lui et se sentant haïe de sa parenté, à qui Klaes a imposé dans sa maison la présence oisive, chérie et fêtée de cette bâtarde. Il la couvre de belles robes et de bijoux voyants, il l'emmène dans des cabarets, il la montre un soir dans une loge à l'Opéra, pour le scandale et l'ébahissement de la ville. Il célébrera les vingt et un ans d'Alberte au milieu des siens furieux en un banquet à la Snyders. Cependant il ne la reconnaîtra pas légitimement pour sa fille, et il n'assurera son avenir de la façon matériellement la plus fastueuse qu'à une condition : il s'agit pour elle d'obtenir que sa mère accepte de quitter le quartier. Alberte l'essaiera vainement. Elsa continuera de résister, jusqu'au jour où, à moitié ivre, vêtue d'éclatants oripeaux, venue faire une scène chez Baarnheim, on l'emmènera dans une clinique où on l'enfermera comme folle. Sans savoir très bien ce qu'elle faisait, ce qu'on lui faisait faire, l'innocente et crédule Alberte a signé les papiers nécessaires à l'internement.

Mme Mallet-Joris est sans pitié pour ce qu'elle aime, car elle aime Alberte, c'est certain. Elle l'aime pour son malheur, pour sa beauté physique et sa robustesse, pour sa pureté, pour ses tentations et ses refus ; comme elle a aussi de l'indulgence, à travers ses brutalités, pour Klaes. Elle n'épargnera aucune épreuve à la pauvre fille, honteuse d'avoir contribué à l'accablement de sa mère et devenue secrètement la maîtresse d'un petit secrétaire du brasseur, le seul être pour lequel elle puisse, dans son isolement, éprouver un sentiment vrai, subir un élan naturel et trouver un peu de chaleur dans ses bras refermés sur elle. Mais cet Yves à l'âme médiocre est une chiffe molle, capable de vilenie. Il n'aimait pas Alberte ; il la croyait appelée à devenir légalement la fille de Baarnheim, et il aurait très bien épousé, même sans amour, cette grande héritière. Il la quittera haineusement, avec des paroles abjectes, l'affaire manquée, quand elle aura refusé, dans une obstination irréductible, l'argent dont elle se sent d'avance écrasée et captive. Cette fin difficile à admettre sans haussement d'épaules pour ceux qui tiennent exactement leurs comptes, cette fin est très belle, qui achève le livre en montant, malgré sa tristesse. Toute la maisonnée liguée contre Alberte, dont la légitimation dépouillerait les autres parents du brasseur, ses moindres gestes sont épiés, sa brève liaison nocturne a été surprise. Son secret découvert a abattu Klaes. Cette fille qu'il aimait, à laquelle il allait donner son nom, sa fortune, c'était, comme les autres, une ingrate qui le trahissait, qui avait un amant dans sa propre maison ! Il tombe frappé de congestion, mais il ne meurt pas tout de suite. Médecin et notaire sont appelés, et Alberte, au chevet du vieillard. Il a le temps de pardonner, d'être généreux. Alberte sera sa fille, il la reconnaîtra, elle héritera de tous ses biens, elle épousera son piètre amant, si elle veut... Et voilà l'extraordinaire : Alberte refuse. Butée, peu loquace, sans savoir parler, sans même pouvoir dire pourquoi, elle refuse. L'argent, les usines, la maison, le luxe, la considération, la sorte de revanche même que ce changement de vie lui apporterait : elle refuse tout, qu'il lui faudrait accepter au prix de ces mensonges qui n'ont cessé de l'opprimer et de l'humilier dans la maison riche, où tout était faux, les sourires et la charité, l'amour même. Mais plus encore que ce refus agit dans l'étrange créature, comme un remords et la raison de son intraitable rigueur, la conscience que c'est elle qui a fait interner sa mère par son consentement d'ignorante et sa signature escroquée.

Les choses ne sont pas rapportées à la cantonade. Tout dans ce roman est expliqué, montré, justifié par une scène vue, une analyse ou une description circonstanciée ; et c'est bien cela le vrai roman, où le lecteur est personnellement mis en face de ce qu'il lui faut comprendre de lui-même, comme au théâtre le spectateur. Il y a dans ce livre à la progression impérieuse une scène capitale et déterminante. Alberte, par devoir, est allée visiter sa mère à la clinique où elle est depuis des mois enfermée et soumise à des soins sévères. Au lieu d'une folle ivrognesse, mais que soutenaient et rattachaient encore à la vie ses illusions déraisonnables, elle a trouvé, triomphe de la psychiatrie, une malade guérie, c'est-à-dire annihilée, vidée d'elle-même et des misérables mensonges qui doraient un peu sa triste et honteuse existence ; une loque, plus honteuse encore, répudiant tout ce qu'elle avait cru, acceptant ce qu'on lui faisait croire, et démunie médicalement de ses chimères, comme déjà morte et réduite à rien. J'ignore du point de vue des psychiatres si l'observation est vraie, si la constatation est fondée. En simple psychologie romanesque elle vaut, et elle suffit à déterminer la résolution d'Alberte et sa révolte contre la conjuration des mensonges. Les êtres sont menés par ce qu'ils imaginent. Alberte Damiaen était peut-être (sinon une simple d'esprit) une faible, incapable d'aucun réalisme. Elle aussi vaguement illusionnée par des chimères, à la fois une fille du Triangle et une enfant d'alcoolique, son âme était pourtant instinctivement restée droite. On ne sait quel ressort a joué en elle, qui a sa noblesse, et nous la voyons partir à la dernière page, seule, sous son pauvre châle, dépourvue de tout, menacée, vers quel avenir de misère, d'enlisement, d'avilissement possible ou de mystérieuse élévation ?... Encore une fois ce n'est pas gai, mais dans son détail et ses grandes vues, dans son réalisme sans grossièreté, c'est très beau ; et vous pourrez fermer le volume avec un sentiment de véritable considération pour l'écrivain de vingt-cinq ans qui a écrit, avec tant de modération et tant de force, ce livre admirable et solide, où l'art et la pensée dépassent de beaucoup l'anecdote, et qui par cet ouvrage et à cette heure est en train de se classer comme la première des jeunes romancières de ce temps. J'ai pesé ce que je dis là.

L'EMPIRE CÉLESTE

UNE CURIOSITÉ VIVACE
par Robert Kemp
de l'Académie française

Pourquoi lésiner ? Disons que Mme Françoise Mallet-Joris ruisselle de dons. Des dons les plus précieux du romancier : celui de bien écrire, qui semble n'exiger d'elle que le moindre effort ; celui de voir et de montrer en relief des personnages ; de créer le décor, d'expliquer les actes et les sentiments ou d'en suggérer, de façon plus légère, l'interprétation... Pourvu qu'elle n'en abuse pas, ni n'en mésuse...

Prendre une maison et son chargement d'âmes, de caractères, les bons et les vilains — toujours plus de vilains, cela va de soi — n'est pas un dessein nouveau. Ne remonterait-on qu'à *Pot-Bouille*. Mais celle-ci est singulière, reconnaissable entre toutes celles que la mémoire a pu emmagasiner. Du nom du bistrot d'en bas, elle s'appelle *l'Empire céleste* et le contraste est, on le devine, calculé. Socrate, qui tient le bistrot, est un Grec mollasse, naïf, avare, vaniteux aussi, ce qui le ruine, car pour briller aux yeux de deux compatriotes démunis d'argent mais possesseurs d'estomacs voraces, il les nourrit, les gave et y perd les petits bénéfices dont il veut qu'on croie qu'ils sont énormes. La concierge, personnage magnifique, Mme Prêtre, aussi merveilleuse que Mme Pipelet, règne sur l'immeuble, de sa loge, et pourtant on pourrait dire de « haut ».

Cette brave dame n'est préoccupée que de sa fille Sylvia, qui est une rose à peine bousculée, et qui a d'adorables vingt ans. Mme Prêtre lui veut un protecteur âgé, riche, sérieux. Mais la sotte fille ne sait pas jouer ce jeu et s'est amourachée d'un pauvre petit photographe... C'est une vie gâchée et Mme Prêtre ne s'en remettra pas.

Qu'y a-t-il encore ? La prédicante et socialiste Mlle Lethuit ; un antiquaire ironique qui vit heureux auprès de son jeune ami peintre, peintre abstrait, et se moque des soupçons que cette liaison fait naître. Il y a Martine, Stéphane et Louise — les protagonistes du drame.

Martine, une fille laide, au grand cœur, vendeuse écœurée du rayon d'alimentation d'un Prix unique, sentimentale, point sensuelle mais à qui sa solitude et sa misère d'exclue de l'amour pèsent cruellement. Martine n'a rien de commun avec la Fleur de Marie des *Mystères de Paris*, ni avec l'Eponine des *Misérables*. Elle est en extase devant Stéphane, un autre copropriétaire. Car toutes ces petites gens ont acheté leur logement de leurs économies et chaque lundi ils se réunissent pour des séances de gérance en commun et surtout pour discuter art, littérature et sociologie. Ce sont des prétentieux, des rêveurs. Mlle Lethuit est même partisane et provocante. Elle a une sœur qui... Mais je n'en finirai pas si je vais jusqu'aux comparses, aux extrêmes pointes des ramifications. Stéphane est l'animateur idéologique, poétique et musical de ces assemblées. Il est le centre du livre. En lui réside le sens du récit et sa mystique.

Pauvre diable. Le raté par excellence. L'appartement a été acheté par sa femme Louise, qui fait de bonnes affaires dans son métier de prostituée. Il l'a connue dans la petite ville de Signac, en Languedoc, et il l'a épousée par tolstoïsme. Mais oui : *Résurrection* ! Les parents ont eu beau tempêter. La ressuscitée, depuis lors, mène vie gaillarde et profitable, reste belle malgré les années, se soigne, fume des cigarettes chères et prend des bains de vapeur. De fait, le ménage vit d'elle, bien que Stéphane tienne le piano à la *Brasserie Dorée*, ce qui est dur pour un tuberculeux. Il sait parfaitement ce que fait Louise, feint de ne rien voir, gémit, mange à sa faim... Et voici le thème du roman : la réputation de noblesse, de pureté que peut se faire un marlou dans une petite société repliée sur elle-même ; et la catastrophe quand les écailles tombent de tous les yeux, et que le cabotin ne peut plus jouer la comédie...

Qui sera l'instrument de son malheur ? Martine. Il lui a

confié son journal intime et elle l'a fait, béate d'admiration, lire à toute la maison, à commencer par Mme Prêtre. Stéphane passe pour un héros de la pensée, et une espèce de saint, grâce à sa basse littérature, à ce panégyrique de soi-même. Mais voici que Louise a retrouvé un peintre devant qui elle a posé, et qui, de diverses façons, reprend goût à ce corps encore beau, lui paie bien les séances et se met en tête de l'épouser... Je dois dire que ce peintre, Henry, est le personnage que Mme Mallet-Joris, si habile à tout éclaircir, n'a pas rendu compréhensible. Il me paraît un point faible, un grain mou du chapelet. Louise dresse toute la maison contre elle par ses manteaux, ses arrivées en voiture de luxe. Et Martine, qui la première a vu les pieds d'argile de l'idole Stéphane, est à l'origine d'une conspiration de la maison entière qui exige que Stéphane voie clair et se débarrasse de l'impudique Louise ; sans scrupules, puisque si elle veut, elle aura une bonne place. Cela se décide un lundi, en séance plénière, et le condamné, hagard, éperdu, ne résiste plus. Mais perdre Louise, son gagne-pain, son toit, ses viandes saignantes, sa pharmacie ! Le misérable en mourra, presque du coup, effondré devant son piano. C'est une grappe d'illusions perdues...

Mais ce n'est plus le vrai sujet, l'histoire de Stéphane. Ni lui n'en est plus le héros lamentable. Nous ne voyons plus qu'un prétexte, pour réunir sous nos yeux une collection de types amusants, observés avec une curiosité vivace — amusante, — et le centre du livre fond comme un morceau de sucre dans une eau pétillante...

Cela dit, Mme Mallet-Joris a du mérite à soutenir le poids de son entreprise, à nous donner presque une impression d'unité, de concentration calculée, et en fin de compte un presque vertigineux talent. L'intelligence, les qualités d'observation, et la pitié pour les êtres qu'elle enfante, dons que Mme Mallet-Joris possède à l'état aigu, s'y montrent à chaque page ; et chez un écrivain si jeune, si frais, ils nous émerveillent.

LES PERSONNAGES

UNE FACILITÉ SOUVERAINE
par Jean Mistler
de l'Académie française

Flamande d'origine, Françoise Mallet-Joris a mis dans tous ses romans les qualités de réalisme qui sont celles des peintres de son terroir. Dans *les Mensonges*, dans *l'Empire céleste*, les décors et les êtres humains étaient évoqués d'un trait aussi aigu que dans les toiles des Flamands au XVI siècle, des Hollandais au XVII. On pourrait croire, à première vue, que dans son nouveau livre, *les Personnages* (Julliard), elle a pris un autre modèle, par exemple Rubens, peintre de la Cour de France, de ses splendeurs, de ses velours, de ses satins. Mais non. Ce n'est pas un roman historique qu'elle a voulu écrire. En une postface de quelques lignes, elle plaide coupable pour les inexactitudes qui ont pu lui échapper et accepte d'avance les reproches des historiens. Ses héros, dont la vie s'insère dans l'histoire, sont avant tout, déclare-t-elle, des héros de roman. L'histoire n'est qu'un prétexte, elle a fourni à la romancière des personnages comme elle en fournissait aux poètes tragiques, à l'époque où la tragédie était à la mode. Ces personnages étaient des caractères et ceux qui ont fait comme moi leurs études à l'époque où l'enseignement ménager n'avait pas usurpé le beau nom d'Humanités, n'ont pas oublié que leurs professeurs leur donnaient en devoir « à faire le caractère » du vieil Horace ou celui d'Auguste, à comparer celui d'Hermione et celui d'Euriphile.

Une machination de Richelieu

Le roman de Françoise Mallet-Joris n'a d'historique que les costumes et le décor : modes et meubles Louis XIII. Les personnages du livre, ce sont Richelieu, le roi, sa femme Anne d'Autriche, et, autour de ces grands, leurs partisans et leurs adversaires. Le nœud du livre est une intrigue de cour. Une fille d'honneur de la reine, Louise de La Fayette a été distinguée par le roi. Sentiment chaste auquel rien de charnel ne se mêle. Ce lien d'âmes suffit à assurer à la jeune fille une position privilégiée à la cour. Les uns espèrent, les autres craignent de la voir prendre une influence politique, Richelieu, tout-puissant, mais toujours exposé aux complots de ses ennemis, juge que Louise peut devenir dangereuse pour lui et décide de l'éloigner de la cour. Pour l'enlever au roi, un seul moyen : la donner à Dieu. Il montera donc une savante machination, afin que Louise prenne elle-même la décision d'entrer au couvent, car il ne saurait s'agir d'employer les moyens grossiers de la contrainte. Le cardinal fait nommer un jeune prêtre provincial, l'abbé G., confesseur de la jeune fille : s'il réussit à éveiller en elle la vocation du cloître, il en sera récompensé par l'évêché de Sens. (Non, Sens était déjà un archevêché, on n'y débutait point.)

L'intrigue se développera sur plusieurs plans. Françoise Mallet-Joris fait fi du : « Que va-t-il arriver ? » moteur essentiel des feuilletons historiques du père Dumas. Son héroïne est si peu connue que la romancière aurait fort bien pu laisser le lecteur dans l'incertitude jusqu'au dernier chapitre. Méprisant ce moyen facile, elle nous la montre dès la vingtième page dans sa cellule, au couvent des Visitandines, et elle réussit, sans apparence d'effort, le tour de force de nous intéresser pendant tout le reste du volume à la lente préparation d'un dénouement que nous connaissons par avance.

L'histoire, je l'ai dit, n'est qu'un cadre. Pas toujours rigoureusement authentique, l'auteur s'en excusait d'avance. Mais, s'il y a inexactitude, elle n'est pas dans les caractères, à la différence du Cinq-Mars de Vigny, où Richelieu n'était qu'une caricature. Ici, ce sont quelques détails qui accrochent. L'abbé G., par exemple, analysant les raisons qui lui ont fait perdre la foi, déclare qu'il aurait pu devenir « un de ces convulsionnaires du cimetière Saint-Médard ». Le diacre Pâris, dont la tombe vit les manifestations scandaleuses des convulsionnaires, est mort près d'un siècle après l'histoire que raconte Françoise Mallet-Joris. Elle corrigera, j'espère, l'anachronisme dès la première réimpression de son roman. On pourrait également faire observer que la couleur générale du récit est plutôt celle des années 1670 que des années 1630. Les mœurs étaient plus rudes sous le terrible cardinal, il n'y avait pas si longtemps que le premier ministre Concini avait été assassiné, tandis que sa femme était brûlée vive comme sorcière. Coups de dague au coin des rues, coups d'épée dans les duels étaient monnaie journalière : tel seigneur avait tué en combat singulier plus de 70 adversaires ! La religion n'était pas toujours affaire de casuistique subtile : le bûcher de Vanini à Toulouse n'était pas une affaire oubliée, celui d'Urbain Grandier, à Loudun, fumait encore. Mais il serait aussi absurde d'en faire reproche à l'auteur que d'insister sur le fait que l'Agamemnon de Racine n'est pas celui d'Homère. Le tout est de savoir si les personnages à qui Françoise Mallet-Joris a donné des noms historiques sont vivants et cohérents.

Une construction magistrale

Et ici, sans transition, je passe aux éloges. Je considère depuis longtemps Françoise Mallet-Joris comme la meilleure de nos romancières et comme l'écrivain le plus doué de sa génération : cette fois en réussissant un roman aussi difficile à écrire que *les Personnages,* elle affirme sa force d'une manière éclatante et prend place parmi les maîtres. Je n'aime pas trop les comparaisons dont on abuse si souvent faute d'explications, mais enfin, dans quel roman avait-on pu voir une intrigue de cour aussi savamment conduite depuis *la Chartreuse de Parme* ? Dans quel roman avait-on pu lire des dialogues où les sous-entendus, les intentions secrètes des interlocuteurs suivaient ainsi leur chemin souterrain, n'affleurant que par places à la lumière depuis *la Comédie humaine* ? Françoise Mallet-Joris passe avec une facilité souveraine, de scènes comme les entrevues de Mademoiselle de La Fayette et du roi, dans l'atmosphère de clair-obscur de *Bérénice*, à des passages de comédie comme la visite, soigneusement préparée par le confesseur, à la pauvre famille à qui Louise fait l'aumône. Richelieu nous apparaît dans sa complexité redoutable. La page où, torturé par sa rétention d'urine, il lit les lettres interceptées par son cabinet noir et où, pendant que son médecin le sonde, il médite sur les mobiles des actions humaines, est digne d'un historien qui serait philosophe. A chaque instant, une réflexion atteste l'intelligence de la romancière, moraliste pessimiste, observateur désabusé, elle porte sur l'humanité un jugement sans illusion et plus d'une de ses maximes figurerait, sans le déparer, dans le recueil de La Rochefoucauld.

Mais une question nous vient à l'esprit : dans cette histoire où tout tourne autour de la vocation d'une nonne, qui donc croit en Dieu ?

Le confesseur ? Sûrement pas. Le cardinal ? Pas davantage. Et le vrai, le terrible sujet du livre, c'est comment des politiques se sont servis de la foi d'une jeune fille pour la faire mourir au monde.

Admirable figure que cette ingénue. Sœur des Monime et des Bérénice que le génie de Racine s'est plu à rendre adorables pour que sa férocité puisse les torturer davantage, Louise aime le roi, sans ambition, sans désir charnel, non parce qu'il porte la couronne, mais parce que cet homme triste, qui passe son temps à jouer sur son luth, en mineur, des airs mélancoliques, trouve dans sa jeunesse, dans son innocence, le mystérieux réconfort que le chasseur trouve, au fond des bois, près d'une source pure. La page où les deux amants platoniques se disent adieu est d'une beauté accomplie. Françoise Mallet-Joris a-t-elle pensé à d'autres adieux, ceux d'un autre Louis, le quatorzième, avec une autre Louise, entrée elle aussi au couvent, Mademoiselle de La Vallière ?

Je l'ignore, mais la montée de cette scène où le roi, avant d'abandonner à Dieu celle qu'il a aimée, qu'il aime encore, tient à s'assurer que, ce sacrifice, il pourrait encore l'empêcher et qu'elle serait prête à le suivre, nous donne une impression de noblesse, de grandeur, bien rare dans la littérature contemporaine.

LETTRE À MOI-MÊME

UN LIVRE DE BONNE FOI
par Henry Bonnier

Etrange petit animal que cette Françoise Mallet-Joris ! J'imagine qu'elle serait bien surprise si elle connaissait toutes les pensées que son dernier livre, *Lettre à moi-même*, soulève dans l'esprit d'un lecteur. Elle dirait : « Oui, oui bien sûr... », ou : « Vous croyez ? Mais ce n'est pas possible ! » en secouant un front baissé ou en poussant de la pointe du pied une pierre imaginaire. Je me la représente... Mais quelles idées ne se ferait-on pas à partir d'une œuvre qui tient tout à la fois du brouillon raturé et de l'essai le plus concerté, de la confession et du livre de cuisine ?

Elle s'est adressé une lettre, cette Françoise, comme ces gens qui, à force de ne pas recevoir de courrier, se disent qu'ils pourraient s'écrire « pour voir », ou comme ces gens, qui, à vivre trop longtemps seuls, se mettent à parler tout haut, à se parler. Et pourquoi pas ? Je ne connais pas d'être plus solitaire que l'écrivain, ni moins fait pour la conversation. Et qui pourrait mieux briser son silence intérieur, que lui ?

Ecrivain, Mme Françoise Mallet-Joris l'est, et de la meilleure façon. A trente ans, elle a derrière elle une œuvre qui compte. Cinq romans et un recueil de nouvelles, qui sont dans de nombreuses bibliothèques : *le Rempart des béguines, la Chambre rouge, Cordélia, les Mensonges, l'Empire céleste* et *les Personnages*. Au fil des ans, son talent s'est affirmé, sans scandale ni publicité. Non seulement elle est admise dans la petite République des Lettres, mais elle y est fêtée, adulée. A beaucoup cela suffirait. A elle, non ! Le prix Femina qu'elle obtint en 1958 lui servit à acquérir une maison en Normandie. Quant à la gloire, elle paraît ne pas savoir qui elle est. Et puis, elle a des enfants, un mari, une situation. Voilà qui prend du temps et qui préoccupe. Au fond, elle est si peu écrivain ! Je veux dire : elle n'est pas qu'un écrivain. Peut-être même, cette Mallet-Joris que nous devinons à travers ces romans, n'est-elle que l'image un peu démente de l'autre, de celle qui lange, qui explique un problème d'arithmétique, qui gifle à l'occasion et qui s'émeut d'un regard d'enfant. Comme cela est simple, discret, émouvant — une vraie « Maternité »... Et si, dans ce brouhaha joyeux et quotidien, il y avait des trous, des moments de rupture, des dissonances, je ne sais quelle faille imperceptible ? Et si le bonheur, d'une façon plus générale, avait, lui aussi, sa face noire ?

A trente ans, ce sont des questions que l'on se pose. Quelque chose vient de s'effriter qui s'appelle peut-être la jeunesse. A trente ans, la vie devient moins simple, moins claire — et puis rapide. Il est temps de la vivre, non plus avec ses glandes seules, avec cette force aveugle devant laquelle on croit que rien ne résistera, mais avec sa tête et son cœur. Il est temps de savoir enfin quel être se cache sous le jeune animal qui piaffait hier encore. Le sentiment de solitude, l'idée que l'on se fait d'un certain silence, à trente ans, ce sont souvent des questions qui naissent et qui restent un instant sans réponse. Alors, quoi de plus naturel que de se parler, que de s'écrire ?

Dans le temple de Delphes, on peut lire cette maxime : « *Connais-toi toi-même.* » C'est un conseil que l'on entend à trente ans, et point auparavant. Et Françoise de se dire, comme en écho : « *J'arriverai bien, en fin de compte, sinon à savoir ce que je veux, du moins à savoir ce que je veux savoir.* »

Son ambition n'est pas démesurée. Elle ne cherche pas encore à communiquer avec les autres. Simplement, elle se découvre : « *Je commence à vouloir communiquer avec moi-même, coïncider avec moi-même. Je sens qu'il y a quelque rapport entre ce moi du matin et ce moi du soir, et qu'il me serait utile de déterminer et de commander s'il se peut, ce rapport.* » Elle se donne des consignes, sagement : « *Réfléchir donc. Ecrire. Réfléchir de façon fragmentaire, dispersée, avec l'aide seulement des petits faits de la vie courante...* » En somme, elle veut retrouver l'ordre des choses, une place délimitée dans un monde qui aurait un sens. D'autres seraient pris de panique dans un tel programme. Elle, non ! Mieux : elle n'éprouve aucune angoisse. Entêtée, volontaire, elle dit dans un filet de voix (il me semble l'entendre) : « *A défaut de mérite, j'aurais celui de la patience, de l'attention.* »

De la patience, de l'attention, ah ! elle n'en manque pas, la petite Françoise (j'aime à l'appeler ainsi, tant elle me paraît appliquée, scrupuleuse, studieuse, convenable, jupe bien tirée sur les genoux et mains jointes). C'est, du reste, dans cette attitude de demoiselle sage que je l'imagine écoutant les quelques personnages qui parsèment son livre, intellectuels fatigués ou dévoyés, patron de café ou concierge, tels qu'on en rencontre entre la rue de Seine et la rue Sébastien-Bottin. Rien ne lui échappe. Tout est noté, des conversations et des gestes. D'un rien, d'un mot, d'un sourire, elle s'émerveille ou s'étonne et si, d'aventure, on lui adresse la parole : « vous qui êtes écrivain... », elle bredouille, s'excuse et rentre chez elle pour écrire : « *Je ne me disais pas, d'ailleurs : " Qu'est-ce qu'un artiste ? " ou même : " Qu'est-ce que l'art ? ", malgré les questions qu'on me posait à ce sujet. Pourquoi aurais-je eu un avis sur l'art ?* » Et d'ajouter candidement : « *Parce que c'était mon métier ? Mais (me disais-je alors) c'était mon métier aussi d'avoir un mari et des enfants, de lire des manuscrits, de faire des menus pour la maisonnée, et s'attendait-on à ce que j'aie des théories là-dessus ? Non n'est-ce pas ? Alors ?* »

Cet « alors ? » écrit sur le mode interrogatif, est tout un programme. C'est qu'elle aime la vie, notre Françoise — fût-ce même au sens où l'entend sa concierge, quand celle-ci s'écrie sur un ton de lamentation impuissante : « C'est la vie ! » Tout lui est bon, du bonheur et du malheur, parce que « c'est la vie ». « *J'aime aimer,* dit-elle, *j'aime écrire, j'aime avoir des enfants, et j'aime une belle manifestation de rue, un bal du 14 juillet, j'aime être en colère et transportée de joie, j'aime boire et manger trop. J'aime nager et marcher dans le vent, faire des scènes et pleurer au cinéma.* »

Il faut lire cette page où éclate le plus bel exemple de santé qui nous soit donné de voir en ce moment. Mais tout ne coule pas à la façon d'un fleuve majestueux. Quelquefois la « vie » est difficile, elle pose des obstacles sur le chemin. Alors, notre Françoise a ce mot que je trouve, quant à moi, admirable : « *Consentir sans abdiquer.* » Eh oui, elle a trouvé la formule, le mot magique, le maître mot. On va loin ainsi, et l'art nous sera donné par surcroît. En somme, l'important, c'est de « *fredonner aussi juste que l'on peut son petit air à soi* ».

Et Mme Mallet-Joris, que devient-elle ? Des romans la précèdent, des romans viendront. Quelle idée la petite Françoise se fait-elle du métier de la grande Mallet-Joris ? La petite, la grande : on comprend que ce livre est également un magnifique dialogue entre l'être de chair, plein de ses impulsions vitales, et l'être de pensée, chargé d'angoisse, bref, une confrontation où la vérité de l'une intéresse l'autre. Elles continueront donc à écrire des romans. Sur ce point, elles sont d'accord. « *N'est-ce pas dans le roman seul que ce double plan de la vérité — la vérité de mes personnages et la lutte qu'ils mènent pour ou contre elle* (proclame Mme Mallet-Joris), *ma vérité et moi et ma lutte pour ou contre elle* (ajoute Françoise), *et ce rapport* (disent l'une et l'autre) *entre eux et moi, ce rapport entre leur vérité et la mienne — peut se réaliser, s'incarner sans peine ?* »

Merveilleuse Françoise ! Comme elle dit juste et bien le simple, le naturel, le vrai ! Elle a des « bonheurs » pour reprendre le mot de Stendhal, son livre en est parsemé, la prodigue : « *Jean préférait le mot vertu au mot amour, sans avoir l'idée de casser un peu ces noisettes : l'amande était peut-être la même ? Il préfère se casser les dents.* » Elle se méfie, elle. Toujours critique. D'elle-même, elle n'est pas dupe. On dirait qu'elle a lu et appris par cœur Virginia Woolf : « *Un écrivain, plus qu'aucun autre artiste, a besoin d'être un critique, parce que les mots sont si ordinaires, si familiers qu'il doit les tamiser, les passer au crible, s'il veut qu'ils durent*[1]... »

Et les mots qui durent, c'est une garantie de survie pour l'écrivain. Tel est l'honneur que j'ose prédire à Mme Françoise Mallet-Joris, qu'il m'a été permis de découvrir à travers la petite Françoise. Toutes les deux ont écrit « un livre de bonne foi ». La petite Françoise peut dire à la suite de Montaigne : « *Je veus qu'on m'y voie en ma façon simple, naturelle et ordinaire, sans estude et artifice : car c'est moy que je peins* », et la grande Mallet-Joris pourra ajouter : « *Je suis moy-mesmes la matière de mon livre...* »

---

1. *L'Art du roman*, Virginia Woolf (Seuil).

LES SIGNES ET LES PRODIGES

LE JEU DE DIEU
par Luc Estang

A quelque étendue de registre que le talent de Mme Françoise Mallet-Joris nous ait préparés, depuis *le Rempart des béguines* jusqu'à *l'Empire céleste,* on serait étonné par *les Signes et les Prodiges...* s'il n'y avait eu, auparavant, *les Personnages* et *Lettre à moi-même* ; étonné quant à la « signification » d'un roman dont le foisonnement tient du prodige !

C'est, dans l'ordre artisanal, un extraordinaire travail de tapisserie ; de haute ou basse lice, je ne sais, car la disposition des fils de chaîne peut être aussi bien vue horizontale que verticale. Je veux dire que ces fils anecdotiques — et les personnages qu'ils composent — prennent leur sens dans une trame dont le dessin n'apparaît pas tout de suite. La romancière fait la navette entre vingt situations, vingt consciences, certaines étrangères les unes aux autres, pour leur faire « signifier » le motif essentiel : un nouveau (toujours nouveau puisque perpétuel) combat de Jacob, la lutte avec Dieu de l'écrivain Nicolas Léclusier.

Ce Nicolas, c'est lui que nous rencontrons d'abord, en plein « prodige » selon son propre sentiment : il se trouve dans une hostellerie de luxe, en compagnie d'une belle jeune femme, Marcelle. Ils sont chargés d'une enquête sur les rapatriés d'Algérie pour le compte d'un hebdomadaire en gestation. Largement défrayés, ils ne se refusent rien, pas même d'inscrire deux chambres sur la note de frais alors que, dès le premier soir de leur collaboration, ils n'en occupent qu'une... Donc, la vie est belle.

Eh bien, non, elle ne l'est pas pour Nicolas. A trente-cinq ans, il ne l'accepte pas telle qu'elle est, telle que Dieu (par hypothèse) l'a faite. Origines de la révolte : sa mère, Wanda, déportée par erreur quand il était enfant et qu'il croyait morte, s'est manifestée juste après qu'il venait de publier avec succès son premier livre, *Vacances de guerre,* dans lequel il exaltait sa mémoire ; et le comble : elle avait épousé son gardien du camp de concentration. Là-dessus, son frère cadet, Simon, était entré dans les ordres ; maintenant il partage la misère d'un « bidonville » lyonnais. Nicolas n'a pas voulu le revoir encore qu'il le défende contre leur père (supposé) et qui les a reconnus, Paul, notaire d'esprit libéral, sensible, cultivé.

Nicolas a aimé une femme, Renata, victime d'un hindouisme frelaté ; il n'a pu se satisfaire d'une victime du même genre, Colette, droguée de surcroît. Il a essayé d'imiter le zèle politique et social de son ami Yves-Marie, le « progressiste chrétien » dont la vertu vient d'être si mal récompensée : sa femme Gisèle l'a quitté pour une éminence grise du journalisme, Merlin, celui-là même qui a fait engager Nicolas comme reporter.

Cet engagement, pour Nicolas, représente le reniement de son passé. Il ne tardera pas à apprendre, s'il ne s'en doutait déjà, que l'hebdomadaire futur a des attaches suspectes : on est en 1962, en pleine effervescence O.A.S... Mais ces circonstances sont accessoires. Le reniement de Nicolas, c'est son refus, désormais, de la lutte avec Dieu... en qui il ne croit pas. Il n'y croit pas et jusqu'ici il en a subi le tourment. Incapable de se laisser vivre, il se heurtait partout à ce qu'il appelle des « signes », lesquels, évidemment, impliquent « signification »... fût-elle absurde. Il veut, il voudrait, comme tant d'autres, comme cette Marcelle tout occupée de petit renom journalistique et de grand confort ménager, se contenter des simples « prodiges » que propose l'existence à qui n'a cure de lui chercher une justification.

Voilà comment peut s'esquisser le cas de Nicolas... après quatre-vingts pages serrées. Il en reste trois cents pour arriver à l'épilogue. La navette a déjà été lancée vers les personnages que j'ai mentionnés en passant. Elle a le temps de les multiplier. Le lecteur, lui, ne doit pas être pressé. Il finit par saisir que tous ces comparses — ce sont eux les vrais « signes » — jouent un rôle dans le destin de Nicolas.

Nicolas qui parie, pour vivre, « sur l'absence de Dieu », Nicolas « malade de Dieu » ne peut pas ne pas continuer à se battre avec celui à qui, sauvagement, il criera : « Eh bien, donnez-la moi, cette foi, si vous le voulez absolument ! »

Il a fait un pari négatif ? Qu'à cela ne tienne ! L'algèbre divine opère correctement. Moins par moins — le négatif affectant Marcelle et Wanda et Heinz, son mari, et Simon — donne plus : c'est Nicolas « converti » — je ne dis pas qu'il « se convertit » ! — en signe positif pour les autres... « Et voilà Nicolas, tous ces destins dans les mains, lui qui croyait n'avoir à décider que du sien. » En refusant de jouer le jeu de Dieu, en cédant à la passion de l'absolu, contre les « signes » — l'amour, la responsabilité, la musique, la fécondité — tout embarbouillés de mal, il le joue encore. Aux autres il dit « Attendre ». Lui n'attend pas ; il n'attend surtout pas l'enfant de Marcelle : « Que cet enfant, du moins, ne me ressemble pas... Cet enfant, je ne le corromprais pas. Lui du moins sera sauf. Intact. Innocent. Mis à l'abri de Dieu. » Savoir ?

Admirable tapisserie romanesque, vraiment, avec des couleurs (Marseille des pieds-noirs), des scènes (une orgie mondaine) et des types (qui résistent aux clés qu'ils sollicitent). Mais son envers, où le déchiffrer sinon dans l'âme secrète de Mme Françoise Mallet-Joris ?

TROIS ÂGES DE LA NUIT

LE VERTIGE DU MAL
par *Pierre-Henri Simon*
de *l'Académie française*

Il semble que Françoise Mallet-Joris a eu d'abord le projet d'écrire une étude historique et psychologique sur la sorcellerie, et qu'avec la conscience et la curiosité d'esprit qu'on lui connaît elle a commencé par rassembler et lire une bibliographie considérable sur ce sujet spécialement embrouillé et difficile. Puis, emportée par sa vocation de romancière, plutôt que de disserter dans les strictes limites de sa documentation, elle a préféré choisir trois dossiers qui lui paraissaient singulièrement riches et significatifs, et en tirer trois récits amplement développés — je pourrais nommer telle autre romancière qui, en forçant sur les marges, les alinéas et la justification, en aurait fait trois volumes — et les voici publiés sous le titre *Trois Ages de la nuit* et avec le sous-titre *Histoires de sorcellerie*. Projet parfaitement acceptable, et qui nous vaut un beau livre original, pathétique, intelligent, chargé en couleurs, plein de faits saisissants, à la frontière du réalisme et de l'extraordinaire, de la pathologie et de la théologie.

Projet pourtant hérissé d'écueils, comme toutes les fois qu'il s'agit de donner ensemble l'intérêt historique et le charme romanesque. « *Je n'ai pas hésité*, écrit l'auteur dans une note, *à rapprocher ou déformer certains faits, ne désirant pas faire œuvre d'historien, mais j'ai tenté de reconstituer le plus fidèlement possible l'esprit de ce temps.* » Ce temps, c'est l'époque 1580-1630, exceptionnellement fertile, en effet, en affaires de sorcellerie, et dont trois vont nous être racontées : celle d'Anne de Chantraine, brûlée à dix-sept ans dans le pays de Liège en 1620 ; celle d'Elisabeth de Ranfaing et du docteur Poirot, qui eut lieu vers les mêmes années à Nancy et à Remiremont, et celle de Jeanne Harvilliers, dont Jean Bodin, cherchant des documents pour écrire sa *Démonologie,* s'occupe personnellement dans la région de Laon en 1578. On connaît peu cette Anne et cette Jeanne, mais Elisabeth de Ranfaing, délivrée de la possession démoniaque, devint Elisabeth de la Croix, et fonda l'ordre du Refuge pour recueillir les prostituées ; et Jean Bodin fut un grand juriste et un bon humaniste. Les histoires de Françoise Mallet-Joris appartiennent donc à l'histoire, encore que s'y rattachent par un lien nécessaire des circonstances extraordinaires de sabbats, de messes noires, d'envoûtements, de manifestations démoniaques, sur l'authenticité et le sens desquelles on voudrait l'information la plus objective possible. A partir du moment où la romancière avoue un certain arrangement des faits, il reste un blanc dans l'esprit du lecteur. Quand, rencontrant dans l'aventure de sa première héroïne une situation ambiguë où mystique et mystification se discernent mal, elle écrit : « *Ce n'est pas ici le lieu de trancher ni même de détailler cette controverse. Nous racontons une belle histoire, nous enluminons une image naïve, un curieux ex-voto, comme il s'en trouve encore dans certaines vieilles chapelles flamandes bien délaissées...* », il semble que nous soyons transportés au cœur d'une œuvre de poésie et de fantaisie, écrite pour émouvoir notre cœur et délecter notre imagination ; et c'est en effet cette sorte de jouissance que nous donnera souvent la lecture de *Trois Ages de la nuit.* Mais, beaucoup plus souvent, l'intention de Françoise Mallet-Joris apparaîtra différente, beaucoup plus grave : tenter une psychologie de la sorcière, des gens qui recouraient à elle et qui la faisaient brûler (c'étaient souvent les mêmes) ; expliquer, dans un milieu et un temps donnés, cette sorte d'épidémie du démoniaque qui sévit sur l'Occident chrétien, et en suggérer une interprétation à la fois psychologique et surnaturelle. C'est donc finalement dans le sérieux que nous sommes ; les charmes de l'imaginaire et les frissons de la pitié nous sont offerts comme une détente et un plaisir que nous goûtons, certes, mais qui nuisent quelque peu à l'unité de l'ouvrage.

D'ailleurs, sans prétendre faire œuvre d'historien pour l'exactitude des faits et des paroles, Françoise Mallet-Joris veut cependant l'être par une saisie et une expression fidèles de « *l'esprit du temps* ». C'est en effet de cette façon que les romanciers et les poètes, par l'usage d'un don d'intuition et de sympathie qui leur est propre, approchent et éclairent l'histoire. Il y aura ainsi, dans *Trois Ages de la nuit,* des pages d'un relief admirable. Telles celles qui évoquent l'enfance d'Anne de Chantraine, courant la campagne wallonne dans une carriole misérable avec son père, espèce de baladin ivrogne et doucement fou ; ou l'éducation d'Elisabeth de Ranfaing entre un père charnellement brutal et une mère morbidement dévote ; ou l'âpre jeunesse de Jeanne Harvilliers, petite-fille d'une bohémienne, fille d'une sorcière brûlée, acoquinée à une bande d'hommes des bois et poussée à son tour à la sorcellerie et à la mort. La pauvreté générale, les épidémies, la dureté des mœurs, la violence des guerres civiles, l'obsession du macabre, ce qui fut à peu près constamment, au XIVe et au XVe siècle, dans la décomposition de la féodalité et la crise de l'Eglise, la triste réalité de la vie du peuple et comme le prix sinistre payé par les humbles pour les belles floraisons aristocratiques et intellectuelles de la Renaissance : tout cela est évoqué avec force et vérité.

Je n'en suis encore qu'à tourner autour de ce livre, qui vaut surtout par la densité de sa signification. Françoise Mallet-Joris part d'une idée paradoxale, mais juste : elle pense que, contrairement à la croyance commune, la grande crise de sorcellerie qui s'étend environ sur trois siècles, les XVe, XVIe et XVIIe — le siècle du rationalisme classique, entre les possédés de Loudun et l'Affaire des poisons, étant loin d'avoir été raisonnable — ne doit pas être vue « *comme un majestueux débris du Moyen Age, un sombre édifice resté debout et que la Renaissance va miner petit à petit* ». C'est au contraire durant ces trois cents ans que le caractère démoniaque de la sorcière s'est développé et qu'il s'est

85

formé autour d'elle un culte, une contre-religion, une « *Eglise des ténèbres* ».

C'est sur ce fond d'idées qu'il faut placer les trois récits de Françoise Mallet-Joris pour apercevoir ce qu'il y a d'original dans son propre diagnostic de la sorcière. Le cas d'Anne de Chantraine est celui d'une enfant sensible et mal aimée, tourmentée d'absolu mystique, et qui connaît, dans les ténèbres d'une puberté tragique, la tentation du désespoir. Chez les sœurs noires de Liège, elle s'est attachée à une religieuse qui a des extases, dont une fois elle a été témoin : déçue par cette Marie de la Croix, qui répond mal à son besoin d'admiration et d'amour, Anne quitte le couvent et se trouve placée chez une veuve belle et tendre sur laquelle règne un homme démoniaque — en fait un mystificateur —, et l'enfant plonge avec eux dans le mal, dans les fureurs du sabbat, et finira par être brûlée par les habitants de son village. En somme, une fuite de la solitude, une plongée dans le gouffre, sous un ciel inexorablement fermé. Le sous-titre que Françoise Mallet-Joris donne à l'histoire d'Anne, *le Théâtre*, suggère un cas de mythomanie désespérée, le détachement d'un réel invivable, la perte de l'esprit et du corps dans un surnaturel onirique.

Le cas d'Elisabeth de Ranfaing est plus complexe, et l'analyse en est plus poussée. Le sous-titre, *l'Amour fou*, n'en est pas exact, il faudrait dire plutôt l'amour refusé. La mère d'Elisabeth, Claude de Magnières, fille maladive et sans grâce, mariée à un grand mâle sanguin, réagit contre le dégoût de sa vie conjugale par une dévotion austère, tout inspirée par la crainte d'un Dieu terrible, par le renoncement absolu à soi-même, à toute jouissance sensible, à tout épanouissement naturel. Belle et intelligente, la petite Elisabeth s'est gorgée de cette spiritualité, et a voulu entrer au couvent ; ce dont sa mère, qui entend régner tyranniquement sur son âme, l'empêche. Mariée à quinze ans à un vieux magistrat de Nancy, qui lui donne six enfants dont trois meurent en bas âge, Elisabeth se fait une sagesse résignée et dévote, « *une sorte de longue mort blanche* », puis devient une toute jeune veuve. Elle s'aperçoit alors que son médecin l'aime, qu'elle pourrait l'aimer aussi ; mais elle voit toujours une culpabilité dans l'amour, au point de se faire un scrupule si elle « *prenait plaisir à aimer Dieu* » ; et elle fait le vœu de chasteté pour mettre un obstacle sacré entre le docteur Poirot et elle-même. Alors la nature se venge, sa sexualité se réveille et la jette dans des excès qui la font croire possédée et la livrent aux exorcistes. Pieuse entre ses crises, elle échappe au procès, et même elle guérira, après quoi, par une flagrante injustice, c'est l'infortuné Poirot, accusé de l'avoir ensorcelée, qui montera au bûcher.

L'histoire de Jeanne Harvilliers est proprement un cas de révolte, la souffrance d'un être exclu par la société et frustré de tout, qui se tourne en haine, en pratique des maléfices. L'intérêt du récit va d'ailleurs autant au juge qu'à la sorcière : Jean Bodin s'est fait charger de l'instruction de l'affaire parce que les cas de possession diabolique le passionnent. Cet honnête humaniste, qui croit profondément à la distinction du bien et du mal, et qui voit tant de mal sur la terre, voudrait se persuader que l'homme n'en est pas directement responsable, et que l'expérience des sorcières est privilégiée : si vraiment elles entrent en contact avec le Malin c'est qu'il existe, et le péché est son règne. Jeanne, pour éviter la torture, avouera tout ce qu'on voudra. Sauf ce que Bodin tenait pour l'essentiel : le pacte. Non, « *il n'y a pas de pacte* », aucune puissance démoniaque ne se substitue à la liberté de l'homme qui choisit le mal.

Mais, au fond, les sorcières de Françoise Mallet-Joris choisissent-elles le mal ? Ne sont-elles pas plus malades que méchantes ? Ne subissent-elles pas la pression d'aliénations sociales ou la pulsion de spiritualités déréglées ? Et ne sont-elles pas, dans leur vie comme dans leur mort, des victimes ? Il est intéressant ici de penser à Michelet. Michelet a mis la sorcière du côté de Satan, mais d'un Satan romantique, « *nom bizarre de la liberté jeune encore, militante d'abord, négative, créatrice plus tard, de plus en plus féconde* » ; c'est-à-dire que la révolte apparente contre le bien est, en fait, le refus d'un ordre attribué à Dieu, mais qui est proprement le mal, la contrainte, la violence. Serviteur de l'ordre écrasant la société, c'est le bourreau qui est le valet du mal, et la cendre de la sorcière brûlée est semence de vertu et de liberté. Par ce détour dialectique, Michelet, à travers le satanisme et ce qui s'y rattache, rejoint le bien. Mais Georges Bataille ne se trompe peut-être pas quand il écrit : « *Sa plaidoirie dissimule sa démarche profonde. Ce qui sensiblement guidait Michelet était le vertige du mal : une sorte d'égarement*[2]. » Je ne le dirai certes pas de Françoise Mallet-Joris : son intention visible et sincère est de sauver ses sorcières, de les montrer un peu comme des saintes virtuelles qui ont mal tourné, et jamais tout à fait par leur faute. Mais sa lucidité, son sentiment des ambiguïtés et des périls de la vie spirituelle ne lui permettaient pas d'ignorer, chez ses héroïnes nocturnes, un vertige de la nuit, un instinct de se libérer de Dieu et d'y trouver un bonheur. Elle ne croit pas au diable, mais elle ne nie pas le démon.

2. Cité par Roland Barthes dans *Michelet par lui-même* (Le Seuil).

LA MAISON DE PAPIER

UN JOURNAL QUI DIT NOUS
par Robert Kanters

Cette *Maison de papier* de Mme Françoise Mallet-Joris est un livre modeste qui m'a souvent remis en mémoire le conseil fameux de La Bruyère : « Quand une lecture vous élève l'esprit et qu'elle vous inspire des sentiments nobles et courageux, ne cherchez pas une autre règle pour juger l'ouvrage ; il est bon et fait de main d'ouvrier. » Tant pis si cette conception de la littérature est d'un autre siècle. Pendant cette semaine de lecture, je n'ai jamais rouvert le volume sans plaisir, et je ne l'ai jamais refermé sans me sentir porté à une réflexion sérieuse. C'est pour cela que je voudrais dire ma sympathie et ma reconnaissance.

On sait sans doute déjà qu'il ne s'agit pas d'un roman, mais d'un livre de confidences personnelles. La maison de papier, comme elle dit, et ce titre ne me semble pas tout à fait heureux, c'est la sienne. Mme Mallet-Joris nous parle d'elle-même et des siens, de son mari et de ses quatre enfants, Daniel, Vincent, Alberte et Pauline. Cela pourrait s'appeler « la maîtresse de maison » et faire le pendant du *Maître de maison* de son ami M. François Nourissier avec cette différence qu'il ne s'agit pas d'un luxueux château avec piscine, mais d'un trois pièces parisien quelque peu surpeuplé et pourtant toujours hospitalier.

Entrons dans la confidence

Au niveau le plus bas, et pour ceux qui lisent sans entendre, c'est une chronique domestique, pittoresque et amusante, avec ses mots d'enfants, son défilé de bonnes ou de femmes de ménage généralement espagnoles, ses complications et ses déboires ménagers, un récit plein de petites drôleries comme ceux de M. Pierre Daninos ou de M. Jean Duché il y a quelques années, ou, dans un autre genre, comme le « papa, maman, la bonne et moi » de M. Robert Lamoureux, mais c'est une analogie purement superficielle. Le livre de Mme Mallet-Joris se rattache bien plus à la série des confidences d'écrivain, des Mémoires partiels, des journaux sans dates et d'ailleurs arrangés sans souci de stricte chronologie. Et l'important, c'est que ce n'est pas un journal qui dit « je », c'est un journal qui dit « nous ».

Nous nous familiarisons donc assez vite avec Dolorès et avec les autres Espagnoles qui sont ses amies ou qui lui succèdent, avec les quatre enfants, du grand Daniel à la petite Pauline, avec ceux qui passent, fournisseurs, colporteurs, clochards, ou ceux qu'on va voir périodiquement chez eux, avec les animaux domestiques aussi, variés et nombreux. Nous ne nous familiarisons pas du tout avec le mari, Jacques, le peintre, qui reste assez effacé, non qu'il le soit, mais parce que pour Mme Mallet-Joris il appartient sans doute aussi à une autre province de son royaume intérieur, plus secrète et où elle pourra nous guider une autre fois.

Avec une tendresse communicative

Les anecdotes sont amusantes et bien contées, les portraits d'une grande vie et d'une grande précision, d'une grande franchise d'expression aussi, avec parfois un trait dur, un mot qui fait mouche. Ce ne sont pas des gens extraordinaires, une vieille tante quinteuse et méchante, une Mme Josette qui soigne et entretient les cheveux des clientes dans son petit appartement du septième, boulevard de Strasbourg, une dame qui vient dîner, une locataire alsacienne et pâtissière de l'étage en dessous qui est perpétuellement inondée par les débordements des enfants et des baignoires... Ce sont les enfants surtout dont Mme Mallet-Joris nous parle avec une tendresse communicative, avec plus d'amusement que de douce ironie, avec sérieux, avec gravité aussi parce qu'ils sont au centre du livre.

Ce « nous » dont nous disions que *la Maison de papier* est le journal est le petit groupe de la mère et des enfants, de Françoise, Daniel, Vincent, Alberte et Pauline. Ce livre, elle le dédie tendrement à son propre père — et le lecteur ne peut s'empêcher de faire un retour en arrière. Il n'y a pas si longtemps, une quinzaine d'années ou un peu plus, Mme Mallet-Joris est entrée en littérature avec *le Rempart des béguines,* c'est-à-dire avec le plus insolent, le plus féroce règlement de compte d'une jeune rebelle à l'égard de son père. L'anecdote était sans doute inventée ou transposée, nous n'avons pas à le savoir : mais l'accent de la rebelle, la colère qui faisait vibrer sa voix appartenaient bien au très jeune auteur. Depuis, elle a publié avec succès une demi-douzaine de livres d'imagination où l'accent personnel était moins sensible, mais qui étaient faits de main d'ouvrier pour parler comme La Bruyère. Et la voici, non seulement qui parle en mère à son tour, mais qui évoque au passage ses parents avec une vraie tendresse et une vraie reconnaissance. Je ne déplore pas son assagissement, je ne cherche pas à la mettre en contradiction avec elle-même, au contraire j'essaie de la voir en continuité, comme c'est le devoir, je crois, d'une critique littéraire attentive. Il y a eu, certes, dans cette vie intérieure, un grand événement dont nous parlerons tout à l'heure, mais restons encore un instant au chapitre des enfants.

Il est probable que l'arrivée du jeune Vincent en blue-jean, flanqué de son grand frère Daniel en costume hippy en guise de parrain à la cérémonie de confirmation d'une paroisse très bourgeoise, a été un choc pour Monseigneur, comme dit monsieur le curé. Et la vie quotidienne de Françoise, de Jacques, de leurs enfants et de leur Dolorès a de quoi donner des chocs à beaucoup de personnes très convenables. L'appartement tient parfois de l'asile de nuit et parfois de l'arche de Noé, les repas sont irréguliers quant à l'horaire et quant à la composition du menu, les meilleurs vins se boivent souvent dans des verres à moutarde, on parle de tout librement et parfois dans des termes bien libres pour des enfants aussi jeunes.

La grande préoccupation de Mme Mallet-Joris cependant, celle qui domine tout le livre, c'est l'éducation. Mais dans ce domaine, elle a un sens très vif de ce qui est essentiel et de ce qui est accessoire. Les bonnes manières sont accessoires, c'est la bonne qualité de l'âme qui est essentielle. Et cette bonne qualité, c'est en favorisant, en inclinant peut-être mais sans jamais la forcer, leur liberté qu'on la dégagera. Mme Mallet-Joris reprend volontiers le principe « aime et fais ce que veux » de saint Augustin et de Rabelais, et nous la voyons essayer d'appliquer ce principe par rapport aux cent problèmes de la vie d'aujourd'hui, parfois les plus délicats, que les enfants ne peuvent plus ne pas connaître (« Maman, qu'est-ce que c'est une fausse couche ? » mais il y a bien des domaines en dehors de l'éducation sexuelle). En somme, Mme Mallet-Joris considère ses enfants comme de bons petits sauvages qu'il faut faire entrer en les éclairant dans le style de vie et de culture de notre civilisation... Elle ne cherche pas à les rendre raisonnables malgré eux (« Il faut être sérieux plutôt que raisonnable », dit son père), elle cherche à leur montrer, non ce qu'il faut, mais ce qu'on peut faire, elle cherche à être un exemple vivant de tendresse lucide. Ce n'est pas une réponse à tout, valable pour tout le monde. Mais dans le cas particulier, l'expérience semble réussir, comme les lecteurs de ce journal ont pu s'en faire une idée par les déclarations que les jeunes habitants de la maison de papier ont faites à M. Jean Chalon en échange de ses biscuits.

Foi et bonne foi, humeur et bonne humeur

Ce qu'il faut dire encore, c'est que ce foyer est catholique, c'est que le grand bouleversement de la vie intérieure de Mme Mallet-Joris c'est sa conversion. Elle nous raconte que ses parents lui ont donné une éducation libérale, en dehors de toute religion, pour ne pas influencer sa liberté, et qu'elle leur en est reconnaissante parce qu'elle a le sentiment que c'est en effet librement qu'elle a reconnu Dieu quand elle l'a rencontré. Si Daniel, son fils aîné, est indifférent ou même hostile, Mme Mallet-Joris, chrétienne, ne va pas jusqu'à laisser ses enfants sans éducation religieuse, mais elle veille scrupuleusement à ne point forcer leur foi, à les entretenir dans une piété raisonnable ou raisonnée. Bien entendu, c'est surtout à propos de problèmes de conduite que ces matières sont abordées, et il semble que la maison de papier soit assez souvent le théâtre de discussions entre théologiens en herbe. Ainsi dès la première page (mais le livre n'est pas composé au hasard, et le thème reviendra plus d'une fois, Vincent, à onze ans, cherche devant sa mère à quelles conditions le monde serait parfait : « Il faudrait d'abord supprimer les moustiques. — Tiens ! — Et les vipères aussi. — Pourquoi ? — Parce qu'elles font tort aux couleuvres. On les confond, alors... » Peut-être est-ce prêter à Dieu un peu trop de notre moralisme. Je songeais à une page de Marie Noël s'écriant : « Comme je suis contente que Dieu ne soit pas un saint ! Si un saint avait créé le monde, il aurait créé la colombe, il n'aurait pas créé le serpent. Il aurait créé la colombe ? Il ne l'aurait pas créée « mâle et femelle », il n'aurait pas osé créer l'amour, il n'aurait pas osé créer le printemps qui trouble toute chair au monde. Et toutes les fleurs auraient été blanches. » Il me semble que Marie Noël a raison, qu'il ne faut peut-être pas identifier la sainteté et la nature de Dieu.

Mais on voit bien où la méditation de Mme Mallet-Joris sur la maison de papier et sur l'éducation des enfants débouche : sur le problème que pose l'exigence de sainteté à ceux qui vivent dans le monde. N'est-ce pas le signe que ce petit livre de bonne foi et de foi, de bonne humeur et d'humeur, s'il nous raconte beaucoup d'histoires de femmes de ménage et de vaisselle cassée, n'oublie pas pour autant que les femmes de ménage aussi ont une vie et une âme ? Et qu'il peut nous inspirer, comme je vous le promettais, des réflexions modestes, mais salubres, des sentiments élevés et courageux ?...

LE JEU DU SOUTERRAIN

LA PASSION DES PROFONDEURS
par Kléber Haedens

Près d'une petite cité du Cotentin nommée Boissy, un homme creuse obstinément la terre à la recherche du trésor des Templiers. Cette nouvelle, répandue par un jeune reporter photographe dans une famille où les sentiments ne vont pas très bien, produit de curieux effets. C'est ainsi que commence *le Jeu du souterrain*.

Le récit, où l'on passe facilement d'un couple à un autre, d'un homme à une femme, de Paris à Boissy, est d'une composition fort libérale. Cette façon de jeter des regards rapides dans des directions différentes a son charme. Nous entrons dans une œuvre assez dansante où cependant nous ne sommes jamais égarés.

C'est qu'il y a dans *le Jeu du souterrain* un personnage capital auquel finalement tout se rattache. Robert Guibal, la cinquantaine, assez bel homme avec des yeux doux dans un visage énergique, exerce le métier d'écrivain. Nous disons bien le métier. Après quelques romans qui lui ont fait une réputation honorable, Robert n'a plus écrit que pour gagner sa vie. Petits articles, bonnes soirées, préfaces pour des copains, services rendus à droite et à gauche lui font une existence matériellement convenable. Mais pour ce qui touche à la création littéraire, l'échec paraît irrémédiable. C'est en tout cas ce que pense la femme de Robert, la brune Catherine aux yeux noirs.

Le Jeu du souterrain est aussi l'histoire d'un couple. Françoise Mallet-Joris a le don de nous introduire directement dans la vie d'une famille et de nous faire respirer l'odeur de la maison. Voici le mari bien installé dans sa médiocrité rassurante, la femme pleine de doutes, la belle-mère attentive, la belle-sœur, les neveux, les amis. Nous avons notre couvert et nos pantoufles chez les Guibal et nous suivons Robert lorsqu'il se rend très bourgeoisement chez sa maîtresse. Reine est une grande fille aux yeux bleus qui fait une bonne carrière de chanteuse de deuxième ordre. Robert écrit pour elle des chansons.

Tout cela est bien régulier, bien posé, bien tranquille, et Catherine, pour penser à autre chose qu'à l'échec de son mari et à celui de son mariage, a trouvé une place de professeur de lettres dans un lycée de Chartres. Elle se conduit en femme fidèle, soignée, sérieuse, et sa souffrance intérieure n'est pas visible pour les étrangers.

Mais voici qu'un admirateur de Robert, le jeune Gerry, reporter photographe à *Modes et Loisirs,* raconte l'histoire des fouilles de Boissy. Retrouver le trésor de l'épouvantable Gilles de Rais, voilà une étrange et captivante aventure. Et puis n'est-ce pas un thème tout indiqué pour Robert ? L'auteur est embarqué dans l'affaire et laisse dire qu'il est en train d'écrire un roman.

A Paris, nous fréquentons beaucoup Robert et son entourage. Nous allons au *Magazine des Arts* dont Robert est le principal collaborateur, aux terrasses des petits cafés, chez Reine, nous voyons apparaître des couples, Bernard et Geneviève, du *Magazine,* Gerry et Carole, la belle-sœur Vivi et ses deux enfants, le singulier Anselme qui veut transformer les clients des grands magasins en Témoins de Jéhovah, Mlle Sygne, ancienne élève de l'Ecole des Chartes, vieille fille qui consacre sa vie manquée à la fée Mélusine et devient la collaboratrice de Robert pour sa « documentation ».

Ces personnages, leurs têtes, leurs sentiments, leurs marottes sont racontés d'une manière bien vivante dans une langue spontanée qui ne s'attache elle aussi qu'à la vie. Ainsi, nous sentons fortement la gêne qui s'est installée entre Robert et sa femme. Robert aime tout le monde dans la famille, sa belle-mère, sa belle-sœur, ses neveux. Seule

Catherine ne lui convient pas. Et la pauvre femme ? Eh bien ! elle aime son mari malgré elle et supporte en silence la liaison avec Reine. Elle se demande s'il ne serait pas normal et légitime qu'elle trompe un peu Robert. Il y a justement un poète raffiné, un poète pour connaisseurs, Jean-Francis Roy, auteur de *l'Œil inversé,* qui se meurt de désir pour elle, la tentation est vive. Mais Catherine, elle-même, ne sait pas ce qui va se passer.

A l'occasion, nous allons faire un tour en Normandie. L'homme qui creuse, Pierre Sorel, est un bâtard rouquin, élevé par des fermiers, qui a fini par épouser la brune Adrienne, héritière du bar-garage de Boissy. Aisance et volupté. Mais un beau jour, saisi par le mythe des Templiers, Sorel s'est mis à creuser sans autorisation aucune et de la manière la plus dangereuse. Il délaisse sa femme, son travail et s'enfonce dans la terre comme dans un rêve. Croit-il vraiment au trésor ? On ne sait pas.

Le titre pourtant nous éclaire. Le souterrain est un jeu. Jeu pour Sorel, nous finissons par le croire, jeu pour Robert qui ne travaille pas du tout à son roman. Nous aurions aimé connaître un peu mieux Sorel et suivre de plus près la recherche du Trésor, et tout ce qu'elle transforme dans la vie quotidienne de Boissy. Mais Françoise Mallet-Joris a concentré la plus grande part de son attention sur Robert Guibal. La vieille chapelle normande enterrée et le trésor des Templiers, avec leur côté Arsène Lupin, la touchent moins que l'échec directement vécu par Catherine et Robert.

Le jeu des correspondances se précise lorsque Robert à Paris devient aussi solitaire que Sorel à Boissy. En s'abritant derrière le travail imaginaire que son roman lui impose, il délaisse ses collaborations, ses habitudes, ses amitiés au point de rompre avec Reine. Sa belle-sœur Vivi se désespère de ne plus le voir. C'est une femme active, nerveuse, qui se veut d'avant-garde. Elle est divorcée d'un Brésilien qui est rentré dans son pays. Ses deux enfants, eux aussi, aiment beaucoup Robert. Mais personne ne voit plus Robert, enfoncé dans un livre qui n'existe pas.

Le Jeu du souterrain est le roman d'une double impuissance devant la création et l'amour. Ce Robert n'est à peu près bon à rien. Sa journée passe, « *remplie de riens, d'articles sans valeur, de rencontres futiles...* » Le soir, il s'attable devant un cassoulet, en manches de chemise, avec dans les yeux une chaleur dépourvue de sens, des traces de graisse sur la bouche.

Surprenant cette béatitude inepte, Catherine se sent prise de colère. Elle a envie de crier : « Enfin, réveille-toi ! C'est toi, c'est moi ! » Mais elle se tait et déteste sa servitude.

Françoise Mallet-Joris parle bien de ce qu'elle connaît, de ce qu'elle observe, de ce qu'elle éprouve. Il est clair qu'elle a vu de plus près le problème de l'impuissance à créer que les recherches souterraines de Normandie. Elle sait aussi beaucoup de choses sur le mariage. Il faut admirer la manière exacte et précise dont elle révèle la complicité qui subsiste entre Robert et Catherine au milieu de leur union manquée. Nous sentons même Catherine capable d'aller au-delà de sa déception pour rejoindre Robert. Mais celui-ci représente l'inconstance à l'état pur. Il ne fait rien jusqu'au bout.

Le Jeu du souterrain pourrait être un livre décourageant. Ceux-là mêmes de ses personnages qui ont « réussi » mènent une existence sans intérêt profond. Mais Françoise Mallet-Joris nous fait sentir dans ses personnages, même vaincus, une sorte d'énergie vitale qui les maintient dans l'action. Pierre Sorel a fini, après plus de dix ans, par trouver des pierres sculptées. Cela lui suffit. Les profondeurs ont justifié sa passion. Quant à Robert, il croit aux histoires. N'importe lesquelles. Son dernier mot est plein d'espérance : « *Il y a des trésors partout.* »

ALLEGRA
ET
J'AURAIS VOULU JOUER DE L'ACCORDÉON

IL N'Y A PAS D'AMOUR NORMAL
par Bertrand Poirot-Delpech

Il y a deux ans, Françoise Mallet-Joris a reçu un accordéon en cadeau d'anniversaire. Elle abordait la *Java bleue,* qui est au piano à bretelles ce qu'est à l'autre le *Gai Laboureur,* quand un ennui de vertèbre lui a fourni le prétexte de sacrifier ce nouveau don à celui qu'on lui connaît depuis quelque vingt ans pour la littérature.

Dans un court essai qui paraît en même temps que son roman *Allegra* et où se retrouve le ton de confidence enjouée qui a fait le triomphe de la *Maison de papier,* la vice-présidente des Goncourt veut se persuader et nous persuader qu'elle a perdu au change. Les accordéonistes tels qu'elle en a écouté au Marché aux Puces auraient la joie de semer l'entrain, de célébrer l'instant, et le courage d'encourir les huées, au lieu que l'écrivain se rendrait coupable de plaisir solitaire, de lâcheté et d'avarice.

On voit bien d'où lui vient ce complexe qu'ont souvent les gens de plume par rapport aux artistes de spectacle : de sa Flandre natale, qui porte plus au carnaval gratuit qu'à l'isolement de la feuille blanche, et de ses contacts récents avec le monde de la chanson, où les paroliers font en effet figure d' « embusqués » au regard des interprètes.

Mais les souvenirs du temps où elle aimait sauter du plus haut plongeoir ne doivent pas abuser notre nostalgique de la fête et du culot : ce n'est pas parce que ses risques sont, en quelque sorte, différés, qu'un livre expose moins son auteur qu'un exploit scénique. Audiberti trouvait au contraire moins méritoire d'écrire des pièces que des romans parce que, disait-il, au théâtre on peut vérifier si le public s'endort ou vous quitte. C'est même en voyant un voyageur s'endormir dans le train sur un de ses livres qu'il aurait décidé vers 1950 de préférer l'art dramatique au roman.

Françoise Mallet-Joris est de surcroît un des auteurs actuels les moins bien placés pour s'accuser de dérobade. Peu d'écrivains se livrent autant qu'elle dans les moindres phrases, même si, comme c'est le cas aujourd'hui avec *Allegra*, il s'agit d'une grande machinerie romanesque sans arrière-plan autobiographique. Un livre de Mallet-Joris est d'abord une rencontre avec quelqu'un ; et ce quelqu'un, une fois de plus, est au rendez-vous.

De telles créations, liées à une forte personnalité, présentent l'inconvénient d'être à prendre ou à laisser en bloc, et peu amendables dans le détail. L'auteur en convient dans son essai, quand un lecteur de chez Grasset lui reproche d'abuser des mots « peut-être » et « presque ». L'expression « une sorte de » revient encore plus souvent sous sa plume, presque à chaque page. Cela dit non par purisme cafard, mais parce qu'à force la formule ne joue plus le rôle d'acuité et de renouvellement du sens auquel elle est destinée. L'abus de « comme » dans l'acception similaire — elle éprouva « comme » un vertige — aboutit à la même négation de l'effet de nuance recherché. On regrette d'autant plus ces redites, faciles à éviter à la re-lecture, que le souci de cerner les idées ou des sentiments inédits est au cœur de la vocation et de l'œuvre de l'auteur.

Mais la puissante étrangeté de ce qui cherche à s'exprimer fait oublier ces quelques négligences. *Allegra* se présente d'abord comme la chronique d'une famille d'origine corse et farouchement matriarcale. Auprès de la grand-mère, de la mère et des trois filles, dont la cadette Allegra, les maris, gendres et amants comptent pour du beurre, bien que deux d'entre eux exercent le métier non négligeable de médecin. A leurs liens de sang et de fortune, les femmes de la tribu ajoutent celui d'une entreprise commune : un institut de beauté et, peut-être un jour, un laboratoire de produits anti-allergiques.

L'auteur peint ce clan à la fois complice et confusément

ennemi de l'idéal de la femme-objet, dont il vit, avec une finesse d'observation et une intuition qui rappellent les portraits de Colette, la *Mandarine* de Christine de Rivoyre, ou *la Terrasse des Bernardini* de Suzanne Prou. Mais il apparaît vite que ces peintures de mœurs et de caractères ne sont pas les seules dimensions du livre. Des êtres et des événements extérieurs tendent sans cesse à rompre l'harmonie et à faire peser sur ce qui pourrait ressembler à un bonheur sans histoire les rapports dérangeants, scandaleux, entre l'amour et l'anormal, au sens le plus physique et métaphysique du mot.

Ce mal s'incarne en particulier dans un petit garçon de quatre ans, apparemment muet. Fils d'une servante de restaurant d'origine arabe et — apprendra-t-on — du père de celle-ci, Rachid passe ses journées à jouer au fond d'une cour avec un réfrigérateur rouillé.

Allegra se passionne pour l'infirme. Non qu'elle soit frustrée dans son instinct maternel : elle est mariée depuis seulement trois mois, et nullement pressée d'enfanter. Mais c'est ainsi, et cette fascination inexplicable soutient tout le livre de son mystère. Elle est attendrie par les yeux de l'enfant, violets à force d'être noirs — ses « yeux de mûre », dit-elle aussi. Elle croit déceler un code dans la façon dont il range les objets. Surtout, elle accepte son mutisme comme une particularité, et non comme une infirmité, sans plus d'étonnement ni d'exigence que s'il s'agissait d'un animal.

Peu à peu, ils s'adoptent mutuellement. Elle l'emmène au Jardin des Plantes, elle s'émerveille de la patience avec laquelle il dessine les motifs d'un tapis. Bientôt, il se met à imiter les croassements des corbeaux et les bruits de la conversation. Quitte à lasser son mari, qui ne tarde pas à la tromper avec sa sœur, elle n'a plus d'attention que pour son petit protégé, qu'elle voudrait emmener en vacances. Enceinte, elle n'hésite pas à se faire avorter dans des conditions qui se révéleront mortelles, plutôt que de partager ce sentiment fou, auquel l'enfant devra peut-être sa guérison, puisqu'il finit par crier : « Où elle est ? »...

Pour tenter d'éclaircir une passion si dévorante et injustifiable, on se réfère aux précédents littéraires d'amour-protection. On songe aux sentiments inspirés par l'aveugle sourde et muette Helen Keller, l'aphasique Kaspar Hauser ou les idiots de Faulkner, celui des *Palmiers sauvages,* notamment.

Mais ces comparaisons n'aident pas à comprendre ce qui anime Allegra. Celle-ci n'a aucune envie de guérir Rachid, ni seulement de le changer si peu que ce soit. « *Celui qui rit en sait toujours assez* », dit-elle, et encore : « *Quand il parlera, j'aurai perdu la plénitude de son regard.* » Au contraire, elle l'aime tel qu'il est, c'est-à-dire différent, inclassable ; parce qu'ainsi elle doute, elle frémit, ce qui est le comble de l'amour, et qu'elle n'a plus besoin de jouer un rôle. D'une certaine façon, il la dispense de la comédie à laquelle les autres relations la condamnent.

Car telle est l'autre leçon du roman mis en lumière par l'institut de beauté : les femmes, dans nos sociétés, doivent se conformer à un certain modèle. On s'arrange pour qu'elles se sentent coupables dès qu'elles s'en écartent par les mensurations ou les attitudes. Les soins grâce auxquels elles se font pardonner leur condition changent chacune d'elles, quoi qu'elles s'imaginent, en êtres d'artifices, en travestis.

En choisissant d'aimer un petit Arabe muet plus que tout au monde, et plus que l'enfant de sa propre chair, Allegra ne se pose pas en championne bizarre et masochiste de l'anormalité, mais elle exalte à sa manière la libération de la femme par rapport au carcan des images et des usages. Elle illustre la revendication — encore maudite puisque le destin l'en punit, mais posée fièrement, — d'amours libres de leur objet et de leur expression. On croit d'abord que la romancière catholique de *Lettre à moi-même* s'interroge sur le scandale du mal dans la création, et c'est plutôt la libertine effrontée du *Rempart des béguines* qui reprend, en l'étoffant, le thème émancipateur, amoraliste, de ses débuts.

Allegra n'est d'ailleurs pas seule à témoigner en faveur d'une telle invention de soi-même à l'écart et au mépris des normes.

Un autre personnage d'enfant handicapé fait pendant au petit Rachid : un neveu infirme des jambes, et prêt à se rendre encore plus impotent pour tenter d'échapper à la honte de son anormalité plus qu'à son anormalité même. Et autour de ces anomalies, comme autour des clientes de l'Institut en quête d'une féminité standard, c'est le même ballet prévenant et dérisoire des guérisseurs, la même chasse superstitieuse à ce qui sort de l'ordinaire, chez les autres et au plus profond de soi.

L'aventure étrange d'*Allegra* se situe ainsi, sans en avoir l'air, à la pointe du combat féministe contre l'emprise d'une phallocratie falote, et pour l'affranchissement de l'instinct par rapport aux diktats d'une culture qui se donne pour la voix de la nature. Mais cette signification profonde n'est jamais mise en avant comme telle. Elle ressort d'une trame romanesque foisonnante, d'où les moments d'humour ne sont pas exclus, notamment quand un chauffeur noir raconte *les Bostoniennes* de James à sa patronne. Tout l'art de la romancière est dans cette manière d'approcher par l'arbitraire de la fiction une vérité insolite, le pressentiment d'une époque.

« Chiche ! », aimait à s'entendre dire Françoise Mallet-Joris quand elle était enfant. Sous ses airs sages et ébahis, elle pourrait bien être une des artistes les plus aventureuses de sa génération. Plus intrépide, elle peut se rassurer, que toutes les joueuses d'accordéon...

Poèmes du dimanche

Aux étangs morts...

Aux étangs morts que nous avons connus
Nous avons rencontré la tristesse légère.
Comme un oiseau, blottie entre nos mains
Nous l'avons tendrement recueillie, encore demi-vivante,
parmi les tièdes feuilles pourries.
— Ne parlons pas trop haut, la pluie pourrait nous entendre
Et peut-être nous l'enlever, cette tristesse petite fille.
Bercée entre nous — riante et sanglotante et silencieuse —
avec une douceur de flocon de neige et de duvet de jeune
oiseau
La douloureuse envie de rire qui nous prend aux épaules
Et le regard vers les étangs
Où dérivent les radeaux roux
Des feuilles mortes et des tristesses reines.

Voyage un jour de pluie

Une journée de pluie grise, un homme dansait sur le toit proche — mince corde de zinc mouillé — et s'appuyait sur ces petites fleurs de nuage qui s'ouvrent sous les mains transparentes.
La jeune fille le vit ; sur le toit gris, une échelle recourbée, blanche, faisait vivre tout un navire frémissant.
Un jour de pluie, un vaisseau voilé de ciel part pour un profond voyage.
Immenses les vagues de fine lumière, et la pluie étincelle. Etendus sur le pont haut, l'équilibriste, la jeune fille sourient et tendent les paumes vers la pluie qui les parcourt comme un frémissement.
Etendus sur le pont haut qui sent le vent et le goudron.
Tout devient plus noir, et la pluie sur la peau rêche.
Le vent vient, violent. Frêle navire.
Les dents se serrent, l'invisible approche. Le pont devient de bois. Les corps vont-ils exister ?
Le bateau monte, le ciel descend.
Soudain le sang est bleu à la peau tendre des poignets, et aux jointures des épaules, mince douleur qui tire.
L'orage ceinture le corps, inerte aux mains brutales.
Dos creusé, vertige. On glisse en arrière, les mains tentent de s'agripper — deux mains étrangères crispées, et les ongles s'enfoncent...
Epaule contre épaule, on fait la planche pour surnager.
Tourbillon qui prend un rythme et finit par s'apaiser.

Tout immobile. On se relève sur le coude, pour retomber vaincu par ce poids de lassitude, et il faut penser à respirer. Contre la lisse glissante, dans l'ombre et la pluie vive qui fait des fils arqués d'argent.
Houle douce, vite apaisée, retour de pluie, et fin de jour. Fin de voyage.
Le plafond aussi plat que toujours, et le toit gris très vide.

Lettre à Mélisande

Yeux verts de chatte, cheveux pensifs d'anneaux entrelacés, voix trouble, jeune fontaine où tout se mire : Mélisande.
Idole étrange, prête à plier. Servante. Larmes qui glissent comme les pluies d'avril, et rires de sanglots d'automne.
Fruits lourds et péchés d'innocence : Mélisande.
Désirs infinis, jamais satisfaits et ne voulant pas l'être.
Haine tendre et cœur sonore aux parois de rayons d'étoile.
Mélisande, eau changeante que le vent modèle, rose pâle mouillée de matin.
Immobile à travers les heures, j'ai longuement travaillé à reconstruire ce mot usé par tant de lèvres.
Forgé de matériaux immenses, nuages, pluies, ciel surtout, — et neuf de par la fusion de ces matières éternelles — j'ai voulu te donner mon amour, ce matin, comme il y a des bouquets de frais tilleul sur les toits pliant l'échine.
Mélisande immobile règne sur les toits chauds, ses yeux clos de paupières longues et son sourire de passagère qui entrevoit le port lointain.

Jour de semaine

Je ne puis, c'est curieux, me rappeler quel était ce jour-là. Nous nous sommes trouvés au milieu d'une plaine de pavés de ville claire, et nous nous sommes arrêtés.
Le signal était vert.
L'Eternité s'étendit devant nous, oblique et grave.
Il y avait nos deux mains, il y avait nos épaules fermement ajustées. Il y avait en nous ce vide parfait et cette sonorité d'amour.
Il y avait sur nous les siècles légers, et devant nous des ombres brumeuses. Et nous étions de pierre, de roc indestructible.
Le signal était rouge.
Nous avions traversé la place.
Je ne puis me rappeler quel était ce jour-là ; sans doute, toi aussi, l'as-tu oublié...

As-tu connu cette brûlure...

As-tu connu cette brûlure, exaspérée par le peuplier frais, par la pluie douce et ironique, par la grimace du couchant ?
As-tu connu cette attente et ce souvenir, et cette crainte que ce qui s'en vient soit moins beau que le souvenir ?
A mes questions tu ne saurais répondre, et nous attendons d'autres aubes...
Mais que veux-tu, il me soulage de sentir près de moi ton désir étranger qui brûle et qui halète, ton combat qui se livre aussi dur que le mien.
Même si je n'en reçois pas d'aide.
Ce parfum de lavande vieillie entre les nappes du souvenir...
A travers l'eau fraîche de ce puits, vois-tu déjà monter les algues noires de l'oubli ?
A travers le cadre gardé de poussiéreux printemps, entends-tu le grignotement sourd et goulu des minutes ?
— Naturellement tu penses à autre chose.

Les litanies du vague à l'âme

Le soir, quand on avait envie de rire et de pleurer, on ne savait pas bien, des désirs passés, des désirs à venir, ou de ne pas en avoir d'assez grands peut-être, le soir, une petite pluie légère voletait sans se poser, caressant les toits. Le soir, quand c'était encore le jour, au ciel à peine changé, qui finissait, lentement et trop vite, quand c'étaient des pluies blanches qui venaient des mers du Sud, on aurait bien chanté parfois ; mais tout était si indifférent, pas même hostile, qu'on se demandait à quoi cela servirait.
Et on se taisait, en surveillant dans les flaques troubles la lente montée grisaille des maisons vers le ciel.
On n'osait même plus rêver de pays ou de fastes lointains, mais plus simplement d'un canal pur et gris dans un écrin de peupliers, où les jours enfin, parce qu'ils couleraient égaux et monotones, ne seraient plus chargés de cette attente qui renaissait d'être déçue.
Puis elle finissait par s'endormir parmi tant d'autres habitudes, jusqu'à ce que brusquement, en voyant descendre les nuages pommelés derrière les lions couchés du haut balcon, elle se réveillât plus vivace.
Et on tressaillait tout à coup devant un ciel couleur des jours, mais qu'à nouveau on attendait dévoilant quelque menace ou quelqu'espoir.
La fraîche sève des aubes — promesses de jours, toujours tenues — s'infiltrait puissamment, chassant des lèvres tristes une dernière saveur de larmes.

Les mouettes

L'une après l'autre, les mouettes sont passées, déroulant devant moi, spirale bleue ou grise, la promesse de leur appel.
J'ai laissé sur la table le coupe-papier d'ivoire, et seul s'achèvera le destin de la lampe.
J'ai laissé la fenêtre ouverte pour le miroir et pour la nuit.
J'ai reculé jusqu'à la porte, et déjà la chambre sans moi vivante me repoussait.
Voici le bout d'une rue qui semblait éternelle.
Dernier regard de madone, filtré sous les cils raides.
A l'abri derrière l'horizon est la plus belle mer où voguent les mouettes. Je l'ai connue grise et sans atteinte de rivage, et plus immense et plus profonde que des yeux de petite fille.
Voici déjà loin la mer de l'enfance, la beauté de ses vagues irréfléchies. Sa force qui renaît de l'écume et du cri des mouettes. Son infinie tristesse lucide.
La sagesse de sa joie d'une heure. Un instant s'élance à nouveau le chant simple et puissant des enfants et des dieux.
Puissance perdue dans les paroles et dans les livres, monte, fleur noire des mers, fleur blanche des cieux, monstrueuse et simple, ô puissance perdue sans larmes.
Mouettes, vous avez crié. Vous n'avez pas voulu de pain, et je vous ai suivies. Vous avez refusé mon âme.
N'était-ce donc point moi que vous appeliez ?

Neige

Brisée la robe de verre, en chants de cloches translucides.
Echappé le jeune matin, danseur parmi les nuages fous de givre.
De l'arbre qui s'élance, de l'attente des mers, des vieilles fées chuchotantes, j'ai su ce qui est arrivé.
Aux éternelles mains tendues, voici tomber, sang des hivers, les ballerines de la neige.
Qui se souvient d'un élan né avec les clairs bourgeons poisseux, qui se souvient de la joie bue à longues coulées de miel, et de l'âcre plongée au même cœur d'automne ?
Voici tomber la morte douceur.
Pieds crucifiés et cheveux d'algues se lève le sommeil du sein des mers blessées.
Inquiétude, mon amie, plie et rallonge tes jambes nerveuses jusqu'à t'endormir pour jamais.
Mais sous la nappe lourde palpite et se soulève un cœur encore vivant.
Aux cœurs troublés toujours tendus, voici se joindre un cœur de neige, battant de ses milliers d'hivers.

Saules

D'un arbre à l'autre se propage le frisson des jours écoulés. Du saule noir et tordu — et cependant bouquet de fines feuilles — s'échappent en faisceau serré de minces chansons parallèles, qui strient blanc le ciel obscur.
Pluies d'hier et d'aujourd'hui, dans son creux étui de bois tendre, un saule garde vos fraîches odeurs, et c'est le soir, dans les chemins de saules, qu'on peut sentir les pluies d'autrefois.
Petits saules courbés sous l'orage, le vent rabat vos longues branches comme une chevelure qu'on peigne toute d'un côté, et qui serait plus claire à la racine.
Petits saules haussant les épaules et trop tristes pour pleurer, je voudrais danser la ronde autour du monde avec vous, et tremper vos chevelures dans le liquide arc-en-ciel.

Cantique aux fontaines

Quand vint un matin s'allonger contre vous, ô dépouillées, ô palpitantes, j'étais encore obscurément là.
Et toutes du même accord résonnantes, je vis, ô fontaines, votre pierre usée heurtée du premier rayon de soleil.
Là-bas coule sans trêve la liquide douceur des sources.
Vous êtes les pures fontaines silencieuses.
Vous êtes nuit et jour de silence compact les grandes bornes de mon royaume.
Dans son ciel, les nuages semblent s'alourdir du poids de cette heure qui a la résonance mate de celles qu'on dirait immobiles.
La pierre des hauts balcons est froide sous les mains qui s'y sont posées en cherchant un appui.
O ma ville immense et légère — et toute parfumée par le tilleul du haut de la colline, qui ne se souvient plus des petites filles qui ont dansé autour de lui, et qui se donne tout entier à cette ville solitaire, éveillée de l'absence humaine.
Fontaines grandissantes à mesure qu'approche la nuit, toutes blanchies par les lunes restées prisonnières, ô fontaines, vos froides eaux durcies...
Du ciel pas de lumière, mais sur les eaux rondes brille et s'approfondit la longue empreinte d'un sourire.
Un soir superbe et sombre a plié le genou et tordu sa chevelure ensanglantée. Un moment ardentes et troublées, vous vous pétrifiez à nouveau.
Toujours plus hautes, fontaines, soyez l'échelle de mon matin.

Petite chanson pour les étés

Le temps de chaque été au collier des soleils
J'ai vécu, comme l'heure au sommet des lavandes.
Au cœur mourant d'âpre or floral
Au cœur mouvant de mer creusée
Fendant le jour d'amour pleurée
Fendant la nuit d'espoir astral.

Le temps de chaque été mûrissant sous les branches
J'ai rêvé comme l'heure aux ors qui déclinaient.
Vers le matin, mort d'espérance,
Qui pleure aux détours des allées ?
Ta voix sœur d'une âme de pluie
Mélancolique oiseau d'enfance.
(Vent qui porteur d'amour sanglote aux vitres froides...)

Terre

Terre, je te sens labourée par cet interne fleuve qui roule en toi avec la fureur sourde de la sève et du sang. Mon sang roule avec lui, qu'avec toi mon cœur batte.
Terre, je te vois reine, encerclée d'une rapide couronne : la vive flamme des épis.
Vers l'idole corsetée d'or, je ne lèverai pas les mains.
Le ciel superbe engendra soleil et pluie, et mon dieu s'appuie sur l'arc-en-ciel recourbé. La sève de la terre noire, l'ardeur de la rouge argile, montent vers lui du jet d'amour des arbres.
Les morts qui mâchent des racines ont jadis parlé aux nuages, et l'espérance est descendue d'une étoile peut-être éteinte.
Appuyée sur la terre de mes paumes tout ouvertes, et des yeux soutenant le ciel, mon souple dieu, je te veux libérer pour qu'à nouveau tes pieds se posent sur la lourde terre comblée, et que de jardin en jardin tu danses plus léger.

Journée d'été

Ensabler dans les bras de l'aube une chantante lassitude...
Que s'éclose parmi les bruyères pliantes, née du balancement de la rosée, la première heure du jour, pleine d'amour paisible.
Que partout elle se glisse et rajeunisse jusqu'aux rideaux de damas rouges, jusqu'aux housses tricotées des fauteuils, chez ces vieilles demoiselles pour qui c'est aussi le matin.
Première heure balancée, première heure pleine d'amour, répands sur nous ta fragile fraîcheur.
Ecran de verre léger, première heure, bientôt le soleil te brisera pour poser ses petites touches d'émail sur les maisons abandonnées.

Eglises, glacières de midi. S'élèvent les grandes prières sonores.
Rouet des actives abeilles. On tourne la meule du jour dans les jardins anglais, et parfois dans ceux où est le buis qui brûle — à quoi ne se sont pas attendues les deux vieilles demoiselles, pieuses et un peu bossues. Plus de mensonge végétal : le buis flambe d'ardeur.
La lassitude s'est usée. Il n'en demeure que la trame d'extase.
Dieu lui-même n'est plus qu'une flamme cabrée.

Les pierres hautes bleuissent vers la chute de l'heure pour former le premier cimetière. Les fenêtres s'ouvrent au large.
L'horizon déferle dans les gouttières.

Dieu est redevenu l'image bien élevée qui bénit la cuisine à carreaux rouges. « Bonsoir, ma sœur », se disent les vieilles demoiselles apaisées « il faudra, demain, aller chercher le lait ».
Près des longues statues de pierre allongées, une rose fleurit toute droite.

Conte presque sérieux

A l'heure où se penchaient les fièvres, comme de grands tournesols noirs, sur le lit des malades, le bateau partit pour de profondes géographies, à la poursuite du soleil. Et les enfants dont les cris vastes s'étendaient sur les quais — invisible pelure d'orange où glissait le triste passant — enfourchèrent les duveteuses mouettes et suivirent, en se moquant de l'oiseau noir au bout du mât, qui tentait de becqueter des parcelles de nuages.

Un visage étiré et un chandail jaune absorbaient les dernières fibres de soleil qu'avait dédaignées la mer.

Le prisonnier songeait à sa maison de briques rouges, à sa haie tendre où l'on prenait les hannetons, et se demandait combien de pétales a l'églantine, cependant que l'énorme araignée d'argent rattachait la ville au navire par un filet immense où se prenaient les anges.

Les arbres souriaient de se voir dans la mer ; un matelot nègre avait construit un moulin de verre qui tournait à vide en chantant.

Quand le bateau revint, un lourd parfum d'oranges trop mûres s'étendit sur les toits desséchés. La ville s'éveilla. Déjà au coin des bornes poussaient, vite et honteusement comme de mauvais champignons, des banquiers et des éditeurs.

Chanson de mes quinze ans

Lorsque des champs du ciel se levèrent les oiseaux noirs, déjà parmi le prime des saisons j'avançais, dans la flamboyante découverte d'un grand espoir inapaisé.
Alors le monde fut dans ma main pur comme une boule de cristal pour laquelle il n'y aurait pas d'assez grand arbre de Noël.
En sandales et robe de toile, la gaieté courait sur les dalles et l'espoir à travers les champs, dans l'âpre ronde des soleils de fin d'été.

    Je suis déjà loin
    Bien plus loin
    Tout quitter et toujours fuir
    C'est un destin
    Les désirs accomplis sont bien lourds à porter
    (C'est si simple, demain)
    De ciel remplies
    Vers l'horizon je tends les mains.

Aux arbres des roseaux, trop végétalement mourir — huilée de soleil, reine d'Egypte au dur bandeau.
Au ciel trop lourd, aux eaux trop vertes, au dernier reflux d'un monde statufié, mourir parmi les joncs tranchants.

Mes douces mains
De ciel remplies
(C'est si simple, demain)
Je suis déjà loin, bien plus loin
Que la vie.

Passé l'ivoire cannelé, palme sans nombre et dernier visage, passés les vifs oiseaux silencieux et la lourde torpeur des hauts miroirs captifs, enclose derrière les jets d'eaux, prisonnière infante à la rose.

Mes longs cheveux
Fuyant au vent
(C'est si simple, demain)
Des jours gris, et vous m'écoutant
Je suis déjà loin, bien plus loin
Ligne d'horizon qui recule
(C'est trop simple, demain)
Je suis déjà loin, bien plus loin.
La ligne qui toujours recule
Me tend les mains.

Poèmes de la mer

Petite fille, ancienne dentellière, tisse de tes doigts morts le fin réseau des chansons d'autrefois : attire au port luisant — sous leur étrave un jour ployé — les bruns et blancs bateaux goudronnés de printemps, qui vers Pâques s'en viennent.
Partout où pâles s'entrelacent les arabesques d'un bonheur végétal, près du déroulement des herbes, près des canaux sagement infinis, petite fille aux cheveux dénoués, ennuagée d'indifférence, lance magiquement le point de Bruges ou de Venise.
Et par le rythme lent des chansons alternées — tandis que les canaux sont purs comme des lames — et par le rêve grave à tes pieds nonchalants, enfant aux yeux d'eau très lointaine, fleurisse le col pur d'arrondis chemins bleus.
Peut-être — un sable lent frémit entre tes cils — vas-tu du geste faire éclore en nous ces chemins ignorés.
Fileuse fille des ciels pâles, peut-être tu nous mèneras jusqu'à la Mer.

Attente

Les buissons accroupis entre les pins tordus attendent quelque chose.
De grands corps implorants de brume se sont levés : la fièvre monte des marais de lune.
Ah ! Tu ne chantes plus, oiseau solitaire au fond des bois de porcelaine ; tu te tais, oiseau perdu, oiseau morose du souvenir !
Dormeuse derrière les bois élancés, tu la sens proche, celle que je n'ai point nommée. Et pleure le ciel, reflet de l'endormie, et vole le nuage, écume du ciel.
Car elle existe enfin, cette foulée d'un seul corps sur les algues froissées, cette percée à travers les halliers bleus, cette place unique où sans désespoir peuvent deux bras se joindre sur l'espace.
Et nous retrouverons bien les souvenirs qui jouent à cache-cache entre les mûres et les fraises des bois, derrière la tour du dernier laurier-rose.

Naissance de l'amour

Une animale défense naquit tout d'abord devant ce mouvement de l'épaule et du flanc, cette ardeur nonchalante qui la faisait, tiède, vous enrober, puis soudain vous abandonner frissonnant dans la jungle des coquillages.
Mais la voir toute pâle, avec à peine un frémissement et qui n'était qu'une plainte, se berçant elle-même comme une secrète enfant dolente, tandis que peu à peu l'étouffait l'entrouvert velours noir de la nuit maléfique, c'était lui ouvrir les bras et lentement s'y perdre — et l'innocente mort dansait, dansait, à la crête des vagues.
Voici la Mer, si semblable et parallèle à mon désir, mais — ô géométrie — qui jamais ne le touche.
Ah, vain, vain, le souvenir des jardins ratissés des âmes ordonnées.
Adieu, droite fontaine des devoirs retombants, adieu palais persan où fleurissaient mes fragiles saisons de grâce.
Comment quitterais-je la Mer, puisque, vaste fleur grise et sans odeur, le crépuscule s'est refermé sur nous ?

Le printemps sur la mer

Cimes, j'appris de vous le jaillissement d'inégales saisons. Comme aux cercles tracés dans sa chair tendre un peu grinçante se reconnaît l'âge de l'arbre, aux rides de la mer se lit l'approche du printemps.
La musicienne orientale dompta des cuisses une vague sculpturalement déchaînée ; les corps étendus qui portaient leur pleine chair de pesanteur (ventre gonflé, tête gélatineuse) prirent tout à coup une densité plus entière, un poids riche et guerrier.
Huilés les membres qui sont soudain lance, épieu, javelot ; et s'enfoncent ces poignards humains en plein cœur du printemps.
Les vagues montent végétales si bien que s'alanguissent les navires, grands oiseaux maladroits posés sur la mouvante forêt. Main dans la main pourquoi ne marcheraient-ils pas, les jeunes morts, le long de ses allées (on sent du caveau minéral sourdre une ombre livide) ?
Une seule mouette s'est posée sur la mer, en repliant son aile délicate — souvenir, souvenance, les pieds si pâles hirondelles aplanissant de pensives eaux...
Tandis que ployent les roses du puits calme, et que son sein s'endort comme une étoile, la mer, créant d'écume les oiseaux, attend l'été, déjà mûrie, couleur de vin clair et d'aurore.

Départ

Et cependant, il fallut la quitter. Par quel miracle avions-nous franchi ce jour-là son indifférente tendresse pour atteindre au visage vrai, d'une saveur désespérée ?
Pourquoi, soudain sans méfiance, les plages désertes nous révélèrent-elles ces mille empreintes légères — adieux des fluides pieds du vent — ces guirlandes et ces colliers qui forment le tribut d'âmes marines au poète ?
Nous lui avions dit bien des choses. Pourquoi fallait-il que ce fût le départ, au moment même où nous allions ne lui offrir que le silence, comme le plus pur et le plus suprême embrassement ? Au moment même où devant nous se lève — après l'aride et vain désir — une harmonie d'éternité, pourquoi faut-il toujours qu'une main s'interpose ?
Nous partions — le vent, la pluie, tigrait son dos d'orage et de lait ; l'impitoyable matin étendait l'ombre d'un nuage. Larme ! Immobile larme séchée sur un visage qui s'éteint ! La cigale fait résonner le vide tambourin de l'heure matinale. Larme dernière, demeure encore !
Une pureté lourde descendra sur nos âmes dépouillées — doucement se détend le lien douloureux qui nous ancrait aux falaises.
Passé l'extrême dorure des lointains, il s'ouvre une large voie sans douleur vers le ciel trouble et infini, pendant qu'à l'horizon s'effondre la rousseur des bois oubliés.
Le vent s'est levé sur la mer, et des dentelles qui retombent, l'une reste un instant suspendue à quelque doigt d'ange distrait...

Le miroir, le voyage et la fête

Françoise Mallet-Joris

> Un enfant qui meurt, un amour qui naît, danger de mort, danger de vie, soudain on s'aperçoit qu'on dormait. Parfois une grâce toute pure, l'abeille qui se pose sur la rose, dans un petit jardin symétrique, donne vie à la légende.
>
> Françoise Mallet-Joris.

INVITATION AU VOYAGE

J'ignorais, au moment d'entreprendre ce voyage, jusqu'où il m'entraînerait. Tantôt, long cheminement, évasion vers des rivages lointains. Tantôt tout intérieur, limité aux quatre murs d'une chambre, aux remparts d'une ville, aux contraintes d'une société fermée où, en apparence, il ne se passe rien.

La quête pourtant demeurait la même. Les objets, la musique, les rites, les couleurs... étaient autant de paysages divers où le bien et le mal livraient un même combat pour que triomphe enfin la Vérité.

Ce qui me passionne et ce que j'aime chez Françoise Mallet-Joris, c'est le côté « forain » à la fois grave et enjoué, nomade et cependant attaché à la tradition, mystérieux et transparent, ouvert aux vents et à la houle, insaisissable...

Cet ensemble de contraintes, cette alternance qui envisage et permet tous les possibles (les deux plateaux de la balance en recherche d'équilibre) — déroutant diront certains — me semblent tendre vers une même unité. C'est l'envers et l'endroit, le reflet dépassé, la survivance, au-delà des mots, d'une permanence poétique.

Pareille au funambule, je la vois suspendue entre le ravissement et la douleur, recherchant l'équilibre entre l'enthousiasme et l'émerveillement que le monde lui inspire et qui est très vif, et en même temps le désespoir profond qu'elle ressent devant le manque d'harmonie du monde. Equilibre difficile à trouver, car plus on a de la vie une idée harmonieuse, plus on se heurte à la dissonance. Ces deux dimensions sont complémentaires, il ne faut perdre de vue ni l'une, ni l'autre, conscient du danger qu'il y a à s'enfermer dans un bonheur de vivre qui ignore le malheur d'autrui, mais aussi de celui qu'il y a à s'enfermer dans l'idée du malheur, parce qu'elle rend incapable d'y remédier. « *A ne voir que les fleurs, on risque d'oublier qu'il y a aussi la guerre ; mais à ne voir que la guerre, on risque d'oublier qu'il y a aussi les fleurs.* »

Françoise Mallet-Joris croit beaucoup au merveilleux

dans la vie, à l'accueil qu'il faut réserver aux êtres et aux choses qui se présentent. Elle refuse de leur associer les mots banalité et médiocrité. Etre écrivain est, pour elle, une façon de vivre où elle tente, dans la foule et l'abondance des visages, de dépasser sa propre individualité. Elle s'intéresse beaucoup au groupe humain, aux rebondissements, aux couleurs... Son rythme naturel s'y accorde. Elle n'essaye pas de démêler les choses. Elle a un grand étonnement, qui correspond chez elle a un sentiment de liberté instinctive, et une grande naïveté de regard. Il s'établit entre elle et ses personnages un réel courant de sympathie et, dans le désir qu'elle a de comprendre et de les comprendre, naît un sentiment de compassion.

Elle s'exprime par images et paraboles, elle reconnaît n'avoir aucun don pour l'abstraction. Elle accorde une grande importance à la notion de gratuité, et il lui plaît que les choses soient appelées à disparaître.

Le miroir, le voyage et la fête... Et pas tant ce qu'ils sont que ce qu'ils signifient ou, plus justement, que ce qu'ils permettent... Instants fugaces, merveilleusement gratuits, harmonie au sein de la dissonance et puis, dans la mouvance, le renvoi aux extrêmes, cet élan vers le bonheur transformé en inquiétude, cette conciliation de la souffrance et de la beauté, et jusqu'à cet effort pour les faire coïncider.

Funambule... et plus encore, je voudrais m'attacher à l'image du cerf-volant. La tête dans les étoiles et les voiles au vent, mais la corde aussi qu'anime une main invisible — peut-être celle d'un autre soi-même — qui retient, dirige et ramène à la terre.

« Pour faire le portrait d'un oiseau », écrit Jacques Prévert, il faut...

Je ne veux pas essayer de définir Françoise Mallet-Joris, d'ailleurs que sais-je d'elle ? Le flux et le reflux d'une mer secrète, une respiration, des instants partagés au hasard du temps, fugitifs, éphémères... et puis, l'œuvre d'écriture qui est d'elle-même cette part donnée que l'imagination et la puissance créatrice façonnent avec talent, et qu'elle ne renie pas.

> « *J'écris un livre. Je raconte une histoire, je décris un paysage, intérieur ou extérieur, je juxtapose des couleurs, des mots, je parle, je suis dedans ou dehors, je communique, et parfois, je donne mon opinion sur ce que je vois, sur ce que je raconte, et parfois je n'en ai pas, je ne sais pas très bien ce que j'ai fait, je le regarde comme on regarde ses enfants si proches et si lointains : j'ai fait ce que j'ai pu, et maintenant, c'est à lui de jouer. Et aux autres à avoir leur opinion, à tirer leurs conclusions. J'ai fait ma part. Que cette part soit grande ou petite, ce n'est pas mon affaire, et cela me préoccupe bien peu. Mais en rougir, non jamais*[1]. »

Décrire un être, c'est en faire un cliché, c'est l'isoler, dans l'espace, de sa propre étendue. L'aimer c'est autre chose, mais dans la communication de quel moyen disposons-nous, si ce n'est celui de mettre bout à bout une série d'images ? « *Images aux couleurs de vitrail, lumineuses, certes, combien lumineuses, mais figées, mais immobiles. Signe ou Prodige ? Choisir*[2]. »

Sans doute créons-nous les autres au regard de ce que nous sommes. Nous disons : il est telle couleur, il est telle musique, et nous échappent toutes celles qui étaient dans l'instant passé, toutes celles qui seront dans l'instant à venir et je dirais même, celles qui, dans l'instant présent, sont restées inutilisées. Mais comment saurions-nous cette part qui est imperceptible et indéfinissable pour l'être même qui en porte les germes ? Et cet être, quelle conscience peut-il avoir de ce qu'il représente pour les autres ?

> « *Je ne sais pas moi-même si je suis " poète ". J'aime raconter. Raconter sans but, sans problème, sans message. Mais j'ai l'espoir qu'un but, un espoir, un message, passeront malgré moi, du fait que c'est moi tout entière qui m'exprime, dans cette histoire, dans ces images qui m'enivrent un peu*[3]. »

1. *La Maison de papier*, pp. 201, 202.
2. *Les Signes et les Prodiges*, p. 486.
3. *La Maison de papier*, p. 204.

Il faut faire confiance. « *Ne pas épingler les papillons. Les suivre du regard, et puis, attendre qu'ils reviennent. Croire qu'ils reviendront*[4]. »

---

4. *La Maison de papier*, pp. 56, 57.

« *Il y a plus de grandeur, me semble-t-il, à se regarder tel qu'on est qu'à se fuir en sautant par la fenêtre. Plus de grandeur à assumer sa souffrance, son impuissance créatrice, qu'à la fuir*[5]. »

Cette quête de vérité — et par là même de liberté — est la prise de conscience lucide et courageuse d'un état de faiblesse.

« *Vivre sa vie en consentant à ce qu'elle soit limitée, en tenant compte du fait qu'elle est limitée*[6] », est l'état de lucidité vers lequel tend Françoise Mallet-Joris.

« *Je n'ai pas peur de la mort* », écrit-elle, « *je consens et même je désire que la vie ait un terme*[7] ». Ce qui l'angoisse, ce n'est pas tant de mourir, que de mourir sans y avoir consenti. Ce consentement est acceptation et non abdication.

Françoise Mallet-Joris a soif d'une paix vivante, cette soif on la retrouve chez ses héros. Leur lucidité courageuse engendre une révolte contre eux-mêmes, en fonction du dessein créateur de Dieu, autrement dit de leur Vérité. En effet, seul un choix véritable peut les délivrer du mal, non un choix définitif, mais repensé et redit chaque jour avec le courage de la fidélité. Révolte et choix ne peuvent

5. *Lettre à moi-même*, p. 154.
6. *Lettre à moi-même*, p. 174.
7. *Lettre à moi-même*, p. 171.

exister en fonction de personnages fabriqués de toutes pièces qui à force de se choisir risquent de se fuir et de ne plus exister : « *sans ces masques, sans doute, leur visage n'eût pas été plus beau, mais au moins eût-il été le leur. Ils auraient pu l'affronter, et, peut-être le transformer*[8]. » Le laisser naître accepte tout à la fois l'être et les possibilités de devenir.

Deviner sa vérité est une découverte que l'on ne peut faire que seul. « *Chacun contient cette vérité banale et mystérieuse comme un chiffre — cette liberté comme une proportion. Proportion, oui, ou encore, rapport, nombre d'or, mesure entre ces forces naturelles, ces contraintes et ces élans, et cette prise de conscience de l'esprit qui jauge son matériau, le soupèse, et se met au travail, à son travail*[9]. » Seul ne signifie pas en marge ou même abandonné, mais un, réuni dans l'harmonie et l'équilibre. La conscience qui résulte de cette complicité permet l'homme.

« *Ma vraie recherche devait être non de substituer l'un des visages de ma vérité à l'autre, mais de découvrir leur lien, leur rapport*[10]. »

L'éternelle opposition, résultant de l'essence même de la nature de l'homme, entre ce qu'il voudrait être et ce qu'il est, entre sa soif d'absolu et ses faiblesses, c'est le cri de saint Paul : « Il y a deux hommes en moi. » Dieu crée, l'homme « *défigure, déforme, souille le merveilleux hasard, le merveilleux élan, ce qui l'empêche à tout jamais d'atteindre le cœur fortuit des choses*[11]. » C'est l'écrivain falsifiant son personnage ou « *un public quelconque confrontant l'homme qui écrit et l'homme qui vit, l'obligeant à un accord entre les deux, non par goût de la vérité, mais pour ne pas voir si flagrant son propre mensonge comme joué devant lui par cet acteur maladroit*[12]. » Dégager la vérité pour la travestir ensuite par peur sans doute de sentir croître en lui cette puissance que Françoise Mallet-Joris nomme Dieu désormais.

---

8. *Lettre à moi-même*, p. 203.
9. *Lettre à moi-même*, p. 213.
10. *Lettre à moi-même*, p. 194.
11. *Lettre à moi-même*, p. 267.
12. *Lettre à moi-même*, p. 92.

« *Consentir à n'être que soi-même, c'est consentir à n'être pas. Mais refuser d'être soi-même est la source de bien des égarements* [13]. » Il importe, dans l'optique d'un devenir, de vaincre la peur obsédante du choix.

La reconnaissance implicite de la nécessité de se rejoindre un jour soi-même, le retour à « *l'état nature où il n'y a ni mensonge, ni vérité* [14] » est délivrance, grâce inouïe. Et qu'est-ce que la grâce, sinon « *ce pouvoir et cette volonté de distinguer sa propre place dans cette vie incolore et s'efforcer d'y atteindre* [15] ». « *L'effort déjà suffit, puisqu'il en reconnaît l'existence, qu'il admet l'architecture du monde* [16]. » La vérité n'est pas une évidence, c'est une conquête.

Cette grâce, il faut l'attendre et lui faire place et l'attente est patience ; la recherche, attention ; le courage, volonté. Dans une autre mesure, la liberté rend capable et digne d'amour. Ce choix, cette liberté qui recréent la pureté, l'innocence sont fidélité à l'enfance. Ils délivrent de toutes les servitudes et permettent de reconnaître la part divine de toute humanité.

Si Françoise Mallet-Joris désire que la vie ait un terme ou plutôt en accepte les limites, elle ne l'en aime pas moins avec fougue et passion ; passion qu'elle reconnaît être sa force, mais aussi sa faiblesse. « *Attirance des passions, attirance de la mort ; double visage. On les craint, on les désire* [17] », alors que sans les étouffer il faudrait pouvoir les dominer.

« *Me promenant au bois, à Bagatelle, je regardais les fleurs, rien que les fleurs, les fleurs sans pensée esthétique, sans pensée, la couleur, la forme des fleurs, une tulipe jaune, cette dureté, cette transparence, cette fragilité raide, cette vigueur, la sève, la tige grasse, la racine goulue dans la terre humide, épaisse nourricière, j'étais tulipe, j'imaginais, non je sentais mimétiquement une envie de terre humide où enfoncer mes pieds, une envie de soleil, pas de soleil imma-*

---

13. *Lettre à moi-même*, p. 196.
14. *Lettre à moi-même*, p. 33.
15. *Lettre à moi-même*, p. 242.
16. *Lettre à moi-même*, p. 242.
17. *Lettre à moi-même*, p. 174.

tériel, de soleil-idée, mais de soleil dégoulinant, sucré, un miel de soleil engourdissant, mûrissant, pourrissant*[18]*. » De la vie, elle a une conception très rabelaisienne. Vie offerte dans laquelle elle mord à pleines dents comme dans un fruit mûr, consciente de la saveur qu'il contient et de la joie qu'il procure. Vie : non la fête où elle s'enivre mais celle où communiant pleinement, elle accepte tous les présents pour mieux donner ensuite.

Une vie limitée, mais néanmoins bien remplie où le besoin d'écrire s'identifie au besoin de conserver, de faire durer. « *Qu'on ne puisse exprimer les choses dans leur totalité, il y a là un obstacle auquel je me heurte régulièrement, dans un mouvement découragé de marée. Il a fallu que je me mette à réfléchir pour découvrir que le mouvement de la réflexion ne suffit pas à appréhender les choses. Là encore, double visage, double mouvement, oscillation dont je ne pouvais venir à bout, dont il n'était peut-être pas souhaitable de venir à bout. Ce mouvement était la vie même, et le figer aurait été le tuer.*

Mais alors, ma recherche ? N'était-elle pas tout entière infirmée ? Ne sortai-je de l'absurde que pour entrer dans l'arbitraire ? Avant comme après, il manquait une dimension[19]. » Angoisse que cette limite des choses dans l'expression qu'elle tente d'en faire. Mais si écrire, pour Françoise Mallet-Joris, correspond au besoin de faire durer, il correspond aussi à un autre besoin sous-jacent de vérité, de lucidité, à ce désir d'être au monde un vivant. « *N'est-ce pas dans le roman seul que ce double plan de la vérité — la vérité de mes personnages et la lutte qu'ils mènent pour et contre elle, et ce rapport entre eux et moi, ce rapport entre leur vérité et la mienne — peut se réaliser, s'incarner sans peine ? A quoi bon essayer d'analyser, d'expliquer ce qui est, ce qui vit, tellement plus pleinement, dans une œuvre ou dans une vie*[20] ? » Elle aime à analyser ce qui constitue les rouages de la vie de tous les jours, elle aime à sentir que cette connaissance lui servira tout en restant consciente que tout ça n'est qu'accessoire et peut-être alibis.

18. *Lettre à moi-même*, p. 109.
19. *Lettre à moi-même*, p. 194.
20. *Lettre à moi-même*, p. 202.

Comment cerner la vérité, et comment la communiquer ? « *Le mensonge est des deux côtés, de tous les côtés* », et « *comprendre n'est pas forcément expliquer*[21] ».

Vivre intensément demande une grande lucidité, une capacité de retrait, et aussi une certaine qualité de patience. « *Il faut attendre que ce tourbillon s'apaise pour choisir, écarter, approfondir... Tourbillon d'images, d'anecdotes, de souvenirs, de lueurs brèves, bric-à-brac incohérent en apparence, pour moi lié à une sorte d'unité qui est ma vie même, et que je suis pour l'instant impuissante à rompre*[22]. »

La précision dans la description des images, des atmosphères, des caractères est aussi la manifestation d'un désir de vérité, cette vérité qu'il importe de dire et d'atteindre en passant par le mal qui est erreur, vide, mensonge. Cette lutte contre la vérité permet davantage encore l'éclatement de sa force.

« Dieu est avare et ne permet qu'aucune créature soit allumée, sans qu'un peu d'impureté s'y consume.

La sienne ou celle qui l'entoure. » (Paul Claudel)

Des personnages se détruisent pour se trouver, se distancent pour se rejoindre. Certains font office de catalyseur. Ils sont monolithiques, immobiles, incapables ou refusant de choisir. Ces personnages, généralement (consciemment ou instinctivement) ivres d'absolu, ne trouvent aucune voie qui réponde à leurs aspirations. D'autres s'y cognent et les entraînent dans un mouvement de rotation tel, que pris dans la centrifugeuse humaine ils finissent par en être expulsés.

Impénétrables l'un à l'autre, enfermés dans leur confort, leur amertume, leur orgueil, leur sensualité... les personnages évoluent dans un même univers. Ils s'y côtoient, mais sans jamais se rencontrer. Ils s'aperçoivent, et ne peuvent se rejoindre si ce n'est parfois dans une même souffrance : celle de la lucidité. Pourtant la perfection de certaines proportions existant pour chacun de nous « *montre qu'existe, entre nous, une unité de beauté, un commun dénominateur. En admirant ensemble une proportion nous prouvons l'existence d'une valeur extérieure à nous-mêmes*[23] ».

21. *Lettre à moi-même*, pp. 13 et 76.
22. *Lettre à moi-même*, p. 26.
23. *Lettre à moi-même*, p. 195.

Françoise Mallet-Joris, dans l'intérêt qu'elle porte aux êtres, attache une grande importance à la communication. Ce souci de correspondre avec le monde, fût-ce matériellement, est un trait de son caractère. Mais elle sait, dans la difficulté qu'elle a de comprendre la forme que prend pour elle la vérité, combien opaque est celle des autres.

Qu'elle est donc difficile à accepter cette patience de Dieu qui veut que l'ivraie croisse en même temps que le bon grain jusqu'à la moisson.

« *Imitation implique artifice. Ressemblance implique dissemblance. Le ravissement provient autant de l'un que de l'autre ; que ce soit ça, et que ce ne soit pas ça. L'art et la vie. Transposition, artifice, arrangement. Séparation en tout cas. Tout semble le prouver. Cela ne me satisfait pas. Comme tous les cloisonnements, celui-ci me cause un malaise*[24]. » De la vérité nous ne saisissons que des aspects. Isolés de l'ensemble, ils ne sont plus vérité. Le seuil même en est limité. Elle reste l'objet d'une quête qui nous mène toujours plus loin en laissant à la nuit (qui, si elle est angoisse et question, est aussi mouvement et, de ce fait source de vie) la place nécessaire à notre soif de lumière. « *Notre métier est de vivre. Mais on ne nous en demande pas tant. Seulement de figurer dans la parade, avec le costume du métier, avec l'emblème du métier, avec le nom du métier bien lisiblement écrit sur la poitrine, et défense d'en changer comme à la sécurité sociale*[25]. » Or, il ne s'agit pas tant d'atteindre la vérité que de vivre en vérité, conscient de ses limites, la servant aussi, et non se servant d'elle, car aussitôt elle cesse d'être vérité. Un objet, hors du rayonnement de la flamme qui l'éclaire, perd de son éclat. De même, la vérité isolée de Dieu qui l'illumine et la contient tout entière n'est plus vérité, mais désir de possession, orgueil insensé. C'est l'homme qui refuse ses limites et se veut l'égal de Dieu.

A la volonté doit se joindre la Foi. Si la volonté peut

24. *Lettre à moi-même*, p. 123.
25. *Lettre à moi-même*, p. 50.

créer, elle ne suffit pas à faire une œuvre d'art. Seule l'angoisse de la question, seule l'incertitude permet de dépasser ses limites, de sortir de son petit univers individuel et clos, de laisser une place à la nuit pour qu'éclate la lumière.

Aussi vils, aussi limités, aussi faibles que soient les personnages, la lutte qu'ils mènent les sauve de la médiocrité. Ils en sortent purifiés et glorifiés. Leur lucidité (l'acteur devenant toujours à un certain moment spectateur, témoin et complice de son propre personnage) est la grâce qu'ils sont libres de saisir. Elle leur permet de prendre conscience de leur capacité de faire le mal et de leur capacité d'être fidèle à l'appel de Dieu qui veut l'homme à son image et à sa ressemblance. Leur conversion consiste donc essentiellement dans ce savoir qui leur procure la liberté de se convertir. Elle n'est pas un état acquis, mais la capacité de voir cet état comme une possibilité vers laquelle il faut tendre. La vérité devient alors « *une règle de vie appliquée avec rigueur, une méthode, une martingale* [26] ». Et cette quête, ce voyage s'achève en Dieu car en Lui seul existe la possibilité de se dépasser et par Lui, celle d'accéder à la vérité qu'Il contient tout entière.

---

26. *Lettre à moi-même,* p. 271.

*PREMIER ITINÉRAIRE :
LES DÉCORS*

> *Le fait de voir le mobilier de quelqu'un m'intéresse beaucoup plus au point de vue de la création que le fait de voir un beau paysage : ce qui ne veut pas dire que je n'aime pas voir un beau paysage, mais ça ne m'inspire pas.*
>
> Françoise Mallet-Joris.
> (*Radioscopie* de Jacques Chancel
> sur France-Inter)

Les décors sont liés le plus souvent à l'atmosphère qu'ils contribuent à créer ou dont ils font partie. Ils sont peints (et j'emploie ce qualificatif à dessein) avec force et précision. Françoise Mallet-Joris n'y néglige aucune couleur, détaille chaque objet avec minutie, indique jusqu'aux matériaux qu'une certaine qualité d'éclairage rehausse ou, au contraire, estompe.

La nature tient peu ou pas de place. Ce qui se passe dehors est mouvement (et ne peut, semble-t-il, être fixé dans une seule image), transition (passage d'un intérieur à un autre intérieur, préparation à l'étape suivante), évasion aussi d'un univers interne devenu soudain oppressant. C'est alors la respiration d'un personnage qui reprend son souffle tel le nageur qui, explorant les fonds marins, éprouve à certain moment le besoin de faire surface. Cela explique peut-être que maints de ces paysages se découvrent au travers de fenêtres ou des baies vitrées. Parfois, et enfin, les paysages sont les miroirs de celui ou de ceux qui y cherchent leur reflet.

Si les décors extérieurs ont une importance relative bien qu'essentielle, les décors intérieurs occupent une place prédominante. Particulièrement les chambres. C'est là que la chrysalide, après bien des efforts, se libère de la terne membrane qui l'entoure, la nourrit, mais aussi la paralyse. Elle délivre un papillon ou met au monde la mort. Cette lente naissance est déchirure, effort pour sortir des « *entrailles bienfaisantes du mensonge*[1] » avec l'espoir « *qu'un bien peut être qui se dégage du mal, qui pourra le vaincre ou du moins s'opposer à lui*[2] », permettant d'atteindre enfin le « *cœur fortuit des choses*[3] » ou du moins de se « *laisser pénétrer par l'idée d'une vérité absolue, transcendante, supérieure au monde des apparences*[4] ».

Les personnages s'identifient à l'harmonie ou au déséquilibre des décors.

La fixité des choses s'oppose à la mobilité des êtres, qu'elle alourdit d'un entourage encombrant mais nécessaire cependant à provoquer la « nausée ». Prisonniers de labyrinthes aux multiples circonvolutions, les personnages passent sans cesse du désespoir à l'espérance. La conscience qu'ils ont de leur être par rapport au décor qui les reflète et dans lequel ils ne peuvent plus se fondre, par rapport aussi à la société dont jusqu'ici ils ont accepté les contraintes et la domination, fait qu'ils émergent de la masse terne des humains. Ils deviennent lucides, sans pour autant être sauvés de la médiocrité dont ils ne cessent de souffrir. Mais dans cette immense fresque bruyante et colorée, ils sont VOYEURS et c'est à Dieu qu'ils demandent de relever le défi.

---

1. *Les Signes et les Prodiges*, p. 149.
2. *Les Signes et les Prodiges*, p. 347.
3. *Les Signes et les Prodiges*, p. 267.
4. *Les Signes et les Prodiges*, p. 459.

Les personnages, dans les décors extérieurs, sont généralement immobiles et en retrait.

Plus haut, ils découvrent, d'une fenêtre ou d'une terrasse, un paysage souvent étagé dont la description contribue à préciser l'étendue du carcan qui les enserre.

> « *Elle alla vers la porte-fenêtre qui donnait sur le jardin, appuya son front au volet. A travers la fente étroite, son regard suivit le sentier, qui descendait le long de la pelouse, jusqu'à la haie d'arbousiers bleus ; au-delà, c'était la route étroite où l'hiver, s'embourbaient les charrettes, le bras mince du fleuve, le pont de bois, et passé le pont, les maisons noires du Triangle, les ruelles empestant la bière, la friture et l'urine, la voix éraillée des phonographes, le frais dédale des cours, les petits bals qui s'ouvraient dès le soir, sur la place minuscule, aux arbres de laquelle on accrochait des lanternes*[5]... »

Plus bas, ils sont fascinés par un élément surgi du paysage, sommet lumineux qu'ils désirent atteindre. L'environnement se perd dans une grisaille indistincte.

> « *La colline, en d'autres temps, avait pu, courbe et dorée au soleil de midi et bordée d'une rivière, être un assez joli site, un de ces sites sans pittoresque mais qui sous certains éclairages, une lumière précise, une heure*

5. *Les Mensonges*, p. 115.

> *favorable, tout à coup se révèle. Aujourd'hui, surchargée de maisonnettes de briques, de pavillons d'une hideuse variété, de jardinets minuscules et encombrés cependant de statuettes, de tourelles, de hangars à outils, d'excroissances de toutes sortes, la colline avait acquis, comme un rocher où la mer incruste au hasard des matériaux variés, une sorte de pittoresque nouveau mais pitoyable. Au sommet de cette pyramide brillait la Maison des Assiettes. Il faisait soleil et la maison était un cri joyeux, toute constellée de petits éclats de porcelaine, blancs, bleus, jaunes, qui renvoyaient la lumière.*
> *(...)*
> *Ils se trouvaient au pied de la colline, dans une sorte de terrain vague où se rouillaient paisiblement quelques carcasses d'automobiles. La Maison des Assiettes était en haut, tout près de la surface, effleurée d'un rayon de soleil* [6]. »

Parfois, ils y sont passants. Ils voient défiler des univers hostiles, désespérés ou inquiétants qu'ils décrivent : villes étrangères, quartiers connus ou non, rues animées drainant sa foule d'automates sans regard, plages désertes, parcs ou jardins abandonnés.

> « *A travers la vitre, je voyais défiler lentement les rues tristes, les petits magasins tassés sous leurs auvents, les tramways roulant lentement à grand bruit de ferraille, transportant quelques voyageurs transis et un receveur au nez rouge. C'était déjà le parc. On s'enfonçait sous les arbres ; les bancs vides luisaient par plaques de givre. Au coin du Rempart des Béguines, un agent saupoudré de neige sautait sur un pied, puis sur l'autre, pour se réchauffer* [7]. »

La nature des décors et l'impression qu'ils laissent accentuent le sentiment de peur et de solitude. Dans *Le Jeu du Souterrain*, l'atmosphère est moins oppressante que dans les œuvres précédentes. Une ouverture vers l'extérieur décharge les

6. *Les Signes et les Prodiges*, pp. 215, 216.
7. *Le Rempart des béguines*, p. 43.

personnages d'une certaine épaisseur, et leur permet une sérénité plus grande.

> « *Le trajet entre la gare de Luxembourg, près de laquelle il habite, et la rue Saint-Séverin, où se trouve l'appartement de Reine, est agréable. Il le fait à pied, lentement, en s'arrêtant devant les librairies, les devantures de chemiseries, devant l'épicerie chinoise de la rue de la Harpe, et la station qu'il accomplit dans le cloître de l'église Saint-Séverin (où parfois il fume une pipe) est un agrément qui s'ajoute à ceux qu'il tire de la présence de Reine* [8]. »

S'il leur arrive d'en faire partie — ceci est rare — les personnages sont placés dans le paysage et s'y accordent.

> « *Il lui arrive parfois, quand elle se lève, quand elle descend deux marches de la salle pour respirer un moment dehors, de se voir elle-même ; toute petite comme un jouet, une fermière en bois de Nuremberg, devant une ferme de bois, blanche aux volets verts, dans un paysage peint. Le silence. La colline en face, la colline où elle est, la douce vallée au centre, arrondie comme une coupe, et les riches couleurs des saisons qui mûrissent, la protège, la dissimulent. Elle se fond dans ce tableau* [9]. »

Ou bien, ils le transforment en y créant ou en y recréant un climat d'accueil absent ou perdu.

> « *A travers le vitrage couvrant l'étroit boyau des Galeries, un jour verdâtre tombait sur les passants. Un moment, le vieillard demeura immobile. D'avoir fait un retour dans son passé, l'image des Galeries de son enfance lui était revenue, une image prestigieuse et un peu effacée de dames élégantes, aux manchons de fourrure, circulant entre les boutiques illuminées de lampes à gaz, d'enfants en costume marin pénétrant dans les salons de thé pleins de miroirs, de douairières choisis-*

---

8. *Le Jeu du souterrain*, p. 28.
9. *Le Jeu du souterrain*, p. 90.

> *sant, dans le clair-obscur des petites bijouteries, une à une, les perles d'un collier* [10]... »

Les qualificatifs (triste, gris, laid, étouffant, accablant, éteint, immobile, désert, hostile, délavé, inquiet, désespérant, encombrant, morne, mélancolique, clos, borné, artificiel...), l'intervention des éléments naturels (pluie, vent, neige, orage, givre ; la grisaille des brumes, la torpeur du soleil, la viscosité de l'humidité...), la façon dont se jouent les saisons (hiver terne, automne humide, été torride, printemps faux et maniéré), l'intensité avec laquelle sont perçus les bruits (heurtés, sourds, déchirants, lugubres, discordants, fêlés, grinçants...) les éclairages (faibles, tremblants ou au contraire aveuglants, aux éclats féroces...), les couleurs (ternes, sombres, éteintes, ou bariolées, violentes, insolentes et tranchantes...) et enfin les odeurs (miel suri, vieille friture, dépôts de poubelles...) prouvent à quel point ces univers sont peu accueillants. Une telle perception du milieu vital est l'expression d'un réel malaise, et suscite chez les personnages un désir d'évasion vers un monde transparent.

Les jardins, découverts le plus souvent depuis une fenêtre, apparaissent inanimés.

Entretenus ou fréquentés, ils ont le visage faux et artificiel des compositions banales ou guindées.

> « *Par la fenêtre, Robert regardait le petit jardin soigné, aux plates-bandes nettes, au gazon bien tondu. Le banc sous le grand arbre, le carré d'herbes aromatiques, les tables de bois brut. Il n'y avait pas là ces meubles de jardin si laids, qu'on voit en général dans les auberges de ce genre, et les garçons étaient absents. C'était simplement un joli petit jardin clos, un jardin de Vermeer ou de Van Eyck, parfaitement banal, inexplicablement artificiel* [11]. »

Abandonnés ou négligés, en proie aux rigueurs de l'hiver, ils offrent au regard la monotonie des buis gelés, des rosiers

---

10. *Les Mensonges*, p. 91.
11. *Le Jeu du souterrain*, p. 283.

sans fleurs, des sombres et luisants massifs de rhododendrons. Les allées désertes et dérisoires, qui serpentent dans ce petit espace, reviennent toujours au même point et découvrent en leur centre une statue ou une Pomone démodée et sans grâce, couverte de mousse et d'herbes sauvages. Si c'est une fontaine, l'eau n'y coule plus. De hautes murailles ou des palissades clôturent le plus souvent ces paysages désenchantés.

> « *La vue que m'offrirait, si je le désirais, ma fenêtre, haut placée, des dizaines de jardins pareils, tous géométriques, tous bordés d'un ourlet de buis, tous porteurs en leur centre d'une statue recouverte d'herbe dont seul le sujet différait (encore ce panorama comptait-il plus d'une Diane, plus d'une Pomone élevant vers le ciel une corbeille intacte, sauvée par miracle de l'envahissement herbacé, et plus d'un galant jardinier), tous dégringolant la colline vers le lac tentateur avec toute la dignité que permettait leur degré d'inclinaison, ce spectacle même ne me rendit pas au détachement de ces derniers mois* [12]. »

A Anvers, où elle est née, j'ai vu le jardin d'enfance de Françoise Mallet-Joris.

Un jardin à la française, plat, bien dessiné et régulier. Au centre, deux pelouses, au tracé symétrique, sont bordées de rosiers. Elles sont traversées par une allée qui s'élargit en leur milieu et enserre une statue de pierre représentant Milon de Crotone dans le style de Puget, d'après le sculpteur grec Scopas.

Athlète grec né à Crotone, probablement entre 540 et 516 avant J.-C., Milon de Crotone était un aristocrate, pythagoricien. Il fut maintes fois vainqueur à la lutte et commanda l'armée contre Sybaris. Il serait mort dévoré par des bêtes sauvages, n'ayant pu se dégager de la fente d'un tronc d'arbre qu'il cherchait à arracher.

Cette légende inspira Puget, sculpteur, peintre et architecte du XVIIᵉ siècle. De 1672 à 1682, il sculpte un groupe de

---

12. *La Chambre rouge*, p. 78.

marbre pour les jardins de Versailles. Cette sculpture se trouve à présent au musée du Louvre.

Les parterres ceinturant le jardin et bordés de buis, sont plantés d'arbres et d'arbustes : houx, lilas, rhododendrons... Trois arbres remarquables y ont leurs lettres de noblesse. Devant, à gauche, un chêne d'Amérique, certainement centenaire. Il doit dater d'avant la construction de la maison qui remonte elle à 1885, ce qui laisserait supposer que cet emplacement devait être celui d'un ancien parc. Au fond, et dans le même alignement, un orme pleureur assez charmant et qui, à l'image d'un arbre japonais, est un perchoir pour les oiseaux. Enfin, devant et à droite, un tilleul dont la ramure monte jusqu'à hauteur de l'ancienne chambre de Françoise Mallet-Joris, au troisième étage. Et peut-être est-ce la présence de ce tilleul qu'elle évoque au début du *Rempart des béguines.*

> « *Ma chambre à moi, sous le toit, au dernier étage, que j'aimais à cause de sa vue sur la plaine et d'un grand tilleul qui montait jusqu'à ma fenêtre et que je pouvais toucher de la main* [13]. »

Assaillies par l'hiver, la pluie, quelquefois le soleil (mais tellement accablant alors qu'il en fait un enfer de béton aux blancheurs aveuglantes), les RUES et les VILLES sont découvertes à ces heures incertaines où il ne fait pas encore ou plus tout à fait jour. Dans cette pénombre, accentuée par l'étroitesse des rues, se profilent des masses provocantes. Elles remplissent les personnages d'une inquiétude fiévreuse.

Façade sombre, lépreuse ou sévère, magasin tassé et insolite, hôpital aux murs aveugles, boutique fermée de lourds rideaux de fer, étalage quelquefois saccagé, maison, cube trop bien rangé, immeuble neuf, horrible et prétentieux, villa hideuse, faussement rustique, gare désaffectée ou somnolente, édifice où s'accumulent les « *superfluités architecturales* »... constituent le décor de ces misérables boyaux. Ils sont déserts, mélancoliques et tristes ou charrient une

---

13. *Le Rempart des béguines*, p. 7.

foule d'inconnus dans un tumulte anonyme, ombres engourdies de froid et de sommeil que réunit une familiarité hostile.

Cette « *fermentation de la ville* » a l'odeur âcre et écœurante de la sueur des jours. L'éclairage artificiel y est diversifié. Ce sont des réverbères éteints ou clignotants, dont les ampoules, au voltage trop faible, diffusent des lueurs pâles, maigres et tremblantes, des néons qui se renvoient le passant « *ébloui et résonnant comme une bille de billard électrique*[14] », néons sanglants des cinémas vers lesquels se dirigent des « *couples abrutis, comme des bœufs vers l'abattoir*[15] », tristes néons bleus et blancs que dominent les rouges, les jaunes et les verts, signaux arrogants qui mettent en lumière un univers navrant fait de déchets d'humanité : « *Enfant malpropre, chiens pelés, galeux, dépourvus de style à un point étonnant*[16] », « *invraisemblables clochards*[17] », matelots ivres et titubants, prostituées qui cherchent ou attendent le client...

Ville, « *faite de centaines de visages moqueurs ou grimaçants, de regards qui épient, de bouches médisantes, d'êtres humains prêts à vous parler, à vous accrocher, à vous contaminer*[18] », « *à vous montrer du doigt*[19] ». Ville où les bruits sonores et discordants se déforment « *jusqu'à devenir comme la plainte d'un grand monstre blessé*[20] », rumeur triste qui s'élève, « *voix inquiètes* », « *long piétinement de bétail patient*[21] ». Ville « *fortifiée, aveugle et muette*[22] », « *ville entre terre et mer, entre désespoir et espérance*[23] ».

LES PORTS, LES MERS, LES ROUTES suggèrent l'évasion et s'ouvrent sur des mondes inconnus. Ce sont des images mou-

14. *L'Empire céleste*, p. 19.
15. *Les Mensonges*, p. 65.
16. *Les Signes et les Prodiges*, p. 216.
17. *Les Mensonges*, p. 104.
18. *La Chambre rouge*, pp. 18, 19.
19. *L'Empire céleste*, p. 10.
20. *La Chambre rouge*, p. 18.
21. *Les Mensonges*, p. 13.
22. *Les Mensonges*, p. 331.
23. *Marie Mancini*, p. 110.

vantes et ordonnées où le regard s'attarde, se repose et se rassure dans la certitude qu'existe, quelque part, la possibilité de s'en aller à un moment donné ou choisi.

> « *Devant eux s'étendait la route déserte, le fleuve obscur. Ils étaient seuls. Un moment lui aussi eut cette intuition bizarre, que ce chemin était le seul par où ils eussent une chance de s'échapper, de rester dans ce monde miraculeux, libérés de toutes leurs contraintes, ensemble à jamais*[24]... »

Il importe, pour les personnages qui en vivent, que ces voies demeurent visibles et praticables.

L'élément « miroir » est ici l'expression inarticulée de ce que le personnage ressent profondément sans être assez lucide pour se l'avouer ou pour l'avouer à d'autres.

> « *Il se détourna de la fenêtre. Cette danse lui paraissait soudain étrangement en accord avec ses pensées. Cet homme qui lentement se mouvait sous cette abondance de grelots, émettant de joyeux bruits fêlés, et cependant pensait à autre chose, fixant loin devant lui son regard dépourvu d'espoir, lui ressemblait d'une certaine façon. Lui non plus, pensait Philippe, revenant à ses pensées nocturnes, ne devait pas s'agripper à grand-chose. Lui aussi devait se rendre compte d'obscure façon de l'absurdité de son existence, de tant d'habileté dépensée à faire tinter des clochettes fêlées et retenir des cymbales*[25]. »

Parfois, la contemplation du paysage se lie au désir d'y trouver une identité de sentiment.

> « *J'appuyais mon front chaud à la vitre glacée, j'essayais de retrouver la tristesse voluptueuse d'une rêverie que tout favorisait. Dehors, l'hiver régnait sans partage sur la ville blanche de givre. Dans les petits jardins les sta-*

---

24. *Les Mensonges*, pp. 269, 270.
25. *Les Mensonges*, p. 328.

tues désolées perdaient chaque jour un peu de leurs mousses pudiques et dévoilaient une grise nudité de momie. Les voitures roulaient lentement dans les rues en pente, leurs roues entourées de chaînes qui grinçaient, et la trompette du boulanger résonnait lugubrement à travers le brouillard [26]. »

---

26. *La Chambre rouge,* pp. 112, 113.

Françoise Mallet-Joris décrit les intérieurs avec rigueur et justesse.

Le choix des couleurs, la qualité des matières dans lesquelles sont taillés les meubles, recouverts les sièges, tissées les tentures, le jeu des miroirs, la nature de la pièce servant au décor (superficie de la place, hauteur des plafonds, recouvrement du sol et des murs, situation des portes et des fenêtres), font surgir des univers baroques, souvent surchargés, mêlant les ombres à la pénombre. Ces décors poussiéreux, hostiles à toute expression de vie, sont des musées sans âme dans lesquels défilent, sans y trouver refuge, des personnages tristes ou désespérés, qui croisent d'autres personnages figés dans des attitudes empruntées. Moins composés, leur dépouillement ou l'étendue de leur désordre engendre l'inconfort et l'insécurité. Le clairon qui résonne dans ces arènes sanglantes annonce la mise à mort.

Acteurs, spectateurs, prisonniers du rôle qu'on leur demande de jouer (rôle plus ou moins bien appris d'ailleurs et qu'avant eux récite un souffleur avisé) ou contraints à voir se dérouler sous leurs yeux une histoire dont ils ne peuvent modifier le dénouement, les personnages évoluent sur un plateau administré par un régisseur invisible qui commande leurs entrées et leurs sorties. Des feux de la rampe, ils passent aux coulisses sordides, froides et mal éclairées, encombrées d'accessoires inutiles ou dépareillés. Dans leur loge, face au miroir, ils se composent un visage et revêtent un travesti. Le

*Albert Lilar,
ministre d'Etat,
père de F. M.-J.*

*F. M.-J. à un an,
dans les bras de sa grand-mère.*

*Suzanne Lilar, avocate, écrivain,
de l'Académie Royale de Belgique.
Journal de l'Analogiste, Le Couple*

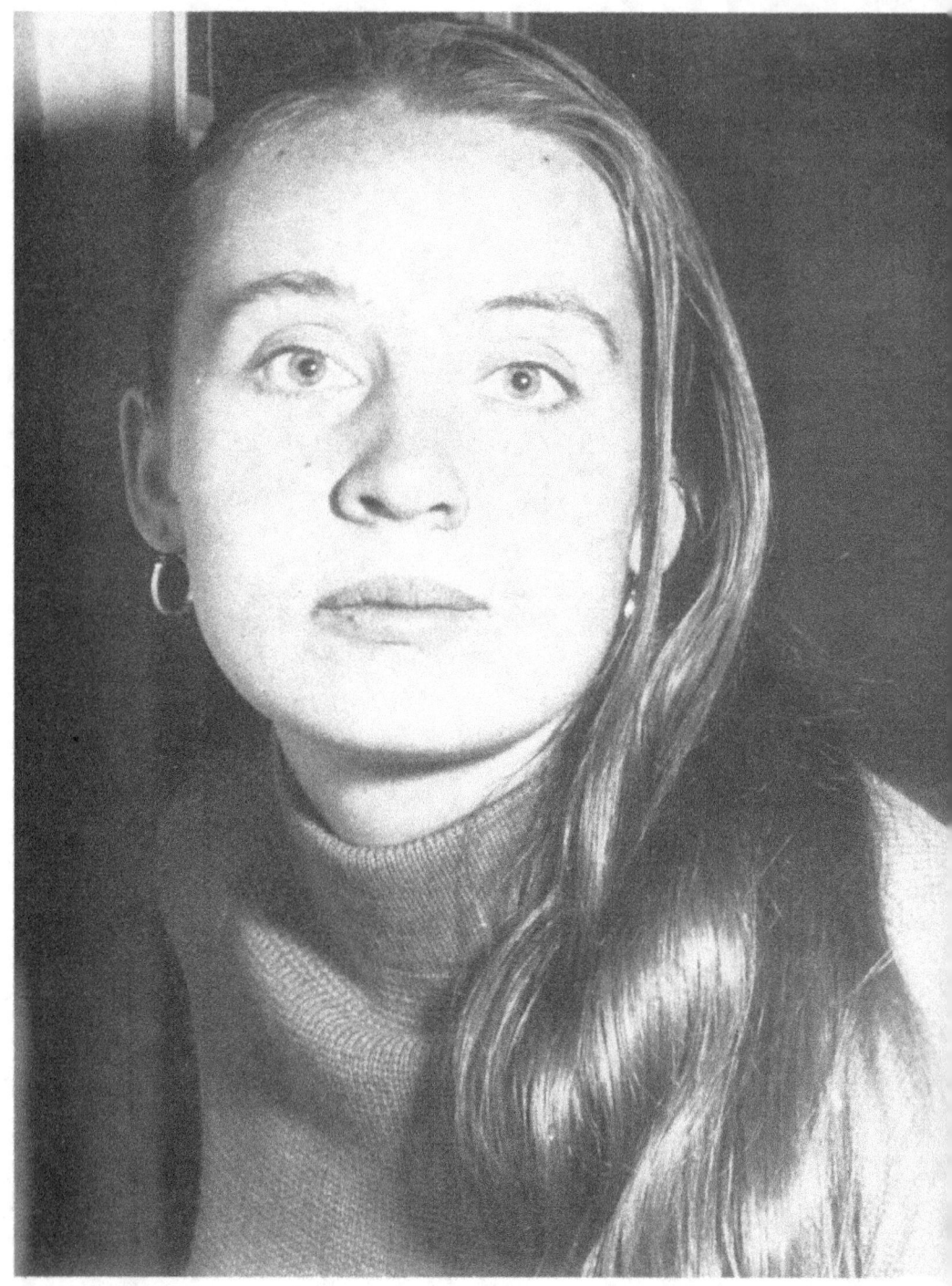

F. M.-J. en 1955.

Un dîner d'ami
parmi eux Henry de Monfreid

Mariage avec Jacques Delfau, peintre, en 1958.

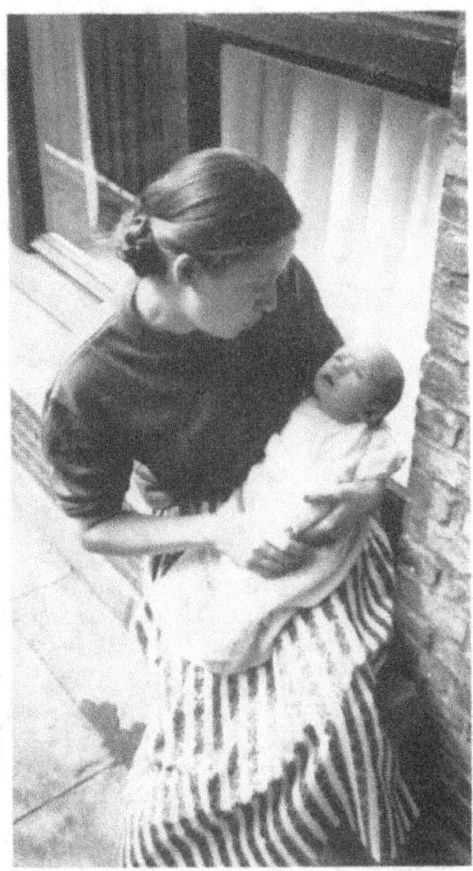

F. M.-J. avec son second fils, Vincent, à deux mois.

F. M.-J. faisant travailler le piano à sa fille Alberte, 5 ans.

De gauche à droite, Vincent, Alberte, Dani...

M.-J. en 1962.

F. M.-J. en 1970 avec Vincent, Alberte et Pauline.

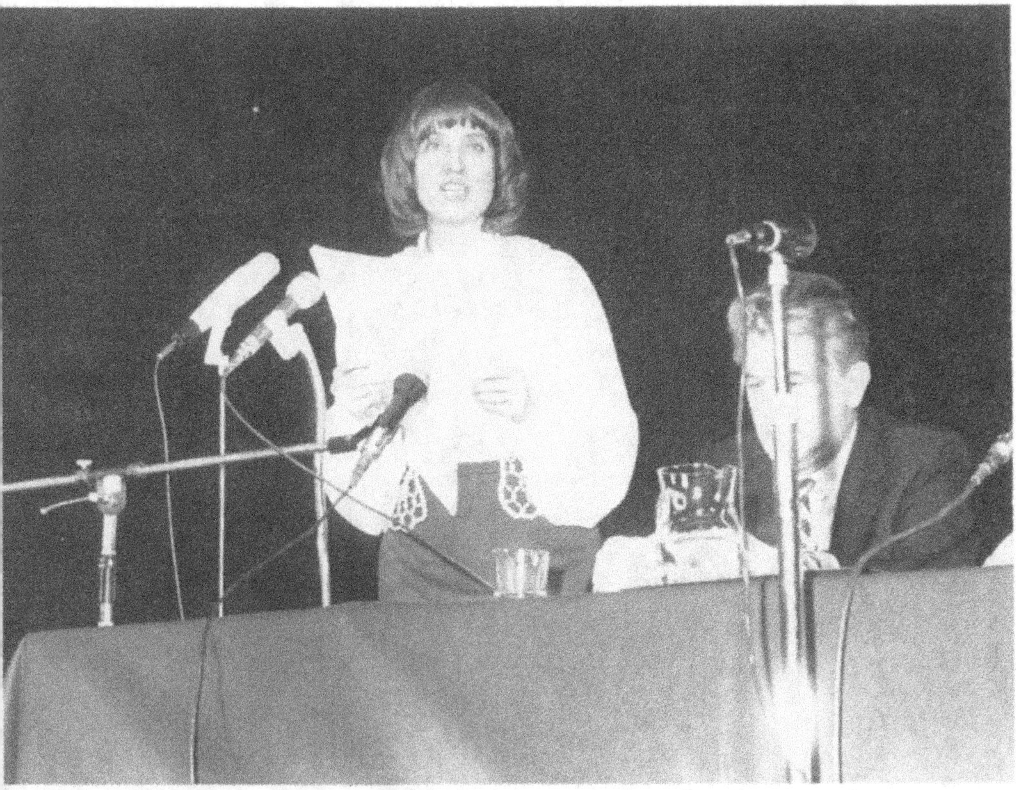

F. M.-J. prononçant un discours en l'honneur du centenaire
de la naissance de Colette, à l'Académie de Belgique.

F. M.-J. en 1972.

F. M.-J. portant un canotier 1925
ayant appartenu à sa mère.

F. M.-J. avec Marie-Paule Belle et Michel Grisolia,
avec lesquels elle écrit des chansons.

Au balcon de la rue Jacob

spectacle terminé, ils s'y démaquillent et abandonnent, telle une guenille, le costume usé (rutilant pourtant sous les projecteurs) de la comédie dont ils viennent de s'enivrer.

> « *Cet acteur d'un rôle tout écrit, ce consentant prisonnier d'une convention qui le dispense de toute initiative ; car enfin, prononçant les mots que l'on attend d'eux, se jetant la balle, avec quelques précautions, qu'est-ce qu'ils font là, impénétrables l'un à l'autre, enfermés dans leur confort, leur amertume, leur orgueil, leur sensualité, leur souffrance* [27] *?* »

Le rideau tombe. La pièce, merveilleusement orchestrée, s'achève dans un tonnerre d'applaudissements. Et, de même que les morts se relèvent pour venir saluer, la vérité et le mensonge se réconcilient un instant dans la même émotion. Ils ont été assez fous pour se vouloir damnés, tous ceux-là qui ont joué à..., « *qui ont choisi volontairement, par orgueil et par peur, le plus facile, le plus injuste, le plus étroit* [28] ». Mais le spectacle terminé, ce mensonge suffit-il à les sauver, ou permet-il seulement de dégager la vérité pour mieux la travestir ? « *Rôle magnifique de la représentation* [29] », personnages qui se décrivent avant de se mettre à exister... Et se mettent-ils à exister ?...

Françoise Mallet-Joris a besoin de murs pour enfermer les objets, à la fois étranges et familiers, qui meublent les maisons particulières et les lieux publics. Parfois, pour étendre son horizon, elle entrouve une porte qui donne sur d'autres chambres ou sur un corridor, elle pénètre dans un tableau, elle dégage une fenêtre et communie à de plus vastes perspectives.

L'anecdote ne trouble pas les longues descriptions. A travers son œuvre, l'auteur reste fidèle à telles attitudes, à tels éclairages, à tels rites (amour pour les cérémonies, pour les

---

27. *Lettre à moi-même*, pp. 187, 188.
28. *Lettre à moi-même*, p. 79.
29. *Lettre à moi-même*, p. 93.

petites solennités profanes). Ils se répètent (comme les heures et les saisons), se succèdent, se répondent et font la force secrète, l'unité même des décors.

> « *Dans la paix de ses murs rouges, sous le regard oblique de mandarins, l'Empire Céleste est là, comme il l'a toujours été depuis le jour où l'oncle turc de Socrate a été séduit par le dieu doré et la fille aux nénuphars. Les chaises enchevêtrées forment dans un coin une pyramide inextricable. Les poissons de l'aquarium accomplissent avec conscience leur immuable trajet. Il sera bientôt temps d'arracher une feuille du calendrier. C'est au-dessus des jours d'octobre que sourira la jeune fille aux nénuphars, en tunique d'un rose écœurant* [30]. »

L'aspect factice de certains intérieurs contient l'aveu d'un malaise, d'un désarroi que les personnages ressentent sans être capables de l'exprimer. Rarement ils créent l'intimité sécurisante qu'ils seraient en devoir de procurer. Si elle existe, cette intimité est fausse, composée et ne contient aucune vertu apaisante. Les ombres sont denses, parfois plus que les solides ; les éclairages, violents ou insuffisants, presque toujours artificiels. Naturels, ils sont aveuglants ou dévorés à demi par des vitres colorées ou dépolies.

Le désordre, ou l'imposante lourdeur des lieux, est oppressant. Les sensations y sont éprouvées avec force, sans jamais cependant faire appel à la sentimentalité. Françoise Mallet-Joris joue des éclairages sur les bois bien cirés, les étoffes épaisses ou usées, les marbres froids... Elle laisse dans le vague certaines zones, qui rayonnent par ailleurs d'une rutilance sombre empreinte de mystère, pour mieux préciser un détail évocateur. Son coup de pinceau, net et vigoureux, est servi par une palette colorée. Les lignes qu'elle trace sont arrondies. Les contrastes (des pleins et des vides, des chauds et des froids, du luxueux et du sordide), éblouissants. Le rythme est puissant et martelé. Tout cela contribue à donner aux décors intérieurs une densité que l'ironie du verbe, cinglante mais jamais cruelle, complète. Dans ces descriptions, résultat d'une observation patiente, l'auteur ne fait

---

30. *L'Empire céleste*, pp. 314-315.

aucune concession, et le mensonge bien-être y est l'ennemi du mieux-être.

Il y a dans les objets une hostilité latente, une réserve, un refus, parfois même un aspect barbare. C'est ce mélange de violence et de suavité, de naturel et d'arbitraire qui donne aux décors, si souvent qualifiés de laids, tant de séduction.

Le placement des personnages dans les intérieurs n'est pas l'effet du hasard. Cette mise en scène étudiée sert l'intrigue. Les quelques instants de répit, qui précèdent ou suivent le déroulement d'une action, les figent dans une attitude commune. Le mensonge est l'acteur principal. Il est présent partout.

> « *Dans la salle aux poutres apparentes peintes en marron, à la large cheminée de brique, elle nettoyant, par exemple, la lampe à pétrole en cuivre (ils n'auront l'électricité que l'année prochaine), lui astiquant la table de chêne, trop grande pour eux, alors, ayant conscience de figurer à merveille ce couple de fermiers pas trop soignés, rudes mais accueillants, ils sourient et offrent aisément un verre de bière au facteur, réduit lui aussi à sa propre figurine*[31]. »

Englués dans des décors, où les objets ont presque plus de poids que les vivants, les personnages sont réduits au rôle de figurants. C'est avec justesse que Françoise Mallet-Joris les caricature, les identifiant à un meuble, à une statue, à une couleur.

> « *De vieilles femmes au regard fouineur, sèches comme des momies. Une autre, sur le sofa, affalée comme un gros édredon. Dans un fauteuil verdâtre, un monsieur du même ton. Le maréchal dans son corset. Les Hautefort toujours groupés, toujours raides : des cannes dans un porte-cannes. Tout à fait le salon de Mère. Henriette faisait la charmante ; je m'amusais à les considérer comme des meubles, tous. Père, une commode*

---

31. *Les Signes et les Prodiges,* pp. 90, 91.

somnolente, ventrue. Mère, une horloge, oui, tout à fait une horloge, longue, droite. Le tic-tac, surtout. Ses paroles tombant si sec, si net. Mais je ne m'y laissais pas prendre. Je ne l'entendais plus, comme l'horloge, exactement comme l'horloge. Elle n'existait pas [32]. »

Face à certaines situations, ils prennent leurs distances. Une construction étagée favorise ce retrait, retrait qui par ailleurs préserve et innocente.

« *J'étais assise sur l'escalier qui menait au second étage. C'était ma vigie, mon poste d'observation. De là, j'apercevais un petit escalier assez obscur, où s'embranchait mon escalier, et par lequel on passait d'un salon dans l'autre. Il s'y nouait plus d'une intrigue qu'il m'amusait d'observer* [33]. »

Les mouvements sont cernés par le regard et la mobilité semble provenir du décor. L'attitude (debout, accroupie, assise ou couchée) qu'y adoptent les personnages est une pose. Attablés, affalés, cloués à une chaise, à un lit ou au sol, ils deviennent les prisonniers d'une chambre où ils croyaient trouver refuge. Alors, et dans l'espoir de gagner la paix, ils fuient. Les décors extérieurs n'offrent guère d'apaisement, pas plus que la débauche ou la drogue. Elle étourdit un instant, mais les réveils n'en sont que plus pénibles. (Tamara dans *le Rempart des béguines* et dans *la Chambre rouge*, Hélène dans *la Chambre rouge*, Stéphane dans *l'Empire céleste*, Colette dans *les Signes et les Prodiges* sont les exemples les plus marquants.) Le voyage, d'escale en escale, fait croître l'inquiétude jusqu'au désespoir. Il accule les personnages à constater enfin que le Mal est, en eux, cet inconciliable déséquilibre entre leur désir d'absolu et leur médiocrité. Le spectacle dont ils sont les témoins est sans cesse, où qu'ils soient et où qu'ils aillent, le reflet ou l'expression de leur propre misère. « *Il faut réconcilier les deux visages, accorder à l'un (quel qu'il soit) d'être l'ombre de l'autre, et si l'on peut regarder à la fois dans ces deux directions, sentir pourtant que l'une est à l'autre complémentaire — en*

32. *Les Personnages,* p. 128.
33. *La Chambre rouge,* p. 11.

attendant l'impossible harmonie. Impossible et pourtant toujours proche. (...) ce climat d'absolu désespoir touche la joie absolue, se fond en elle, où ces deux visages enfin se reconnaissent, s'acceptent, et se fondent dans ce qu'on appellera la mort. La mort parce que c'est l'instant où cesse le combat. La mort, l'harmonie — drôle d'assemblage, couple contradictoire, inséparable pourtant [34]. »

A la fuite, les personnages préfèrent parfois l'ignorance. Univers dans lequel ils s'enferment ou se retranchent en espérant le vide, « *le monde sans couleur, sans odeur et sans voix, le repos, la mort* [35] ». Cette absence volontaire de lucidité est déjà une mort prématurée que seule la peur tenaille, empêchant Wanda et Heinz dans *les Signes et les Prodiges*, Louise de La Fayette dans *les Personnages* d'accéder à la paix pour laquelle ils vivent.

Admettre le mensonge, non le servir. S'en servir même, mais pour vivre non pour dormir. « *Consentir sans abdiquer, c'est peut-être un maître mot* [36]. »

Haltes, mais non refuges, les CAFÉS, HÔTELS et RESTAURANTS sont des lieux où les personnages ne trouvent qu'ennui et insécurité. Le spectacle qui s'y déroule ne fait qu'accentuer le malaise qui est en eux ou, en raison de l'observation attentive qu'ils y font, occupe pour un temps leur esprit. Ils restent en dehors de ces univers (et cela même s'ils se mêlent quelquefois à l'action). Ils découvrent avec étonnement les normes et les règles qui les régissent. Elles leur sont étrangères et s'inscrivent le plus souvent dans des rites et des cérémonies dont ils sont, ou du moins se sentent, exclus.

> « *La salle était petite, carrée ; un escalier menait à une petite plate-forme en surplomb où des paysans et des petites bonnes dansaient et chantaient en chœur, accompagnés par un bel accordéon brillant. Près de nous, une femme très maquillée, épaisse, vêtue d'une jupe assez*

34. *Lettre à moi-même*, p. 169.
35. *Lettre à moi-même*, p. 267.
36. *Lettre à moi-même*, p. 173.

courte pour découvrir ses cuisses, et d'un corsage transparent, avait couvert ses épaules nues d'un vieux châle beige et toussait lamentablement. Sur les bancs rangés le long du mur, les amoureux s'enlaçaient, des mains pelotaient des filles demi-ivres ; plus d'un corsage était dégrafé, et je pus même apercevoir un sein opulent et doré. Des paysans ne s'arrêtaient de chanter que pour embrasser, à gros baisers sonores, les joues et les épaules rondes de leurs compagnes. Tout ce monde riait beaucoup et paraissait aux anges[37]. »

Bâtiments anciens, laids et délabrés, l'intérieur des THÉÂTRES et des CINÉMAS laisse deviner que ceux-ci furent autrefois agréables, voire même somptueux. Fréquentés par une population provinciale qui accorde à la vulgarité populaire une misère sans pudeur ou à l'opulente et cancanière bourgeoisie les restes d'une splendeur quelque peu ternie, ils présentent des spectacles dont la médiocrité n'a d'égal que la bêtise.

« Houleuse, pleine à craquer d'un public tumultueux, la salle de l'Empyrée avait quelque chose d'un garage ou d'un hangar désaffecté. Autrefois, ces murs avaient dû être peints d'une couleur agréable, ces coquilles de plâtre avaient dû répandre une douce lumière tamisée. Mais tant de mains d'enfants, poisseuses et noires, avaient laissé leurs traces sur les murs, les coquilles s'étaient emplies de tant de détritus — trognons de pommes, vieux caramels, chewing-gums agglutinés — qu'on avait dû renoncer à tout effort d'embellissement et même de propreté. La salle était plongée dans la lumière crue de trois ampoules énormes, se balançant au bout d'un fil, et, sous ce jour brutal, les sièges de peluche, le rideau de scène frangé d'or terni, les draperies des loges où s'abritaient les amoureux, montraient leurs trous, leurs taches, leurs cicatrices mal reprisées, toute une misère sans pudeur qui grimaçait sa parodie de luxe. Des gamins lançaient des boulettes de papier sur

---

37. *La Chambre rouge*, p. 198.

la scène, au moyen d'élastiques. Devant nous, une rangée de jeunes gens en bleus de travail riaient très fort [38]. »

L'univers des BOUTIQUES et des MAGASINS est peuplé de formes étranges. L'entassement des couleurs, la vie et la mort mêlées au même décor (sans que l'on puisse déterminer exactement la part que l'une prend sur l'autre), leur donnent un aspect fabuleux. Certains rapprochements modifient les rapports de proportions qui existent entre les objets et introduisent dans le décor un malaise qui s'apparente à la frayeur.

> « *Le magasin lui-même se composait d'une grande pièce carrée, soutenue d'épais piliers, s'ouvrant d'un côté sur la place de l'église, de l'autre sur la grand-rue, et brillante dans le soleil levant, de tout son marbre noir et blanc. Et comme luisait aussi le cadre de cuivre du plafond, auquel on hissait les grands corps striés de roses et de jaune pâle, par tout un appareillage de cordes huilées, de petites poulies astiquées, qui ressemblait à un instrument de torture très compliqué. Et dans quel ordre étaient enfilés sur une pointe de fer les poumons détachés, ballonnets roses et noirs emplis d'air, avec quel soin était empilé, sur un grand papier blanc, le gras-double frisé, comme une énorme perruque ! Déjà préparée pour la vente, en une pyramide harmonieuse, la fressure dressait sur le fond blanc du mur une masse chatoyante de reflets tremblants, violacés et grenat, avec de beaux noirs profonds. Et sur l'étal de marbre blanc encore étincelant comme de la neige gelée où Sandro découperait tout à l'heure, s'alignaient les couteaux luisants, rangés par ordre de grandeur : le " fusil " long, mais d'allure pacifique, qui aiguise, la redoutable " feuille " courte et ronde, la scie à viande et le couperet qui fend les os. Et, tout au fond de la boutique, là où le soleil n'arriverait qu'à midi, le vaste comptoir en marbre blanc et noir, somptueuse estrade de théâtre où*

---

38. *La Chambre rouge,* p. 124.

l'on accédait par trois marches, se dressait comme un catafalque[39]. »

Les LIEUX PUBLICS DONT LE CARACTÈRE EST ESSENTIELLEMENT FANTASTIQUE (une église, une gare, le carrousel fermé d'une foire, l'aquarium d'un zoo en partie désaffecté, tout cela dans *la Chambre rouge* ; l'usine van Baarnheim, la clinique de docteur Franck dans *les Mensonges* ; le bain de vapeur dans *l'Empire céleste* ; enfin, la Maison des Assiettes dans *les Signes et les Prodiges*) semblent sortis de l'univers du rêve. Ils sont cependant bien réels. Leur configuration et le mystère qui les entoure ou les imprègne cristallisent l'atmosphère. Des figurants créent ou accentuent l'étrange climat de ces lieux. Ils sont figés ou appartiennent à une « société » autogérée dont les règles sont obscures pour le non-initié.

Riches et bourgeois, les SALONS OU SALLES À MANGER des maisons particulières sont des pièces où la vie n'a pas droit de cité.

Déserts, ils sont sombres, silencieux et poussiéreux, encombrés de meubles et d'objets inutiles. Figés dans un ordre immuable, ils attendent.

> « *Le salon décoloré, poussiéreux, pareil à tant de salons de province, ne devait rien avoir de maléfique. Un clavecin, le velours de Gênes des tentures, un cabinet de curiosités, de vieux livres de piété, qu'on ne doit plus ouvrir depuis longtemps. Cet ensemble fané et triste comme la pièce où un malade s'est tenu longuement, et puis on sent qu'il est mort enfin, et ses objets les plus chers, ce prie-Dieu, cette naïve image d'un saint écartelé qui sourit, ce chapelet en os suspendu au mur, se décolorant lentement de n'être plus regardés, plus ma-*

---

39. *Cordélia*, p. 244, 245.

niés sinon avec négligence, et le mort enfin est mort tout entier, l'esprit même retourne en poussière[40]... »

Mondains, les fleurs y meurent dans des vases précieux, les bibelots se recroquevillent d'ennui sur des commodes ouvragées, les nourritures abondantes se dessèchent sur des tables et des buffets luxueusement dressés. Des personnages apprêtés s'y composent un visage et y adoptent une attitude d'un naturel étudié. Le motif même des réunions dont ils sont le siège est un aspect de cet immense carnaval.

« *Dans le petit salon marocain s'entassaient des palmiers, des chapeaux à fleurs et des têtes grises. Les vieillards discutaient des élections proches, les autres s'intéressaient davantage au buffet, ou se pressaient dans un coin autour de Stani, qui se laissait contempler avec un sans-gêne barbare*[41]. »

Plus démocratiques, ces lieux rassemblent des meubles et des objets hétéroclites.

Les êtres qui se complaisent dans ce pénible mauvais goût, vont jusqu'à s'accorder à la laideur qu'ils soulignent.

« *La salle à manger était petite et basse de plafond, éclairée de lampes électriques fixées sur des candélabres fort laids. " N'est-ce pas qu'ils sont affreux ? disait le jeune écrivain d'un ton ravi. J'adore ce qui est torturé, grotesque, baroque ! Ah ! les gargouilles ! Le Moyen Age ! " Lui-même avait l'air d'une gargouille, avec son long nez, sa bouche tordue dans un rictus volontaire. (...) Pour le café, il s'assit devant la cheminée qui abritait plusieurs bûches factices en amiante, d'où devaient par temps froid s'échapper des flammes de gaz. " Toutes les vieilles demoiselles ont de ces bûches chez elles, dit-il avec ferveur. Ne sont-elles pas affreuses ? — Oui, dit tout à coup Tamara avec une énergie déplacée, elles sont affreuses. " Le jeune homme fit la grimace et Tamara eut encore un imperceptible sourire*[42]. »

---

40. *Trois Ages de la nuit*, p. 181.
41. *La Chambre rouge*, p. 203.
42. *Le Rempart des béguines*, pp. 161, 164.

Parfois ils correspondent à l'image type d'un catalogue médiocre et vulgaire.

> « *Le salon était petit, avec de grands fauteuils tendus de cretonne, un papier bordeaux et crème sur les murs, une fausse cheminée, une pendule de bronze encadrée de troubadours dorés. Il n'y manquait que quelques photos de famille pour ressembler à ces salons qu'on aperçoit, le soir, au rez-de-chaussée des maisonnettes de banlieue : mais il y manquait aussi la chaleur, la vie. Le parquet brillant, la commode rustique étincelante, les rideaux empesés, semblaient des objets de catalogue, qu'aucune usure n'avait touchée, entre lesquels ne s'était déroulée aucune vie normale, rien que des entrevues inhumaines entre ces malades gênés, coupés du monde extérieur, et ces visiteurs empêtrés dans leurs bonnes intentions et leurs cadeaux inutiles* [43]. »

Souvent leur désordre est brusque et violent, proche de la démence ou du moins exprimant l'instabilité.

> « *Tout ce qui entourait Jean-Pierre prenait très vite un caractère de délabrement, de trompe-l'œil, d'instabilité. Les fenêtres sans rideaux de vitrage, le parquet nu ; Marc lui avait fait cadeau, pour son vingt-sixième anniversaire, d'un très beau Beloutchistan, mais Jean-Pierre l'avait accroché au mur et le parquet était resté nu, avec le lit-divan qui voguait un peu partout, la grande table Louis XIII jonchée de papiers, de dessins, de cendriers pleins, adossée au mur, le bar en acajou, encore un cadeau qui paraissait ridicule dans ce désert, près de la barre fixée au mur et du trapèze accroché au plafond. La loggia était toujours dans un désordre propre et pauvre — des journaux, des amandes, des fusains, des fleurs sèches — tout ce qui appartenait à Jean-Pierre avait ce caractère sec, presque austère, et se réduirait tout naturellement en poussière. Lui-même était ainsi, limpide et gai, vide, mince, froid, plein de charme : indéfinissable* [44]. »

43. *Les Mensonges*, p. 257.
44. *Les Signes et les Prodiges*, pp. 193, 194.

L'ordre caractérise les BUREAUX et les BIBLIOTHÈQUES. Ils sont faits pour le travail et réservés aux grandes personnes.
L'argent,

> « *Le van Eyck, en face de lui, était faux, mais il ne le savait pas. De toute façon, peu lui eût importé. La Madone des Marchands n'était pas un van Eyck : c'était une importante victoire, le marché hollandais conquis. Les rideaux en velours de Gênes, le tapis épais, le massif appareil de radio, les objets de nickel et de peau de porc répandus un peu partout dans la pièce faisaient un ensemble d'aussi mauvais goût que le boudoir d'Ada. Mais cela non plus n'importait pas. Chacun de ces objets avait une signification, cette signification était un chiffre et l'addition de tous ces chiffres, première vision et première pensée du brasseur au réveil, lui dispensait force et courage, l'aidait dans son attente* [45]. »

La culture,

> « *Il s'installa à son bureau pour écrire. Il habitait un studio de la rive gauche meublé avec goût. Le bureau était une desserte Louis XIII, bien cirée par la femme de ménage. Il avait une belle discothèque. Des fleurs, quelques partitions, des lithographies premier tirage. Un cadre où devait s'élaborer une œuvre raffinée, réfléchie, harmonieuse* [46]. »

L'intrigue, sont les divinités qu'on y vénère.

> « *La salle est grande et sombre, il n'y a que trois bougies dans le flambeau d'argent. Un petit reliquaire doré brille sur la table recouverte d'un tapis de cuir. L'un des personnages est vêtu de noir, l'autre de violet soutaché d'argent. Tous deux sont assis.*
>
> *Le premier a le visage carré, laid ouvert, violent,*

---

45. *Les Mensonges*, p. 108.
46. *Le Jeu du souterrain*, p. 193.

> *un peu marqué de petite vérole. Le second a l'ovale un peu long, mélancolique, un peu rêveur, un peu maussade. Ils parlent bas. Dans un coin de table il y a des papiers ; une Bible est ouverte. Le personnage noir parle avec beaucoup de feu, et l'autre tantôt approuve, tantôt, comme gêné, baisse les paupières, prend un air distrait, presque sournois, et sa main pianote sur le tapis de cuir où elle caresse, gaufrée en or, les lys de France*[47]. »

La paix y est relative. Les éléments du mobilier signifient, leur présence donne aux personnages force et courage.

> « *Ma sœur et moi, pieds nus dans l'escalier, épiant quelque chose qui n'arrivait jamais. Parfois, au bas de l'escalier, un couple passe, dansant, disparaît sans nous voir. Absurde, fascinant*[48]. »

Les ESCALIERS, PALIERS, VESTIAIRES et CORRIDORS sont étroits, obscurs, encombrés et silencieux. Ils servent de transition, de refuge enfantin, de poste d'observation. Mal aérés, ils exhalent les odeurs les plus diverses.

> « *La petite pièce était faiblement éclairée et aérée par un vasistas placé très haut ; l'espace s'y trouvait presque entièrement occupé par deux grandes étagères supportant un assortiment de fortes bottines, de souliers d'homme et de sandales de plage. Une odeur de cuir et de cirage régnait. Entre deux étagères, dans une sorte de couloir étroit, Marie trouvait la place de s'asseoir à la turque. Elle finissait par ne se trouver nulle part plus heureuse que dans cette pénombre et ce petit espace. Ce domaine restreint tout au moins lui appartenait*[49]. »

Ils sont les coulisses d'un théâtre ou le sas qui sépare les personnages de l'action qu'ils vont vivre.

47. *Les Personnages*, p. 45.
48. *Lettre à moi-même*, p. 230.
49. *Cordélia*, p. 63.

« *Il aime bien entendre le piano dans l'escalier verdâtre, pendant qu'il monte (en soufflant un peu) les trois étages. L'escalier est joli, avec cette lumière d'aquarium. C'est une ancienne cour que l'on a couverte d'une verrière, et l'escalier est en pierre, avec à chaque étage un palier-balcon, à balustrade ouvragée. Le fait qu'aux deux premiers étages vivent des familles nombreuses qui entassent sur les balcons Renaissance des seaux en plastique jaune ou des bassines en émail n'altère pas le plaisir de Robert, au contraire. Le balcon-palier de Reine, au troisième, est, lui, garni de plantes vertes, d'un petit jet d'eau retombant dans une coquille, qui vient du Bazar de l'Hôtel de Ville, et d'une petite statue en pierre rapportée de Provence et qui est très laide. Robert aime cette petite statue, qui trahit chez Reine un désir de beauté qu'une éducation insuffisante n'a pas affiné, mais qui le touche par son imperfection.*

Il aime aussi le seau en plastique jaune, la bassine en émail. Ainsi la beauté, la poésie de l'escalier en pierre, sont comme voilées, excusées par la présence de la vie, par ce gant de toilette oublié, par ce panier à salade, par cette utilisation des balustrades Renaissance pour les humbles nécessités de l'existence.

— Je t'aime à cause de ton escalier, de ta petite statue, de ton piano, dit-il à Reine[50]. »

« *Il y a bien le soir, assise devant une table de cuisine (elles me sont restées chères), la vue mélancolique des jardinets, des toits, le cri des mouettes et le crayon patient dans ma main*[51]. »

La CUISINE flamande, bourgeoise (dont on sait, appartenant à une certaine classe sociale, qu'on ne peut pas ou pas trop la fréquenter), est vivante et rassurante. C'est là que les nouvelles se colportent et se discutent. C'est le chœur de la maison. Large, vaste, riche et chaude elle est,

---

50. *Le Jeu du souterrain*, pp. 28, 29.
51. *Lettre à moi-même*, p. 221.

dans cet océan froid, un îlot indépendant. L'ordre y règne dans l'abondance. Quelques préparations mijotent en permanence sur un immense fourneau à bois ou à charbon ; le balancier d'une pendule marque le temps ; le sol que l'usure a rendu beau est propre, le feu et l'or des cuivres étincellent ; le rythme y est lent et paisible.

> « *Il faisait bon dans l'immense cuisine dallée, toute pareille aux cuisines qu'on voit dans les grammaires anglaises, the old kitchen was warm and hospitable. Dans la grammaire anglaise, il y aurait eu ce grand fourneau à l'intérieur duquel craquaient des bûches, cette haute pendule émaillée avec son balancier soleil, cette vaste table servie, ces hautes fenêtres donnant sur une obscurité qui était celle d'un parc, ces murs de céramique ornés tout en haut, près des grosses poutres marron, d'une bande de fleurs en relief, jaunes et vertes, un peu stylisées, d'un charmant mauvais goût* [52]. »

La CUISINE utilitaire et fonctionnelle est pauvre et impersonnelle, petite, sale et encombrée. Le désordre qui y règne la rend peu accueillante et son aspect est parfois sordide. Les personnages qui l'utilisent y passent sans s'y attarder, le temps d'ouvrir une boîte de conserve ou de prendre ce qu'offre un réfrigérateur.

> « *La cuisine ouverte, indécente elle aussi, avec ce torchon trempant dans l'évier, ce reste de mangeaille sur un plateau, et jusqu'à cette bouteille de vin débouchée, dont l'étiquette disait la qualité médiocre* [53]. »

> « *Dans cette " chambre à moi " je rapportais les découvertes faites au-dehors, je les examinais, je les triais, et m'émerveillais de posséder, me semblait-il, tant de choses* [54]. »

Elles sont ennuyeuses et médiocres ces CHAMBRES D'HÔTEL,

52. *Cordélia*, pp. 81, 82.
53. *Les Signes et les Prodiges*, p. 385.
54. *Lettre à moi-même*, p. 84.

ces « CHAMBRES D'AMIS », escales d'un voyage où les personnages font la mise au point de la journée, de l'étape passée.

> « (...) la chambre d'amis sur le divan défoncé. La grosse poupée assise par terre le regardait de ses yeux ronds. (...) Pourquoi cette chambre vide, alors que la la grande pièce que Colette se réservait était si douillette, si capitonnée ? Pourquoi ce parquet nu, ce lavabo, ce divan avec la poignée de crin qui s'en échappait ? Pourquoi la poupée assise dans la poussière ? Pourquoi la fenêtre grillagée ?
> Il y avait dans le contraste des deux pièces quelque chose de sinistre. (...) La lumière crue, le vilain papier beige de la chambre, les barreaux de la fenêtre sans rideaux l'avaient frappé. La poupée trop grande ajoutait une note grotesque à cet ensemble. (...) Il avait eu, la première fois, la sensation d'avoir vu une chambre d'aliéné (et après il avait réalisé que c'était à cause de l'étoffe beige, peut-être doublée de bourre, des murs), une sensation grise, crue, nauséeuse [55]. »

Etranges et inquiétantes, elles sont aussi le théâtre de la connaissance du Mal. Cette connaissance débouche le plus souvent sur la solitude.

> « Il referma la porte très doucement, comme s'il craignait de réveiller quelqu'un, ou quelque chose. J'étais seule dans la Chambre Rouge [56]. »

Seule, abandonnée... Hélène sait bien que cette fois l' « au revoir » de Jean est sans retour. (La Chambre rouge)

La quête s'achève sur cette navrante constatation que la Vérité n'est pas au bout du Mensonge, mais qu'elle s'y mêle sans pouvoir s'en dégager. Dans la cellule pleine de monstres qu'elle a cru fuir, Louise de La Fayette ferme sur elle la dernière porte de la dernière chambre. (Les Personnages)

Laides, les chambres sont inamicales et déprimantes.

---

55. Les Signes et les Prodiges, pp. 47, 48.
56. La Chambre rouge, p. 309.

> « *La chambre était quelconque, une chambre d'hôtel de troisième ordre, à stores graisseux, grand lit de bois, couvre-pieds crocheté, armoire bretonne assez laide* [57]. »

Belles, elles se dressent comme un décor. Musée que le temps abandonne, elles attendent en vain, jusqu'à s'assoupir, ces visiteurs épisodiques qui ne s'y installent jamais assez longtemps pour leur permettre d'être vivantes.

> « *Un tout petit poêle brûlait dans une cheminée, non loin de la porte, et n'était évidemment pas suffisant pour chauffer même un tiers de l'énorme pièce. Non loin de la cheminée, un monument en acajou sculpté, amplement orné de couronnes, d'amours et d'initiales, avait dû abriter les amours des ancêtres de Nathalie, mais engloutirait sans nul doute dans un matelas glacé le petit corps de Fanny. A l'autre bout de la chambre, loin derrière un désert de parquet poli, il y avait la fenêtre qui devait ouvrir sur un balcon, et de chaque côté de la fenêtre, les inévitables portraits de famille : un monsieur gras avec un petit gilet bleu, une dame au long nez encadré d'anglaises.*
> *Un petit piano qui ressemblait à un clavecin, et une énorme armoire faite de volutes et de courbes, beau morceau d'ébénisterie, étaient les seuls îlots visibles dans cet océan de froid* [58]. »

Parfois, l'absence d'expression qui les caractérise provoque un soulagement et permet d'y retrouver une certaine intégrité. Après avoir passé quelques heures dans la Chambre rouge, chambre qui comme une fleur vénéneuse est pleine de maléfices, Hélène retrouve dans la chambre de Jean à l'hôtel Carlton, « *petite pièce vert d'eau, si propre, si moderne* [59] », l'image d'une banalité rassurante.

Les personnages qui se réfugient dans ces enceintes avec l'espoir d'analyser et de comprendre, sont accablés par le sentiment du bout du monde contre lequel ils ne peuvent

---

57. *Le Rempart des béguines*, p. 165.
58. *Cordélia*, p. 86.
59. *La Chambre rouge*, p. 215.

plus lutter. De l'état « refuge », ces quatre murs passent alors à l'état « prison ».

Les CHAMBRES PARTICULIÈRES sont animées et habitées. Elles reflètent ceux qui les hantent, et il est difficile de savoir qui, de l'habité ou de l'habitant, s'identifie à l'autre.

Ainsi, Tamara reproduit chez Noris la chambre du *Rempart des béguines,* si étrangère à la maison. Cette ancienne chambre de la mère d'Hélène subit plusieurs mutations avant de devenir la sienne. Abandonnée, restée intacte depuis la mort de Mme Noris, elle est occupée par Hélène le temps de sa maladie. Celle-ci y trouve un repos très doux, mais perçoit déjà, dans une demi-torpeur, les transformations qu'y apporte sa future belle-mère. Lorsque Tamara en prend possession, Hélène y voit la capitulation, l'installation confortable dans le mensonge qu'elle déteste. Le désordre qui exerçait sur elle un charme étrange et envoûtant, dans ce contexte devient insoutenable.

Elsa, dans *les Mensonges,* conjugue un désordre intérieur et mental avec un désordre extérieur tout aussi démentiel.

Louise de La Fayette, dans *les Personnages,* fuit la chambre, symbole d'ordre et de paix, où elle est menacée. Elle s'enferme dans une cellule de nonne, et espère retrouver là une paix durement conquise.

Au contraire Alberte, dans *les Mensonges,* refuse et quitte le milieu dans lequel elle a été transplantée sans qu'il soit tenu compte de son avis. Elle ne prend pas possession de sa chambre dont « *la fragile élégance* » détonne avec sa robustesse.

Dans la première nouvelle des *Trois Ages de la nuit : Anne ou le théâtre,* Christiane s'oppose aussi à la chambre qui est sienne.

> « *Elle était plutôt femme à avoir des bibelots, des portraits, des pots de fleurs en faïence à ramage, une surabondance, un bon gros mauvais goût heureux. Ce dépouillement, le grand lit en fer tout sec comme un établi, cette austérité était son péché. Heureuse, pure, elle aurait eu des rubans à ses oreillers, un petit chien sans doute, des amants peut-être, qui lui auraient fait des cadeaux : un manchon, un peignoir, des mules.*

> *Tout cela fût resté innocent, comme sa chair blanche et sa toison dorée sur le lit, innocent et un peu écœurant peut-être. Mais le froid de ce lit, le froid de ces murs, l'absence de bêtise, pour tout dire, de cette chambre accuse, dénonce Christiane* [60]. »

Les FLEURS et les PLANTES D'INTÉRIEUR ne sont pas aimées.

Vraies, elles sont mourantes, ou présentées dans une abondance de gerbes et de corbeilles d'apparat manquant du plus élémentaire naturel. Parfois même elles s'arrangent pour avoir l'air fausses.

> « *Machinalement il avait effleuré du bout des doigts les fleurs sur la table. Elles étaient vraies. Mais elles s'arrangeaient pour ne pas en avoir l'air* [61]. »

Elles répondent à une nécessité décorative et non à ce goût, à cette gratuité qui décide sans raison, si ce n'est celle d'un parfum doux ou poivré, d'une couleur vive ou tendre, du dessin d'une branche, du nom même de la fleur... de ces bouquets, offrande des saisons, ou d'un ami, ou d'un amour.

> « *Déjà les fenêtres s'adornaient de longues caisses vertes emplies de géraniums et, de chaque côté du hall, d'étranges arbustes contournés dans des pots de grès, transformaient l'entrée en sorte de jardin d'hiver* [62]. »

Artificielles, elles sont grises, ternes et poussiéreuses.

> « *Elle retrouvait toujours avec un secret malaise le décor familier : la salle aux grosses poutres de chêne, les jambons noircis pendus au lustre de fer, les fleurs en papier, grises de poussière, sur le comptoir, au fond* [63]... »

---

60. *Trois Ages de la nuit*, p. 52.
61. *Les Signes et les Prodiges*, p. 57.
62. *Les Remparts des béguines*, p. 233.
63. *Les Mensonges*, p. 46.

Outre les inévitables « portraits de famille », des TABLEAUX (toiles, gravures, tapisseries ou céramiques) honorent les murs. Une collusion existe entre eux et la pièce où ils se trouvent ou les personnages qui les contemplent.

Ils contribuent à préciser une atmosphère.

> « *Le tableau de piété, à gauche de la fenêtre, est bien de ceux qu'une femme peut avoir dans sa chambre, avec des angelots, une bordure de fleurs et de fruits autour du sujet principal : l'Annonciation. Ainsi sont-elles toutes : il leur faut des fanfreluches, des enjolivements, des parures autour des saintes vérités de la foi. Et cela est vrai aussi dans la vérité infernale*[64]. »

Ils sont miroir, reflet d'un décor ou expression imagée des pensées d'un personnage.

> « *Stéphane écrit. La chambre, autour de lui, répète presque exactement, dans sa nudité, la reproduction de Van Gogh, accrochée au mur blanc. Lit de fer, chaise solitaire... Identité un peu gênante : à être ainsi répétée, la chambre austère perd de son pouvoir. Est-ce la vraie chambre qui ajoute au tableau, ou le tableau à la chambre, cette note d'insistance un peu déclamatoire, cette ostentation de mendiant exhibant trop de plaies à la fois ? Toujours est-il que cette duplicité jette une ombre sur le tableau même : on doute de Van Gogh avant de douter de Stéphane*[65]. »

Parfois celui-ci y trouve l'évasion qu'il cherche.

> « *Je regardais aussi parfois un tableau au mur, qui représentait une route plantée d'arbres, devant des cafés et des parasols orange. J'aimais beaucoup ce tableau, le poudroiement de la route sous quelques rais de soleil, les arbres d'un vert si frais, les taches orange,*

---

64. *Trois Ages de la nuit*, p. 308.
65. *L'Empire céleste*, p. 52.

les cafés de l'arrière-plan. Il semblait que, sans me lever, j'avais tout l'été sous les yeux[66]. »

Ils sacrifient à une culture ou au standing.

« *Geneviève l'attend dans sa robe de chambre chinoise, entre ses deux fillettes adorablement peignées, sous un Miro et à côté d'un bouddha de toute beauté*[67]. »

Ils contrastent de façon cynique avec l'action qui se déroule dans les lieux qu'ils décorent.

« *Jean contemplait aux murs de la Chambre rouge, des gravures démodées.*
— *Décidément, cette maison est pleine de surprises. Je n'avais pas remarqué ces gravures : elles sont prodigieuses. Ferme donc la porte Hélène...*
Sans répondre, je vins le rejoindre devant ces images passées, illustrations tirées sans doute de quelque vieille édition de la comtesse de Ségur. Sur l'une, on voyait deux petites filles, en jupes larges et pantalons de dentelle, jouer au cerceau, avec cette légende : " Camille et Madeleine s'amusaient calmement ". L'autre montrait un enfant pauvrement vêtu baissant les yeux devant deux petits garçons couverts de rubans, et s'intitulait : " Blaise accourut à l'appel des petits messieurs du château ".[68] »

« *Tout se recoupe avec allégresse, dans un Triomphe de la Vérité construit comme un plafond peint*[69]. »

Les quelques PLAFONDS peints sont de véritables allégories. Dans *la Chambre rouge*, Jean entraîne Hélène dans le carrousel fermé. Au même titre que la Baraque à Gaufres, ce lieu a toujours représenté pour l'héroïne un paradis inaccessible. Jamais elle ne croyait avoir la moindre chance

---

66. *Le Rempart des béguines*, p. 205.
67. *Le Jeu du souterrain*, p. 25.
68. *La Chambre rouge*, p. 104.
69. *Lettre à moi-même*, p. 242.

d'y pénétrer un jour. Elle espère que les plaisirs promis dissiperont le reste d'un malaise qui demeure encore en elle. Il n'en est rien. Elle fixe son attention sur le plafond et le détaille. La vérité qu'il exprime est proche de la sienne en cet instant.

> « *Des projecteurs accrochés au plafond éclairaient les métamorphoses passablement obscènes du dieu barbu : Léda enjambant son cygne, Danaé ouvrant ses cuisses à la pluie d'or. Europe surprise au bain par le taureau. Traitées par un pinceau étonnamment réaliste, elles formaient un ensemble fait pour éveiller dans l'esprit des spectateurs une idée éminemment morale : dans toute situation, quelque incommode qu'elle soit, un dieu trouve toujours une solution pratique à ses désirs* [70]. »

Dans *les Mensonges,* les plafonds de la vieille salle de théâtre, où s'émiettent des anges polychromes, sont ternis par le temps. Ils sont à l'image de la bourgeoisie provinciale qu'aucun souffle ne vient rajeunir. Le plafond de l'hôtel Excelsior, comme tout ce qui entoure Alberte, est menaçant.

> « *Le plafond lourdement ouvragé d'iris monstrueux, d'invraisemblables stalactites, et même de bustes de femmes qui semblaient se pencher vers les dîneurs* [71]. »

Cuir, marbre, bois (le plus souvent chêne et acajou, parfois noyer), bronze, nickel, cuivre et verre sont les principales matières dans lesquelles sont taillés les MEUBLES et la multitude D'OBJETS (bibelots, statues, pendules...) qui encombrent les intérieurs. Les étoffes des tentures ou celles qui servent au recouvrement des sièges et parfois des tables sont des velours ou des toiles plus ou moins luxueux, de la cretonne, du satin, du coton crocheté, de la peluche... Il y a aussi des napperons en dentelle qui, au même titre que les bibelots inutiles, contribuent à faire ressortir l'aspect baroque et surchargé des décors. Tout cela n'est pas sans rapport avec l'action qui s'y déroule.

---

70. *La Chambre rouge,* p. 95.
71. *Les Mensonges,* p. 214.

La première fois qu'elle se rend au Rempart des béguines, Hélène décrit :

> « *Une table large et très basse chargée de livres et brûlée de bouts de cigarettes, un grand divan recouvert de toile marine, un phonographe et des disques posés par terre, des étagères enfin chargées de bibelots que je devais plus tard dénombrer* [72]. »

Elle le fait, lors de sa deuxième visite, mais de manière raccourcie encore car c'est le désordre et la découverte d'un milieu différent du sien qui l'étonne et retient son attention.

> « *J'entrai dans la grande pièce bleue, jetai un regard ahuri sur le désordre qui y régnait : les deux fauteuils de cuir renversés, la table couverte de mégots comme le jour de ma première visite. Tamara y écrasait au fur et à mesure ses cigarettes, ne balayant que tous les huit jours, les livres épars sur le sol avec les disques. Ce jour-là, en dépit de mon désarroi, je pus tout de même regarder les bibelots posés sur les étagères, verreries et masques nègres* [73]. »

Plus tard, lorsque Tamara, voulant prévenir les rumeurs, la menace, si elle ne le fait elle-même, de tout révéler de leurs rencontres à son père, Hélène envisage et souhaite qu'un cataclysme engloutisse

> « *le Rempart des béguines, les naïades provocantes, la grotte sous-marine de l'escalier, en même temps que Tamara, ses bibelots ridicules et fragiles, ses masques nègres, sa poupée fétiche en rafia* [74] ».

C'est avec une minutieuse précision qu'elle évoque le souvenir de chacun des objets qu'elle pleure.

> « *Je me souvins de toutes ces petites choses qu'elle possédait, entassées dans des boîtes à bonbons ou disséminées sur les étagères, cadeaux, souvenir d'Emily surtout, cette foule de petits objets inutiles, boîtes à*

---

72. *Le Rempart des béguines*, pp. 19-20.
73. *Le Rempart des béguines*, p. 45.
74. *Le Rempart des béguines*, p. 80.

> *coudre en nacre, pelotes d'épingles, nécessaires à ongles, flacons de parfum, petits sous-verre, minuscules poupées en costume régional... De temps en temps, elle en brisait quelques-uns qu'aucun souvenir agréable n'embaumait, mais il en venait d'autres, le petit vase en opaline remplaçant le bijou chinois, le cheval de verre prenant la place du ramoneur en porcelaine. Je ne sais pas pourquoi ses amis s'entêtaient à lui donner ces bibelots si mal accordés avec sa personnalité. Mais quand elle était fatiguée, elle les aimait, comme un prisonnier peut aimer une araignée* [75]. »

Quand, apparemment, la situation semble clarifiée, Hélène recrée ces objets ou, plus exactement, elle en modifie le caractère et la personnalité en les contemplant sous un éclairage différent.

> « *La lumière était jolie à travers les objets de verre. Tamara s'était-elle jamais amusée à voir passer le jour à travers certains de ses objets ? Cela donne des idées nouvelles sur leur personnalité. Le petit cheval de verre, par exemple, avec son air robuste, ses jarrets bien gonflés, sa queue fièrement dressée, et ses couleurs bariolées — un vrai cheval de carrousel, aurait-on dit — devait être, sur sa cheminée, plus mélancolique que le ramoneur d'Andersen, car le jour violet et jaune qu'il laissait transparaître était celui-là même d'un vitrail triste : le vitrail de saint Nicolas projetant sur les pierres tombales le jaune de son auréole, le violet de la mitre d'évêque. Et la cage d'oiseaux empaillés, laissait-elle passer autre chose qu'un jour noir, funéraire ? Et la lampe d'opaline d'un blanc si pur devenait, posée sur l'appui de la fenêtre, glauque et trouble comme un fond de mer* [76]... »

Enfin, Tamara s'installe chez Noris. Elle y draine un univers qu'Hélène croyait préservé, et fait de sa chambre un îlot étranger au reste de la maison.

---

75. *Le Rempart des béguines*, p. 80.
76. *Le Rempart des béguines*, pp. 213, 214.

> « *Déjà elle y était installée, avec son désordre, ses habitudes, cette multitude de souvenirs qui la suivaient avec cette persistance de paillettes de fer s'accrochant à l'aimant, avec ce charme incompréhensible et mensonger... Sur la table basse s'éparpillaient ses peignes, son miroir d'écaille, le petit nègre en étoffe qu'elle piquait d'épingles ; sur la cheminée je voyais le petit cheval de verre et les oiseaux empaillés ; près du lit la lampe en opaline* [77]. »

Hélène doit se résigner et admettre que tout ce qu'elle a aimé n'est qu'un mensonge. Il lui semble enfin posséder la clé de l'énigme et comprendre que Tamara, désormais, ne peut plus que renoncer.

« Un roman c'est un miroir que l'on promène le long d'un chemin. » (Stendhal)

« Tout homme qui se regarde au miroir s'affronte ou se confronte. A cette vérité glacée il superpose l'image qu'il se fait de lui-même ; car, tout le reste du temps, il est le seul qui ne puisse voir son visage. Heureux celui dont les deux effigies coïncident ! Il est proche de son unité. » (G. Cesbron)

Les personnages de Françoise Mallet-Joris sont entourés de MIROIRS. Leur présence est réelle. Ils répondent à une constante, au désir de confronter le mensonge et la vérité, car « *le mensonge n'est pas l'envers de la vérité mais son reflet, son miroir, sa mort* [78] ». Ils sont fidèles ou déformants. Ils permettent de contempler le chemin parcouru et celui qui reste à faire ; sur ce chemin, de se situer ou de se dédoubler, de prendre le recul nécessaire à toute progression et à toute évolution, de se poser des questions (la réflexion du miroir engendrant une réflexion interne), et, qui sait, peut-être de rejoindre son unité en faisant correspondre les

---

77. *Le Rempart des béguines*, p. 234.
78. *Lettre à moi-même*, p. 199.

images : la sienne et celle qu'on croit être la sienne. Cette réflexion surgit de la description d'un décor, d'un tableau, ou de l'expression de l'atmosphère qui les caractérise. Elle est dans un regard.

> « *Tamara est belle encore. Belle dans les yeux de Jean, qui caressent ses courbes douces. Belle dans le miroir de Venise, entre les rideaux blancs et les meubles à volutes* [79]. »

Dans un visage.

> « *Elle ne savait plus qu'une chose, c'était l'horreur éprouvée, à voir, comme dans un miroir, son propre malaise, sa honte profonde se refléter sur le visage de sa mère* [80]. »

Dans l'attitude d'un corps abandonné.

> « *En face, dans l'alvéole, le corps nu et gras s'étirait, lui aussi, comme un miroir dans l'ombre* [81]. »

Pareille au confident du théâtre antique, elle est ce personnage qui regarde, décrit, raconte pour le maître qu'il sert et auquel il s'identifie, la puissance dramatique en moins. Celui-ci ne prend aucune décision, mais il les provoque toutes.

> « *Marie ne peut échapper au miroir. D'où l'utilité de l'astrologue. C'est lui qui va regarder à sa place, lui décrire l'étrange personne, lui raconter son destin* [82]. »

D'autres éléments encore font office de miroir :
l'écriture et les mots qui se dressent entre les êtres,

> « *Etre Stéphane... Retrouver les mots, les phrases dont il s'est fait un rempart. Mais les phrases qu'il réunit avec un immense effort ressuscitent les monstres. Les miroirs qu'il dresse reflètent de hideux visages. Faut-il*

---

79. *La Chambre rouge*, p. 6.
80. *Les Mensonges*, p. 314.
81. *L'Empire céleste*, p. 354.
82. *Marie Mancini*, p. 110.

> *laisser s'effondrer le rempart, s'ouvrir les portes pour accueillir la peur* [83] ? »

la solitude et le silence auxquels les personnages ne peuvent se soustraire,

> « *Solitude et silence, doubles miroirs devant lesquels Marie se tient bien raide, dans sa robe grise et blanche, comme un portrait de cour* [84]. »

l'imagination, miroir déformant d'une réalité que la peur réveille. Elle n'est pas satisfaisante. Ses proportions sont inhumaines. Elle a le visage innocent du mensonge.

> « *Mais cette peur soudain changeait tout, ramenait tout, autour de moi, à d'humaines proportions. Sans peine, et sans m'en rendre compte, j'avais jusque-là, en jouant d'un miroir déformant, déjoué tous les pièges du monde logique* [85]. »

La présence du miroir « objet » a l'importance d'un autre regard.

> « *Il regardait un peu l'Italienne, un peu le miroir, un peu le vide* [86]. »

Il emprisonne,

> « *Etait-ce lui-même, ou était-ce le double qu'il apercevait, si loin, au fond du miroir ? Et que ce miroir lui-même fît partie du cauchemar, était possible ; il ne devait jamais le savoir, car le gros notaire rentrait, essoufflé, pesant dans la balance de tout son poids humain, et se rassurant lui-même de sa voix sonore* [87]. »

il envoûte ou exorcise (comme s'il s'agissait d'un objet magique).

> « *Qu'elle ne se regarde jamais dans le petit miroir rond, près du lit, dont je sens, sans la voir, la présence ;*

---

83. *L'Empire céleste*, p. 426.
84. *Marie Mancini*, p. 9.
85. *Le Rempart des béguines*, p. 28.
86. *Cordélia*, p. 61.
87. *Les Mensonges*, p. 348.

> *comme d'un assassin tapi dans un placard. Tout serait perdu, j'aurais donné ma vie en vain. Qu'elle ne se regarde pas, qu'elle ferme les yeux jusqu'à l'aube. Tout sera sauvé, si la nuit ne nous apprend rien sur nous-mêmes*[88]. »

La place qui lui est attribuée n'est pas toujours fortuite et sans intention seconde.

> « *En face du divan pendait un grand miroir de Venise, autre cadeau de mon père, qu'elle avait accroché là non sans arrière-pensée sacrilège*[89]. »

Les personnages s'y aperçoivent par hasard. Cette rencontre provoque l'étonnement, la stupéfaction, la colère.

> « *L'angoisse reculait, battait en retraite, s'accrochait encore un instant : mais le cœur ralentissait, la respiration devenait plus aisée, et il allait l'exorciser tout à fait, quand il leva les yeux, par mégarde, sur le miroir, en face du lit, et se vit, penché en avant, les sourcils froncés, les muscles bandés dans un effort ridicule à lutter contre l'invisible, l'inexistant.*
> *L'absurde image le remplit de colère*[90]. »

Ou alors, l'utilisant à la manière d'un rétroviseur, ils passent par lui. Ils regardent s'y dérouler un spectacle auquel ils ne souhaitent pas être directement mêlés. Ils s'incorporent pour un temps à l'intrigue ; mais le souci de rester lucide et intègre, la peur de devoir s'engager font qu'à ce jeu ils se veulent innocents et préservés.

> « *Dans le miroir du Bobby's bar, les boxes en acajou se reflètent, et l'image d'un couple jeune, beau bien habillé. Gerry et Carole. Il voudrait l'embrasser mais il est gêné par ces miroirs partout, par la perfection de ce décor discret mais luxueux (...)*
> *— Je voudrais, dit-il, en essayant de vaincre l'impalpable sensation, graver partout, comme quand on a quinze ans : Gerry aime Carole.*

---

88. *Les Personnages*, p. 191.
89. *Le Rempart des béguines*, p. 216.
90. *Les Mensonges*, p. 11.

> — *Je veux bien, dit-elle, souriant au miroir.*
> *Il lui prend la main. La main du miroir s'abandonne.*
> — *Est-ce que tu m'aimes ? demanda-t-il avec une sorte de désespoir.*
> — *Oui, je t'aime. Elle répond en souriant doucement. Il n'y a pas de mensonge dans ses yeux. Pourquoi mentirait-elle ? Elle ne se donnerait pas cette peine. Elle aime, c'est évident, le beau jeune homme bronzé du miroir. Gerry regarde encore l'image du bonheur dans la glace* [91]. »

Ce va-et-vient qui remplit le miroir peut aussi masquer une réalité avec laquelle ils ne désirent pas être confrontés.

> « *De l'autre côté du couloir, il y avait un miroir. C'était dans ce miroir que Mlle Paule se voyait, accueillant les malheureux avec sa sèche bienveillance, distribuant les aumônes comme des punitions, questionnant, agissant, et dominant son monde, malgré sa petite taille. C'était sa vie qui défilait dans ce miroir, sa vie de femme supérieure toujours correcte, se penchant, malgré sa culture et son éducation, sur les ignorants et les pauvres. Comment n'eût-elle pas détesté cet été qui vidait le miroir, et la laissait là, inactive, les yeux ronds sous ses grosses lunettes, sortie tout à coup de son rêve, en face d'une réalité que rien ne masquait plus : son corps débile et laid* [92] ? »

Cet affrontement avec le miroir peut enfin être volontaire. Les personnages y font un inventaire minutieux qui se veut rassurant. Ils se complaisent dans la contemplation d'une composition réussie ou refusent de reconnaître, dans ce coup d'œil d'acteur, le visage du rôle qu'ils doivent jouer. Désir de se travestir, de se composer un masque de comédie ? Dans tous les cas : mensonge.

> « *Visage (...) de Mme Freud rajustant sa chevelure, devant le petit miroir, se demandant à qui faire l'honneur de ses enfantillages surannés et se recomposant*

---

91. *Le Jeu du souterrain*, pp. 204, 205.
92. *Les Mensonges*, p. 107.

> *comme un masque, des lèvres sensuelles, des regards troublés, de tout un étalage de désir feint et de prostitution décente*[93]. »

Mais il est impossible de feindre toujours, d'échapper à son propre tribunal. Le miroir dévoile et trahit les visages. La vie y laisse des traces et des blessures que les personnages ne peuvent totalement dissimuler. La mort aussi y profile une ombre de plus en plus longue. Ce face à face accuse et juge. C'est l'envers et l'endroit. Lassé de ressembler à une image, les personnages renoncent à vouloir préserver une façade. Cette faille est salvatrice. Elle permet l'éclosion d'un reflet neuf.

> « *Louise est en face de Louise. Il n'est plus de recours, plus d'exorcisme possible. Plus de fuite, plus d'échappatoire. Elle est là, dans ce miroir et sur ce lit prostrée. Elles sont là. Comment éviter que ces yeux se rencontrent et se jugent ? Comment éviter son propre tribunal*[94] *?* »

Les miroirs réfléchissent. Fidèle, leur image est cependant inversée. « Portes par lesquelles la mort vient et va » (J. COCTEAU), ils sont traversés ou retiennent prisonnier.

Pareils aux yeux de certains insectes, ils peuvent avoir plusieurs facettes. Ils sont, sur les petits chevaux d'un carrousel en mouvement, les éléments d'un kaléidoscope aux possibilités multiples colorées.

« *Les détours*, écrit Françoise Mallet-Joris, *ramènent toujours au vrai, au faux, et à soi-même. A ces questions qui me viennent à l'esprit de m'être vue, reflétée dans un miroir humain, comme une personne, et pourquoi pas, comme un personnage*[95]. » La seule paix est celle qui « *consent à l'imperfection de la vie*[96] », et non celle qui veut « *travestir la Vie en vie*[97] ».

---

93. *La Chambre rouge*, p. 12.
94. *Les Personnages*, p. 279.
95. *Lettre à moi-même*, pp. 80, 81.
96. *Lettre à moi-même*, p. 203.
97. *Lettre à moi-même*, p. 203.

*DEUXIÈME ITINÉRAIRE :
LES ATMOSPHÈRES*

En restant sur le plan des images, et sans entrer dans les intrigues, il apparaît que différents éléments contribuent à créer ou à rendre perceptibles des climats dont le malaise n'est pas absent. Il y a la façon dont commencent les jours et dont l'obscurité s'empare du paysage dès le milieu de l'après-midi, le jeu des ombres et des lumières, l'alternance des bruits et des silences, les odeurs, les couleurs, les éléments naturels qui s'immiscent dans l'ordre des saisons, l'environnement lourd et précis qui encombre et cerne les personnages à la manière d'un vivant.

Ceux-ci se situent en retrait, se contrôlent et refusent de se laisser dominer par le flot tumultueux des passions qui s'affrontent. Ils se mêlent à..., mais sans faire partie de... (réunions, repas, réceptions mondaines...) et se demandent si cela vaut bien la peine « *de se réunir pour attester ainsi de l'identité les uns des autres*[1] ? » Observateurs patients et attentifs, le mouvement de leur démarche est semblable à celui de la marée : perception, distanciation, expression. Double mouvement aussi dans le désir qu'ils ont de vivre en paix. Fuir signifie échapper aux limites du mensonge, mais la vérité exige lucidité et liberté. A l'évasion fait suite le retour. C'est se trouver et non se perdre que veulent ces mystiques sans foi même si, pour cela, ils doivent passer par le Mal. Ils ne veulent pas choisir une fois pour toutes, mais

---

1. *Lettre à moi-même*, p. 188.

repenser leur choix au jour le jour. Ils savent bien que l'évasion ne procure pas l'apaisement, que tout au plus elle crée une diversion et retarde le moment de l'engagement. Mais à force de souffrir le Mal, il se forge au plus secret de leur être la certitude qu'il existe une vérité qui n'est pas innocence. Elle est volonté de devenir et il leur importe d'en accepter les contraintes et les exigences s'ils veulent vivre.

> « *Je me plaisais à mentir sans rime ni raison. Plaisir ambigu d'être crue. Sinon, obscur sentiment qu'à force de me gronder pour avoir menti, on se mettrait à m'apprendre la " vérité ", qui était pour moi comme une personne, présente mais cachée*[2]. »
>
> « *Je voulais apprendre un langage, connaître les règles d'un jeu. Ne m'y risquer qu'à coup sûr. J'avais peur des autres, un peu (leur absurdité) et de moi-même. Une violence inouïe me dominait par instant : je la ressentais comme une étrangère, une cohabitante de mon corps. Prête à m'en arranger d'ailleurs. Qu'elle aussi se fît connaître, avec son mode d'emploi*[3]. »

D'autres éléments interviennent encore dans la texture des atmosphères. Ce sont les gestes et les attitudes qui trahissent, là où il y a absence de parole ; les apparences derrière lesquelles se retranchent les êtres et parfois même les choses ; la façon dont est perçue la fuite du temps et cette notion d'espace qui veut que parfois, dans un lieu clos aux limites précises, un personnage décrive ou explique ce qui se passe ailleurs ; enfin, les nombreuses comparaisons qu'utilise l'auteur.

> « *L'angoisse de sept heures du matin, d'un matin d'été, d'un matin de porcelaine, dur et luisant, étincelant de propreté, de fraîcheur : une mise en demeure, un matin comme celui-là. Sept heures du matin : il est trop tard déjà, on a manqué quelque chose, l'aube est déjà morte,*

---

2. *Lettre à moi-même*, p. 244.
3. *Lettre à moi-même*, p. 223.

le petit jour plein de vagues espoirs, et le soleil impitoyable dans l'air encore frais décape les façades comme un acide. Cette fraîcheur de citron sur les dents, cet appel, cet espace élargi, cet air à pleins poumons, liquide et plein de saveur, et la nécessité d'agir qui se fait stridente !

Le monde est là, disponible, impitoyable. L'angoisse de sept heures du matin ! Il ferait bon prier à sept heures du matin, quand le monde et la vie sont là comme une demeure, une maison ouverte où tout est prêt, où l'on n'a qu'à entrer, où les couloirs sont brillants, les pièces accueillantes avec leurs meubles luisants dans l'ombre, une bonne odeur d'encaustique et le soleil, mais qu'y faire dans cette maison vide et silencieuse ? Il faudrait d'abord se tourner vers la lumière, se laisser envahir par la lumière, être soi-même une demeure. Alors il serait possible d'entrer en maître dans cette maison, d'ouvrir les volets, de s'asseoir au piano un peu moisi, de rechercher avec un doigt un air qu'on connaissait enfant, et guidé par ces quelques notes, de vivre sa journée comme elle doit être vécue — comme si c'était la seule chose au monde, la plus importante, la plus simple [4]. »

Elle appartient aux matinaux cette heure dont ils se réjouissent en secret de goûter « *la saveur triste et sage* [5] ». Cinq heures, six heures, sept heures... « *l'angoisse informe du matin (...) affectueuse, pressante comme un chien de cauchemar* [6] », « *cette obscurité molle et douce de l'aube, derrière laquelle on sent venir la lumière* [7] », ce temps immobile qui précède le jour.

« *Je pouvais sans craindre personne m'y détendre un moment* », avoue Hélène au début de *la Chambre rouge*. « *J'étais en paix pendant cette heure et elle finissait sur un moment de gloire* [8]. »

4. *Les Signes et les Prodiges,* pp. 271, 272.
5. *La Chambre rouge,* p. 18.
6. *Les Mensonges,* p. 9.
7. *La Chambre rouge,* p. 18.
8. *La Chambre rouge,* p. 19.

> « *Ce jour commença comme tous les autres jours sur le bourg tranquille, ses maisons de briques rouges, ses jardinets bien entretenus. Du côté de la mer, les barques s'éloignaient déjà, mais dans les étables, les vaches blanches et rousses dormaient encore, mugissant parfois sourdement, comme en rêve. Les maisons plus hautes, à pignon brun, des notables, se découpaient nettement sur le ciel; une petite lumière s'alluma dans le cabaret, au bord de l'eau. Dans l'une des maisons à pignon, le petit Egon se levait, le premier, comme d'habitude.*
> — *Salut, roi du Pays Immense! s'écria-t-il avec solennité.*
> *Et il se salua bien bas dans la glace. Par la fenêtre sertie de plomb, à petits carreaux violets, on voyait le jardin, clos de hautes murailles, et un peu plus tard, le soleil levant en effleura le haut, où brillèrent des tessons de bouteilles d'un éclat gaiement féroce* [9]. »

L'atmosphère des matins gris crée un sentiment de peur, d'angoisse et l'impression terrible d'être seul à l'éprouver, de puissance aussi vis-à-vis des êtres et des choses qui, dans l'instant, sont inoffensifs ou sans défense. Enfin, dans l'aube pâle et tranquille dont chacun est un peu le magicien, naît un sentiment de paix et de liberté.

Mais cette vie au sortir du sommeil allonge partout ses tentacules, et en quelques instants enclenche les divers mécanismes du jour. Son rythme trépidant et la complexité de ses rouages bien huilés entraînent dans son sillage des personnages qui tantôt luttent un peu contre ce courant trop violent, tantôt se laissent porter et entraîner par celui-ci vers des rivages inconnus ou vers la chute d'eau qui les engloutira. Perdus ou sauvés?... Il n'appartient à personne d'en juger. « Dieu seul sonde les reins et les cœurs. » C'est vers l'amour qu'au sortir de la nuit, ils espèrent remonter, ces accouchés d'eux-mêmes ou d'un autre qu'ils viennent de mettre au monde ou plutôt à Vie.

> « *Je vis, et c'est mon seul devoir à cette heure. Ma peur vit et j'accepte ma peur, comme j'accepte la fierté*

---

9. *Cordélia*, p. 173.

d'Henriette, la férocité maternelle, l'opaque lourdeur de ma marraine, et le beau regard vide de l'abbé. Leur pardonner ? Je n'ai pas à leur pardonner ? Je n'ai qu'à consentir qu'ils existent. C'est de ce faible effort que je suis capable aujourd'hui. Je suis au seuil du monde, qu'on ne m'en demande pas plus. Lasse encore, encore brisée de mon immense effort, j'ai accouché de moi-même. Toute neuve et identique, je suis au bord du monde, et je le nomme. (...)

Il est cinq heures du matin. Le jour se lève. Un jour gris, banal, irremplaçable aussi. Je me lève, je coiffe mes cheveux, je vois dans le miroir mon reflet tout neuf qui se lève. Je dirai, dans un jour ou deux, une action de grâce le matin. Je n'en ai pas besoin, ce jour où je suis née. Le jour va commencer[10]. »

Très tôt, il faut recourir à un éclairage artificiel. La saison d'hiver (si souvent présente) le favorise ; et aussi la grisaille du nord faite de brume, de brouillard et de pluie, de ces lumières fausses qui précèdent l'orage ; ou alors, l'étroitesse des ruelles, la noirceur des bâtiments anciens, « *cette heure indistincte où le soir ressemble au matin, parce que lui aussi va donner naissance à quelque chose, mais est pourtant plus beau, parce que ce quelque chose, c'est la nuit*[11] ». Dans les intérieurs, ce sont les fenêtres trop petites, placées en lucarne ou en soupirail, celles, colorées, qui absorbent en la filtrant une partie de la lumière, la couleur des choses et l'encombrement qui assombrissent et créent des masses d'ombre dont la densité est plus ou moins inquiétante.

L'éclairage peut être chaud et intime, baignant d'une lumière douce les êtres et les choses. Ces clairs-obscurs mettent en valeur les perles d'un collier ou des bibelots étranges, ils atténuent les angles des visages et estompent les contours des bruits et des voix. Il se crée autour d'eux une atmosphère paisible, empreinte de mystère et d'étrangeté.

---

10. *Les Personnages*, pp. 310, 311, 312.
11. *La Chambre rouge*, pp. 263, 264.

Mais cette intimité peut parfois engendrer un sentiment de tristesse dû au cloisonnement.

> « *Nous montâmes sans mot dire dans la bibliothèque. Il y faisait sombre, les petits carreaux violets, sertis de plomb, de la longue pièce sombre, laissaient filtrer à peine la lumière jaune de cette journée brumeuse. Les reliures de cuir des livres qui couvraient les rayons, les abat-jour verts disposés çà et là, tout contribuait à assombrir encore l'atmosphère* [12]. »

L'éclairage peut aussi être cru et anonyme.

Blême et maigre, il est fourni par des ampoules au voltage insuffisant (celle, unique, pendant au bout d'un fil, d'une chambre trop grande ou celles, si pauvres, d'une gare qui ressemble à une caverne mal éclairée), par la flamme vacillante des réverbères qui s'amenuise dans l'aube blafarde, et par les modestes néons pâles qui grésillent, trop petits pour faire face aux tubes gigantesques et multipliés déchirant les façades de la nuit.

Eblouissant, il aveugle de ses lueurs sanglantes l'espace où s'étendent ses rayons. Il est provoqué par les enseignes scintillantes des petits cafés, par les néons éclatants des cinémas et par la rue qui « *déploie tous ses feux* [13] » à l'appel de la nuit (vitrines éclairées à blanc, « *néons qui vibrent pour eux-mêmes et se renvoient de petites flèches de lumières* [14] »). Au-dessus de tant d'éclairages multicolores et mouvants qui se font des signaux, planent de grandes lueurs qui s'étendent comme des flaques colorées.

C'est une grande solitude qui se dégage de ce tourbillon de lumière sans nuance. Etrangers dans un monde sans trêve et sans sommeil, les personnages y sont des somnambules, et leurs rêves ne sont que des cauchemars.

Les rares soleils, lorsqu'ils ne sont pas accablants, sont les seuls instants de répit. Lumineux et frais, ils inondent d'une douceur mouillée les matins qui ressemblent au printemps. Décroissants, ils caressent d'un jour doré la pierre des

---

12. *La Chambre rouge*, p. 153.
13. *L'Empire céleste*, p. 315.
14. *L'Empire céleste*, p. 39.

balcons. Lorsqu'ils pénètrent dans les pièces, ils s'attardent avec bonheur sur des objets de cuivre et d'argent ou sur du miel limpide. Leur reflet est très doux, à travers les persiennes, sur les meubles paisibles qui semblent s'assoupir dans cette paix des jours. Ils y créent un climat de bien-être d'où n'est pas absente une certaine poésie (« *la petite rue tranquille, les maisons bossues, moussues, le beau balcon... les clients qui bavardent, un rayon de soleil sur un pot de réséda... Il faut que les choses deviennent transparentes* [15]. »), une grande nostalgie aussi, face au mystère que crée l'existence d'absurdes richesses inutilisables.

> « *Au-dessus du petit jardin encombré, le grand pan de ciel bleu restait un étrange petit royaume en vérité. Ils passèrent devant la maison. L'infirme était là, au soleil, le visage renversé en arrière, les yeux clos. Un homme en bleu de travail, très maigre, insignifiant se tenait derrière elle, et lui brossait doucement les cheveux, avec une infinie délicatesse, et le soleil faisait briller cette grande nappe d'or, qui touchait presque terre. Le vieil homme eut un sourire enfantin, un vague geste d'excuse, et continua son ouvrage. Eux, s'arrêtèrent un moment, saisis par l'incroyable éclat de cette immense chevelure, légèrement ondée, brillante, vivant d'une vie individuelle, étoffe précieuse déployée là, absurde richesse inutilisable... Puis ils s'éloignèrent, sur la pointe des pieds, comme s'ils avaient approché un mystère* [16]. »

Les zones d'ombres procurent l'apaisement et la fraîcheur. Hospitalières, elles alternent avec les zones de lumière ; elles sont refuge et oasis. Leur densité est réelle et mouvante. Elle oscille de l'opacité à la transparence. Faite de masses sombres qu'on ne détaille pas (et c'est de là que vient le repos), cette pénombre est cependant habitée de faibles reflets : une brillance sombre qui provient des masses elles-mêmes ou des instants de lumière qui leur parviennent.

15. *Trois Ages de la nuit*, p. 59.
16. *Les Signes et les Prodiges*, p. 227.

Proches ou lointains, uniques ou multipliés, les bruits gardent une individualité autonome ou se fondent dans une rumeur terne et anonyme.

Ils sont distincts et précis ou, au contraire, confus et impossibles à saisir.

> « *Nous étions seules sur le palier sombre, devant l'escalier silencieux. En bas, dans le vestibule, une lanterne en fer forgé brûlait. On entendait le murmure confus des invités, dans le salon, et de temps en temps, une rafale de vent secouait les vitres* [17]. »

Ils sont perçus et reçus de façon directe ou indirecte par les personnages qui en trouvent l'origine dans leur champ visuel ou en déterminent la provenance avec plus ou moins d'acuité.

> « *Sur la porte vitrée se découpaient les silhouettes des joueurs de billard. Le bruit sec et léger des billes se heurtant parvenait jusqu'à moi* [18]. »

Ils alternent avec le silence qui les entoure, les précède (et dont ils naissent le plus souvent) ou leur succède comme la retombée qui suit tout crescendo.

> « *Et, tout à coup, après le tourbillon des derniers jours, les fleurs, l'argenterie qui tinte, les coups de sonnette, les félicitations, l'église, le grand dîner qui dure trois heures, c'est l'arrivée le soir, en voiture, devant la maison toute neuve que la bonne, en les attendant, a illuminée de haut en bas, comme une maison de poupées, ou un arbre de Noël. Puis c'est le silence* [19]. »

Parfois leur confrontation ou leur opposition contribue à mettre certains bruits en évidence et à renforcer l'imposante présence du silence. Ce moment musical est important dans l'écriture en raison de l'impact qu'il a sur les personnages.

---

17. *Le Rempart des béguines*, p. 41.
18. *La Chambre rouge*, p. 274.
19. *Cordélia*, p. 65.

> « *Je restai seule dans le silence de l'escalier. Un bruit régulier venait de la cour où quelqu'un devait battre un tapis. Je n'en pouvais plus. Tant de peine, cet espoir insensé, et cette retombée soudaine dans un chagrin qui, cette fois, serait sans limites* [20]... »

Avec les heures, les bruits changent. Ils s'amplifient ou se réduisent. Leur intensité et la qualité de leur sonorité dépendent de la qualité de l'air et des lieux où ils se répandent.

> « *A nouveau, après l'oasis de silence qui marquait le centre de l'après-midi, des pas remplissaient la rue. Mais ces pas qui tout à l'heure avaient été sinon gais, du moins vifs, pressés, actifs, se traînaient à présent, lassés de tout, ne se hâtant même pas vers le repas. C'était une grande vague de pas harassés, qui évoquaient si clairement les épaules courbées, les visages las de ces gens regagnant leurs maisons ; et le visage de Jean aussi était las* [21]. »

Les sentiments qu'ils créent chez les personnages sont divers et relatifs aux qualificatifs qui les déterminent.

> « *La maison était pleine d'un silence pesant, étouffant, qui épiait, tapi dans chaque coin d'ombre, celui qui osait le déranger* [22]. »
>
> « *La veuve s'était mise à tricoter ; petit bruit sec apaisant, des aiguilles d'os se heurtant ; berceuse efficace des soucis, de la peur qui s'engourdissaient encore, encore* [23]. »

Dans le silence qu'ils cherchent, dont ils éprouvent le besoin physique et qui correspond à un désir d'apaisement, les personnages se trouvent confrontés avec leur propre image. Un instant nécessaire pour leur permettre de se situer, il les accable de solitude et fait resurgir la peur et l'angoisse. Le bruit dans lequel ils s'enivrent alors, les étourdit et les

---

20. *Le Rempart des béguines*, p. 91.
21. *La Chambre rouge*, p. 168.
22. *Cordélia*, p. 19.
23. *Cordélia*, p. 43.

protège. Mais, sous un autre visage, la solitude n'est pas absente de ce tumulte.

> « *Deux minutes auparavant, il souhaitait passionnément, dans le grand silence obscur, le bruit, le moindre bruit ; une porte qui claque, un appel, le timbre d'une bicyclette dans la rue... Mais c'étaient les cloches qui répondaient à son appel, le seul bruit inhumain des cloches, se succédant si rapides, si légères, de clochers, dans cette ville pleine d'églises, qu'on eût dit un vol d'oiseaux sans couleur, qui arrivaient, repartaient, repassaient encore en grands cercles tristes, autour de la maison. Enfin la plus proche, la plus grêle, la plus désolée, la cloche de Sainte-Gudule fit entendre son tintement faussé, chuchota que l'hiver ne finirait pas, que la nuit ne finirait pas, et se tut. A nouveau, il était seul dans le silence*[24]. »

Silence sans pensées, sommeil, paix... « *Si la paix pouvait, un instant, se confondre avec le sommeil*[25]. » Il est des silences qui s'imposent, il en est d'autres qui se créent à force d'attention et de refus.

> « *L'enfant dort, et le malade, et les servantes, et ni l'enfant, ni le malade, ni les servantes, ni rien au monde n'a plus, croit-elle, de pouvoir sur son cœur. De là cet enchantement de la grande nuit vide, du grand silence vide de la nuit, du grand silence vide de son cœur*[26]. »

Parfums ou relents, les odeurs embaument ou empestent l'atmosphère.

Elles apportent leur contribution au climat qui se tisse autour des intrigues. Elles s'y mêlent jusqu'à en faire partie. Dans des intérieurs au confort bourgeois, l'odeur de l'encaustique se marie à celle des poires sucrées ou à celle du soleil. Dans la salle des cafés, les tables exhalent « *le parfum*

---

24. *Trois Ages de la nuit*, p. 137.
25. *L'Empire céleste*, p. 328.
26. *Les Mensonges*, p. 285.

doux-amer, pénétrant du savon noir[27] ». Des odeurs appétissantes montent des cuisines, « *grandes pièces chaudes qui sentent le café*[28] » ou embaumées par le fumet des aliments qu'on y prépare. Le pain chaud, dans la ville au sortir de la nuit, a l'odeur de l'amour.

Elles sont rassurantes et hospitalières dans des lieux où trop d'éléments ont un aspect inamical et mensonger.

> « *Un reste de choucroute s'endormait sur la table. Le flan au riz, vigoureusement attaqué, avait disparu, ne laissant derrière lui que d'infimes fragments blancs trempant dans un jus glauque. Il commençait à faire frais, et Bruno ferma la fenêtre, tira le rideau à fleurs. La lampe entortillée de papier rouge répandait une lueur intime, agréable. L'odeur du café emplit la pièce, la rendant soudain confortable*[29]. »

Parfois, au contraire, leur présence renforce le caractère déjà sordide d'un lieu décrit. Dehors, « *l'haleine froide et mauvaise des rues*[30] » a des relents aigres de bière, de friture, de poisson, d'iodoforme... La « *fermentation de la ville*[31] », des marchés et des foires, la « *rassurante puanteur d'étable du métro, fausse odeur de campagne*[32] » est partout. L'humidité assaille le paysage et l'odeur fade et douceâtre de la pluie persiste longtemps au creux des arbres où pourrissent les feuilles. Cette « *saveur moisie*[33] » se retrouve près des écluses, elle se mêle à celle de la vase. L'odeur immuable des velours poussiéreux, des vieilles fumées de pipe, des manteaux mouillés de pluie et qui sèchent imprègne l'atmosphère des intérieurs. L'âcre odeur de la maladie et de la sueur, celle douceâtre de l'opium s'installent dans les chambres. Lorsqu'elles ne sont que de passage il y persiste parfois un triste « *relent de querelle matrimoniale, de prétentieuse économie, de familiale inimitié*[34]... »

27. *Les Mensonges*, p. 46.
28. *Le Rempart des béguines*, p. 6.
29. *L'Empire céleste*, p. 140.
30. *Cordélia*, p. 252.
31. *Marie Mancini*, p. 45.
32. *L'Empire céleste*, p. 250.
33. *Les Mensonges*, p. 46.
34. *Les Signes et les Prodiges*, p. 366.

Brume et brouillard, pluie et vent, givre et neige, parfois soleil dont l'étouffante chaleur est source d'orages... Tels sont les éléments naturels qui assaillent et accablent les paysages et les personnages.

Le brouillard tombe, la brume monte... Ils sont nombreux ces « *jours gris et maussades, non point froids, mais humides et brumeux* [35] » qui font, à travers les petits carreaux colorés d'une longue pièce sombre, cette lumière jaune à peine filtrée. Ouatés, quelque peu féeriques et empreints de mystère, ils isolent du réel. Ils sont tristes aussi et décourageants.

> « *Le temps était humide, toutes les boiseries de la maison craquaient et on pouvait, en prêtant l'oreille, entendre la trompe des bateaux, sur le fleuve. Qu'y aurait-il de mieux à faire que de s'asseoir dans les fauteuils de cuir, de parler doucement, à voix étouffée, basse, mystérieuse comme l'était la lumière jaune, le brouillard au-dehors, parler des choses précieuses, de voyages en mer qu'on ne ferait jamais, de promenades dans des lieux qui n'existaient qu'aujourd'hui, avec le brouillard pour limite* [36]... »

Chanson, complainte, refrain, rengaine... La pluie est unité de rythme, de temps, de mesure. Elle est très présente, quelle que soit la saison. Il a plu. Il ne pleut pas encore. Il va se remettre à pleuvoir. Il pleut... La foule se presse avec aisance dans ces décors striés d'eau. Les villes y retrouvent leur vrai visage. Elle est la réalité quotidienne et misérable qui fait suite à l'étourdissement de la fête. Son « *chuchotement continu* [37] » envoûte. Sa monotone présence rassure.

> « *Il aimait la pluie, l'automne. Cela lui rappelait son enfance, les villes du Nord aux murs de briques rouges, où il semble qu'il pleuve toujours. Les galoches trop grandes, l'odeur des manteaux qui sèchent, la cuisine*

---

35. *Cordélia*, p. 127.
36. *La Chambre rouge*, p. 154.
37. *Les Mensonges*, p. 195.

> *trop petite où l'on se serre autour de la toile cirée... Il avait eu une enfance heureuse, tous comptes faits, bercée par le petit fredonnement de la pluie. Cette paix, ce silence sans pensées, il les retrouvait avec Louise. Et le fredonnement de cette jalousie très légère qui l'habitait faisait un petit bruit rassurant comme la pluie*[38]. »

La persistance avec laquelle elle tombe tout le jour n'épargne rien, ni personne.

> « *Dehors, la pluie d'automne continue à tomber sur la tonnelle, les iris, et les nains en terre cuite*[39]. »

Elle s'infiltre partout.

> « *Ces premiers jours d'été n'étaient guère plus chauds que ceux du printemps qui venait de s'achever. Et même, dans l'après-midi, il avait plu. On le sentait à l'humidité des loges, qui n'étaient pas comprises dans le théâtre proprement dit, mais le flanquaient par-derrière comme une construction surajoutée et de mauvaise qualité, aisément imprégnée d'eau, torride ou glacée*[40]. »

Elle incite à la mélancolie et donne « *l'envie désespérée d'avoir de vieux amis fumant la pipe à retrouver dans un petit café en contrebas*[41] ». Sa présence confirme parfois l'impression d'emprisonnement ressentie par les personnages dans des lieux qui leur sont hostiles et étrangers.

> « *Lyon, ville à volutes, à spirales, à lourds macarons de pierre sur le pesant hôtel amarré là, comme un navire d'apparat qui ne prendra jamais la mer et en suscite la nostalgie. Les couloirs silencieux aux portes furtives, l'éclat des lustres monumentaux, tout à coup, quand ils débouchent dans le hall, dans l'immense salle à manger, vide, à l'odeur d'encaustique, tout leur est prison où l'on s'égare plutôt qu'on ne se heurte, cepen-*

---

38. *L'Empire céleste*, p. 250.
39. *L'Empire céleste*, p. 340.
40. *L'Empire céleste*, p. 90.
41. *Les Signes et les Prodiges*, p. 272.

> *dant qu'à travers les hautes, dérisoirement hautes fenêtres la pluie sur Lyon leur oppose une dernière grille. Attendre là*[42] *!* »

Le vent qui s'y mêle, le plus souvent, est violent. Il secoue les vitres, fait claquer les branches des arbres sous ses rafales, souffle sur les canaux en « *les gonflant de plissements ridicules*[43] ». Il se tranche partout un chemin et balaye sans ménagement les artères où il passe. Néanmoins, il lui arrive d'être frais et « *léger comme une petite vague*[44] » dans un air délicieusement tiède.

La neige, grisâtre et pauvre, est le lot de l'hiver. Elle tombe sans conviction, terne et silencieuse. Les personnages prennent à peine conscience de sa présence.

> « *Alberte (...) s'engouffrait dans la maison. Il y faisait chaud. On avait dû allumer les feux dans l'après-midi. Elle ne s'était pas même aperçue qu'il s'était mis à neiger*[45]. »

Timide, faible et pâle, le soleil touche à peine des paysages mouillés de rosée, de brume ou de pluie. Brûlant, il est féroce, impitoyable, il dévore « *la verdure des jardinets*[46] » et accable d'une chaleur lourde les villes qui tombent sous son emprise. En hiver, il est vif et sans chaleur sur le gel qu'il lève « *comme un poignard*[47] ».

> « *Par la porte-fenêtre, au fond de la pièce, on voyait la terrasse et le ciel immobile, chargé d'orage, d'où ne venait aucune lumière. Les arbres même semblaient peints en fausse perspective*[48]. »

Il se prépare et on l'attend comme une délivrance. Cette attente pénible contribue à rendre plus perceptibles d'autres

---

42. *Les Signes et les Prodiges*, p. 466.
43. *Les Mensonges*, p. 200.
44. *L'Empire céleste*, p. 46.
45. *Les Mensonges*, p. 262.
46. *Cordélia*, p. 49.
47. *Les Signes et les Prodiges*, p. 272.
48. *Le Rempart des béguines*, p. 230.

orages, intérieurs et sourds ceux-là, qui ne demandent qu'à éclater.

> « *Maintenant ils roulaient dans Madrid, dans cette oppressante chaleur d'orage, dans cette belle lumière fausse d'orage, qui de toute cette ville attirante et laide, de ses façades moroses, ses bars nickelés, faisait une sorte de décor à une seule dimension, plat, rassurant, insignifiant comme Simone elle-même, comme la vie elle-même. Jamais Marc n'avait senti à ce point coïncider le décor de sa vie avec sa façon de la voir* [49]. »

L'énumération des choses multiples et hétéroclites qui s'empilent dans les lieux où passent, s'attardent et vivent les personnages est discordante et heurtée.

Une « *cuisine encombrée d'assiettes pas lavées, de bouteilles à demi pleines, de plats où traîne un reste indéfinissable de mangeaille* [50] », de grandes pièces qui rassemblent toute une pacotille de bazar : « *paravent japonais, estampe hindoue, coussins brodés, tables basses* [51] », dragons en bronze qui forment chenets, peignoir kimono, et bracelets d'argent..., un oratoire « *petit, intime (...) avec ses angelots, ses petits tableaux pieux, les fleurs en papier dans des vases, le prie-Dieu, l'autel doré, les reliques dans une boîte peinte, au couvercle de verre* [52]... » reflètent et expriment la médiocrité ou le déséquilibre des personnages.

La résignation et l'irresponsabilité se lit sur les visages poussiéreux et tranquilles des conducteurs de « *voitures pleines d'enfants, de chiens, de porte-bonheurs se balançant à l'avant et à l'arrière, surchargées de ballons, de raquettes, de canoës ligotés sur le toit, de voitures d'enfants antédiluviennes qui se balancent là, mollement, sur leurs ressorts mous* [53] ».

49. *Les Signes et les Prodiges*, p. 342.
50. *Les Signes et les Prodiges*, p. 74.
51. *Les Signes et les Prodiges*, p. 78.
52. *Trois Ages de la nuit*, p. 152.
53. *Les Signes et les Prodiges*, p. 304.

La violence, la passion et le mensonge se découvrent dans les multiples miroirs d'une foire, au milieu d'un étourdissant spectacle de couleurs fausses, de lumières vives et de musiques tonitruantes et travesties.

La solitude est désemparante. Dans la rue, des douzaines de jupes pendent en plein vent, « *l'étal vociférant d'un marchand de postes de radio (...), l'étalage d'un camelot qui vend des piles d'éponges synthétiques d'un mauve, d'un orange, d'un vert exquis* [54] » s'imposent au regard. De même,

> « *l'amalgame de caoutchouc, de plastique, d'aluminium, de caissière, de prix fixe, de carton-pâte et de carton peint, d'énormes bouches souriant sur des façades, de grogs au rhum, de salle d'attente et de chambre d'hôtel... L'homme est seul au milieu des demeures qu'il s'est créées comme au milieu d'un palais de miroirs, somptueux et dérisoire, partout se heurtant à sa propre image* [55]. »

Voués à la mobilité, les choses contribuent à créer un climat d'incertitude ou d'inconfort.

> « *La tristesse des salons vides, des fauteuils recouverts de leurs housses jaunes, des tapis roulés dans l'attente de la femme de ménage* [56]. »

D'autres sont personnifiées alors que les personnages sont figés dans une attitude qui paraît définitive.

> « *Elle regarde exister les choses, tandis qu'elle n'existe pas* [57]. »
> Louise « *contemple ces meubles, ces tentures, et son regard distrait en repassant sur le grand canapé, n'aperçoit plus Isabelle-Marie de Sennecy, sa marraine, endormie, mais dans cet harmonieux ensemble un détail bleu et profond, le fragment d'une ligne que la console continue, un objet...* [58] »

---

54. *L'Empire céleste*, p. 303.
55. *L'Empire céleste*, p. 251.
56. *La Chambre rouge*, p. 5.
57. *L'Empire céleste*, p. 302.
58. *L'Empire céleste*, p. 250.

Elles peuvent être le sujet d'une action directe, autonome et parfois réfléchie.

> *Des « locomotives dédaigneuses » qui « s'ébranlent comme à regret, sachant bien qu'elles ne vont qu'en banlieue [59]. »*

Il peut exister entre elles une réelle connivence.

> *« La jeune fille, et le dieu doré, et les mandarins, souriaient aux triangles d'argent entourés de bleu [60]. »*

Elles peuvent cerner les personnages et parfois, avoir à leur égard, une attitude hostile.

> *« Les cariatides veillaient sur nous, grotesques et un peu effrayantes [61]. »*

« Le jeu comporte toujours un spectateur, un complice [62]. » Il regarde, il évalue, mais il ne juge pas. Il perçoit et dévoile l'hypocrisie du mensonge, mais il s'en préserve. Lucide, il est conscient du rôle qui lui est attribué.

> *« Nous sommes là, dans le silence qui suit le repas de midi, dans la pénombre de l'hiver, avec l'air de poser pour un tableau de famille. Tamara s'est allongée à demi sur le canapé blanc, une jambe repliée sous elle, rêveuse avec grâce, et très consciente de son charme, dans une coûteuse robe d'intérieur en satin feuille-morte. Mon père, debout derrière elle, muni de ces attributs indispensables à l'homme d'affaires au repos : sourire cordial, café, épais cigare, symbolise si parfaitement la béatitude telle qu'on l'imagine au cinéma qu'il en devient inhumain. Assis au piano, Jean Delfau joue de la main droite quelques notes, et son visage aigu s'adoucit d'un peu de rêverie. Il attend le départ de*

---

59. *L'Empire céleste*, p. 302.
60. *L'Empire céleste*, p. 364.
61. *La Chambre rouge*, p. 76.
62. *Les Signes et les Prodiges*, p. 389.

> *mon père, le mien aussi. Peut-être aujourd'hui sera-t-il décisif ? D'ailleurs il n'est pas pressé, sûr de lui et surtout sûr d'elle. Et me voilà, moi aussi, dans un fauteuil, un peu à l'écart, mal habillée, comme il convient à une jeune fille modeste, et cachant à merveille mon mépris attentif* [63]. »

Dans ce retranchement, physique et psychologique, son expression se teinte d'humour, parfois même d'un certain cynisme.

> « *En face de nous, je voyais une grosse femme brune congestionnée, au cou épais, vêtue d'une veste de cuir et d'un pantalon bleu de mécano qui se laissait embrasser fort passionnément par une mince créature en robe à fleurs, assez semblable à une momie habilement maquillée.* " *Ah ! mon lapin ! mon lapin ! gémissait par intervalles la momie. Je ferais des folies pour toi !* " *Je trouvais qu'il n'y avait pas de quoi* [64]. »

Il observe — innocent — et s'étonne de découvrir peut-être « le monde ».

> « *Dans une rue du faubourg, une belle maison de bois, dont le rez-de-chaussée sert de magasin. Des jacinthes au balcon ouvragé du premier étage. Au-dedans, les poutres sont peintes, les rideaux en velours ; la veuve vend des vêtements, des meubles d'occasion. Des commis circulent. L'aisance, l'opulence presque. Un moment Anne observe cette activité, la belle femme rieuse qui, entre deux ventes, se regarde au miroir et touche ses pendants d'oreilles. Est-ce là ce que les religieuses appellent* " *le monde* " *? Elle entre* [65]. »

Il s'en fait une idée : ses normes, ses règles, le jeu qu'il représente et le rôle que chacun y joue avec plus ou moins d'habileté. Lui-même se situe sur « l'échiquier ». Il prend parti, accepte, refuse ou se révolte. Mais dans ce jeu-là, il mène un combat solitaire où il n'a d'autre partenaire que

---

63. *La Chambre rouge*, pp. 6, 7.
64. *Le Rempart des béguines*, p. 170.
65. *Trois Ages de la nuit*, p. 42.

lui-même. S'il semble s'y mêler, ce n'est qu'un faux-semblant qui cache le mépris. Il s'isole (isolement volontaire) du reste du monde.

> « *Dans la salle de marbre, on entendait rire des femmes dans la buée, bavarder des commères, et parfois des querelles éclataient, et une femme nue, tordant ses cheveux, tapait du pied. Mais dans la salle de repos, où les nattes paraissaient bien froides, le silence régnait, interrompu seulement de temps à autre par le grognement d'une matrone que la masseuse pétrissait avec trop d'énergie. Le silence. De l'autre côté de la salle, sur l'estrade opposée, un corps assez beau, un peu gras, que la masseuse saupoudrait de talc, paraissait très blanc sur le mur rouge sombre. Il n'y avait pas d'autre femme dans la salle. Il était trop tôt, et beaucoup passaient plusieurs heures dans la vapeur. Les fenêtres étaient haut placées, comme des meurtrières ; on se sentait isolé du reste du monde. C'était bien cela que Louise était venue chercher* [66]. »

Il espère y trouver le silence et la paix. Il jouit dans le moment présent de l'absence de ses bourreaux. Il peint un univers dans lequel il se veut libre, mobile, où il veut voir sans être vu. La connaissance que lui apporte cette observation attentive et patiente est intuitive. Il devine ce qui se cache derrière l'attitude des acteurs à qui il donne la réplique.

> « *Philippe (...) aimait cette atmosphère houleuse, trouble, cette fébrilité qu'il devinait cachée derrière les airs imposants, les ventres majestueux, les lunettes d'écaille. Il s'y sentait à l'aise, un instant réchauffé par le vice et la passion des autres* [67]. »

Dans l'ombre et la solitude l'analyse qu'il fait est sans indulgence.

> « *Au lieu des hommes d'affaires friands de bière et que seul l'argent intéressait, il voyait maintenant une*

66. *L'Empire céleste*, p. 351.
67. *Les Mensonges*, p. 61.

> *série de ménages quadragénaires, qui se croyaient encore jeunes et se rencontraient fréquemment pour boire, danser et former de nouveaux ménages plus ou moins admis, plus ou moins durables. Il y a quelque chose d'infernal dans cette débauche de petites villes où, faute de relations, tous les partenaires se connaissent et se devinent plus ou moins. C'étaient ceux-là que je voyais passer sur le palier obscur, semaine après semaine moins ardents, puis rompant, puis renouant ou commençant sans plus d'entrain une nouvelle intrigue. Si les couples étaient nouveaux, les individus étaient toujours les mêmes, et je voyais leurs visages connus passer et repasser devant moi comme sur une scène, dans une pièce différente* [68]. »

C'est la vie qu'il veut mettre à nu pour la contempler enfin dans sa Vérité.

> « *Elle aimait la vue de ces corps nus, étalés dans leur vérité nonchalante ; c'était la vie qu'elle y lisait, l'usure normale des maternités acceptées ou refusées, de la misère ou de la prospérité, des nourritures grasses ou maigres, de l'amour épuisant ou doux, la marque des jours, de cette vie qui était pour Louise tiède et close comme cette salle, savoureuse et terrible, fournie d'anecdotes et de drames, mais dans laquelle elle s'insérait sans peine, solidement, corps parmi les corps, sans jugement, sans révolte, et presque complaisamment étalée, tel son corps encore beau sur le marbre glissant* [69]. »

> « *Elle s'étirait, respirait un flacon de parfum... Les gestes sont tellement suffisants, pourquoi éprouve-t-on le besoin d'y ajouter des paroles* [70]. »

---

68. *Le Chambre rouge*, pp. 11, 12.
69. *L'Empire céleste*, pp. 41, 42.
70. *L'Empire céleste*, p. 354.

Un geste, une attitude, l'expression d'un corps ou d'un visage trahissent les personnages. La société, dans laquelle ils évoluent avec plus ou moins d'habileté, leur demande de tenir un rôle, de remplir une fonction. Les gestes qu'ils répètent ont valeur de langage. Ils répondent aux règles mêmes de la société. Tour à tour, l'ennui, la puissance, la séduction, l'indifférence, la nonchalance moqueuse, les calculs mesquins prennent le visage de la bienveillante attention, de la cordiale bonté, de la rassurante tranquillité. Dans cet état de béatitude, d'apparent bien-être dû à l'engourdissement de la peur, le malaise s'installe.

Les êtres se supportent sans pouvoir s'aimer. Aucune volonté n'intervient dans le mécanisme d'automate qui les anime.

> « *L'eau chantait. Elle ne se levait pas. La radio leur dispensait en sourdine d'utiles conseils publicitaires, entremêlés de musique douce et de crachotements. La bouteille était vide. Il faisait bon. Au travers de leur table, leurs mains se rencontrèrent, se posèrent l'une sur l'autre. Ce n'était pas un geste de tendresse, même pas un geste d'amitié. Plutôt un instinct d'animaux, accoutumés à la même tanière et qui, repus, se rapprochent sans même savoir si c'est pour l'amour ou pour le sommeil. Néanmoins, ils firent ce geste, et demeurèrent ainsi, un long moment, dans cette paix indifférente*[71]. »

Tel visage agréable et souriant pourrait être d'un autre. Chacun s'accorde à farder le monde sous prétexte de le rendre habitable. Mais la discordance seule est beauté. Les actes veulent signifier, mais ils sont dérisoires. Le théâtre et la vie n'ont qu'un seul et même décor.

> « *Dans l'atelier, les hauts rideaux de toile grise étaient tirés, les fenêtres ouvertes. Sûrement le souffle d'air qui entrait parfois et qu'ils buvaient avidement, était le seul souffle d'air frais dans Paris. Elle apportait la carafe d'eau glacée, la bouteille de vin rosé ; elle mettait le couvert sur la table qui servait aux natures*

---

71. *L'Empire céleste*, pp. 221, 222.

> *mortes, ils mangeaient en face l'un de l'autre, un peu embarrassés parfois de cette totale, de cette injuste paix. Le silence était trop plein, trop riche, il fallait le rompre*[72]. »

> « *Le jeu n'existe que par rapport à la réalité qu'il provoque*[73]. »

Vus du dehors, les êtres et les choses ne sont que des spectres et des images. « *Comme si on jouait aux cartes. La valeur est toujours la même, le costume ne trompe pas*[74]. » Ils « *portent sur eux un verni où le regard glisse. Chacun a son nom, son âge, sa fonction, comme dans le mécanisme d'une horloge, les rouages. Et ces rouages glissent l'un sur l'autre merveilleusement, l'un aidant l'autre, l'un s'opposant à l'autre, et l'aidant encore en s'y opposant, tous entraînés par la machine*[75]... »

Des paysages s'étagent ou se divisent avec une apparente et paisible équité. La lumière qui s'amenuise en confond les proportions. De cette incertitude naît une paix tout illusoire.

> « *Un cheval demeurait sur les prairies pâles, la tête levée, apocalyptique et triste. Les petits saules alignés, séparant les champs, tendaient l'un vers l'autre leurs ombres, sans pouvoir les rapprocher, sans savoir que, dans peu de temps, la nuit allait les confondre. Et les fermes blanches n'étaient pas encore rassurantes, parce que les paysans, voulant user jusqu'au dernier brin de jour, tardaient à allumer les lampes de porcelaine. De cette incertitude naissait une sorte de paix*[76]. »

Le caractère des lieux reflète celui des personnages ou, au contraire, leur aspect réservé et sévère cache l'intense fébrilité d'une agitation intérieure.

---

72. *L'Empire céleste*, p. 183.
73. *Trois Ages de la nuit*, p. 85.
74. *Les Personnages*, p. 114.
75. *Les Personnages*, p. 189.
76. *La Chambre rouge*, p. 264.

> « *Plus que jamais je m'attardais en rentrant chez moi, je m'accrochais des yeux aux arbres, aux boutiques de l'avenue, sachant quelle agitation fébrile bouillonnait derrière la façade de la maison* [77]. »

Dans ces lieux, certains objets donnent l'illusion du confort. Elle est confirmée ou amplifiée par l'importance accordée à certains gestes, les concessions faites à certains rites ou l'insistance avec laquelle la description s'attarde à préciser certains éléments.

> « *Le chemin qui mène à la villa Jeanne-d'Arc est spongieux, et les talons de Mlle Lethuit s'y enfoncent avec un bruit mou, décourageant. Après tant de visites, de taudis, de discussions, de conseils, elle a hâte de regagner le petit salon (où fleurissent du moins sur les murs des hortensias bleus et réguliers). Elle entre, dépose dans le couloir (dont, par économie, on n'allume jamais la lampe) ses galoches, écoute, avec un sourire, une vocalise de Pauline, que ponctue de temps à autre un grognement du vieil homme. Tout est paix dans le pavillon bien clos. Pour se donner l'illusion d'un confort supplémentaire, Mlle Lethuit met la chaîne à la porte et enfile ses pantoufles. Puis, sa serviette sous le bras, elle entre dans le petit salon où ronfle un poêle débonnaire* [78]. »

Dans l'ordonnance des réunions mondaines, les êtres jouent la comédie mensongère des gens bien élevés. Les attitudes affables dissimulent la révolte ou l'agressivité. « *Les airs imposants, les ventres majestueux, les lunettes d'écaille* [79] » camouflent la fébrilité. Les prétextes travestissent les véritables intentions. Les visages sont grimés ou recouverts d'un masque.

> « *Son visage si souriant, si docile, un masque de cire qui se modèle comme on veut. Et derrière lequel, comme derrière les autres, elle cache quelque chose* [80]. »

77. *Le Rempart des béguines*, p. 232.
78. *L'Empire céleste*, p. 331.
79. *Les Mensonges*, p. 61.
80. *Les Personnages*, p. 190.

L'apparente tranquillité du paysage contraste avec l'inquiétude intérieure des personnages.

> « *Tout était gris dehors, les longs murs de l'hôpital aveugle. Le bassin carré où l'eau clapotait doucement, les maisons tout autour, les voiles endormies. Dans la maison à double balcon, plantée comme un défi au milieu des masures, dans la grande chambre pleine d'ombre fraîche, un corps robuste, immobile, feignait le sommeil*[81]. »

Parfois, ceux-ci semblent s'absorber dans... ou être absorbés par des activités auxquelles ils ne sont pas réellement présents.

Ils décèlent chez les figurants, témoins furtifs et silencieux de l'intrigue, un rôle de messager.

> « *A l'air des vieux habitués de la promenade on sentait du reste que les fêtes étaient proches. Ils marchaient lentement, la démarche majestueuse et paternelle, souriant vaguement, semblait-il. Les plus ankylosés poussaient du bout de leur canne les feuilles mortes dans le creux des arbres, comme un don de bienvenue*[82]. »

L'important se noie dans l'insignifiant. Le goût de la dissimulation, « *secret comme une peur, d'abord au jeu, peut-être, puis peu à peu, niché plus profondément* » au cœur des personnages, « *développé enfin au milieu d'un rêve*[83] » fait que la réalité du dehors n'est plus ressentie que de façon confuse.

Mais le mensonge a ses failles. L'angoisse de cette vie d'apparences n'est pas stérile. Le travesti dévoile le corps.

> « *Elle était comme une femme qui laissant tomber un vêtement vulgaire aux couleurs violentes, soudain révèle une pure et claire nudité*[84]. »

La marionnette devient un vivant, souffrant sans doute de cette faille, de cette déchirure dans l'épaisse carapace

---

81. *Les Mensonges*, p. 7.
82. *Le Rempart des béguines*, p. 15.
83. *L'Empire céleste*, p. 53.
84. *Les Signes et les Prodiges*, p. 345.

du mensonge, mais libre de s'affronter, et peut-être de se transformer, conscient qu'il existe une vérité, luttant « *un peu contre elle pour que sa force n'en éclate que davantage*[85]. »

> « *Marcelle s'était laissé pénétrer par l'idée d'une vérité absolue, transcendante, supérieure au monde des apparences. Marcelle acceptait Dieu, et c'était à cause de lui*[86]. »
>
> « *Et l'heure avancera, et les jours, et les saisons en bon ordre*[87]. »

Des cloches, proches ou lointaines, sonnent toutes les heures. Une horloge luit dans un coin d'ombre. Des barques reviennent, d'autres s'en vont. Un transistor donne l'heure, « *de temps en temps, comme un oracle*[88] » le jour se lève, se traîne, « *coule entre les doigts*[89] » et le soir tombe enfin. Seuls, la lumière et les bruits se modifient et changent. Rites, habitudes ou manies, les gestes se répètent et les actions aussi, dans un ordre immuable que rien ne semble atteindre ou devoir modifier. Le temps coule comme une eau tranquille, au rythme des saisons. Celle qu'on attend (« *Bientôt l'automne*[90] »), celle qui est (« *Dehors, c'est enfin l'hiver tant attendu*[91] ») et le caractère qui la détermine ou qui en qualifie les jours (« *journées d'hiver étincelantes, journées poisseuses de printemps et fumeuses d'automne. Angoisse de l'été.* »), la saison qui s'en va (« *l'automne s'en allait en pourriture, l'Empire Céleste s'en allait en pourriture, les portes s'ouvraient sur l'inquiétude : Martine était seule, dans sa chambre*[92]... ») et celle qui est passée (« *l'hiver avait été*[93] »). La feuille du calendrier arrachée avec soin est un office bien dérisoire qui ne change rien à la discipline du décor.

---

85. *Lettre à moi-même*, p. 145.
86. *Les Signes et les Prodiges,* p. 459.
87. *Les Personnages,* p. 27.
88. *Les Signes et les Prodiges,* p. 435.
89. *La Chambre rouge,* p. 168.
90. *Les Personnages,* p. 130.
91. *L'Empire céleste,* p. 392.
92. *L'Empire céleste,* p. 363.
93. *Les Mensonges,* p. 196.

Des personnages, dans un lieu déterminé, décrivent ou expliquent ce qui se passe ailleurs, dans un autre espace ou dans un autre temps. Cette manière qu'ils ont de situer leur univers par rapport à l'Univers demeure ouverture. Elle permet et favorise l'évasion d'un lieu « prison » ou d'un lieu « refuge » qui n'est en définitive qu'un mirador bien vulnérable.

« " *Avez-vous vu ce film de Buñuel où des invités n'arrivaient plus à franchir les limites d'un salon ?*

— Bien sûr, dit-elle avec empressement. Elle essayait toujours de voir tout ce qui en valait la peine.

— Eh bien vous remarquerez (il s'était remis à la vouvoyer par distraction) que nous sommes exactement dans la même situation : enfermés dans ce décor de film américain comme dans un lieu clos. Personne n'oserait en sortir, sinon pour partir en voiture vers un autre lieu clos de la même espèce. Je suis sûr qu'aucun des habitants de cet hôtel ne descend jamais dans cette prairie, ne va jusqu'à cet étang, jusqu'à cet arbre. C'est un autre monde.

— Oui... peut-être, dit-elle d'un air incertain. C'est peut-être que ces prairies n'appartiennent pas à l'hôtel ?

— C'est peut-être aussi pour ne pas se mouiller les pieds, ou parce qu'ils ont peur des vaches. Mais les personnages de Buñuel aussi trouvaient d'excellentes raisons pour ne pas sortir de leur salon. "

Elle réfléchissait.

" *Mais c'était un symbole, n'est-ce pas ?*

— C'était aussi un symbole.

— C'est intéressant, ce que tu... ce que vous dites. On pourrait faire quelque chose là-dessus, les gens qui veulent vivre dans une image, qui font partie d'une image... Voulez-vous que je note [94] *?* " »

La peur et l'angoisse s'y infiltrent. Elles cernent les personnages et l'esprit s'évade dans un espace imaginé comme

---

94. *Les Signes et les Prodiges*, p. 459.

agréable. Cette évasion provoque l'engourdissement du mal : sorte de non-être, éternité incolore semblable au sommeil.

> « *Comme elle approchait des Trois-Cigognes, Alberte ralentit encore le pas. Derrière la longue bâtisse grise, l'écluse mugissait, avec un grondement d'orage. Puis c'était la longue plaine dorée, que les petites digues surélevées, bordées de saules, divisaient, avec une apparente et paisible équité, sous le ciel plat*[95]. »

Ou alors, les lieux qu'ils découvrent sont plus rébarbatifs encore que ceux qui les abritent.

> « *Et dans la maison, tout dormait. Il les imagina, tout à coup : Suzanne, la petite bonne, dormant sous les combles, son corps de jeune animal dodu roulé en boule, respirant vite et fort ; Castereau, l'homme de peine, reposant en paix, malgré sa maladie de foie, son visage maigre et jaune enfin détendu, polluant l'air de son haleine fiévreuse ; la cuisinière, les mains croisées, comme elle le ferait pour mourir, et son livre de comptes glissé sous l'oreiller ; au premier étage, non loin de lui, Mme Numez, sa sœur, aspirant l'air, goulûment, profitant du sommeil avec cette même gourmandise, cet appétit jovial qu'elle étalait à table ; en bas, dans le petit salon qui donnait sur le jardin, Alberte enfin, son visage blanc immobile, ses cheveux sombres sagement nattés, les pieds joints, les mains croisées, comme les paisibles statues qui ornent les tombes. Plus loin, dans la ville haute, dans l'une de ces maisons bien rangées, son neveu Philippe dormait, aux côtés de sa femme Simone, qui oubliait sa laideur, et les infidélités de son mari. Et leur fille Louisette, épaisse et fade blonde, rêvait d'acteurs de cinéma. Et son neveu Roger dormait près de sa femme, dans un lit de faux Louis XV, et leurs enfants dormaient ; et Maalens, le bredouillant comptable, dormait entouré de cretonne, à l'hôtel Smyrna ; et Mlle Paule, la dactylo, dormait, et Henri et Yves, ses secrétaires, tous ceux-là qu'il appelait par leurs petits noms, qu'il dirigeait*

---

95. *Les Mensonges*, p. 45.

d'un froncement de sourcils, auxquels il avait fait du bien, eux et les autres, la ville entière autour de lui dormait d'un lourd sommeil ingrat[96]. »

Ils peuvent aussi trouver refuge dans le passé : souvenirs dont ils sont les seuls détenteurs et, de ce fait, inattaquables quelle que soit l'affabulation dans laquelle ils les drapent.

« Sarah (...) se dressa, étira ses beaux bras, et marcha vers la salle de repos, calmement, posant les pieds bien à plat, indifférente à sa propre beauté.
" J'étais aussi bien que cela, à son âge, pensa Lou avec amertume. Et même mieux. Elle a l'âge que j'avais quand je me suis mariée... Oui, mieux que cela. " Elle n'en tirait pas d'orgueil. Un peintre aujourd'hui connu avait fait son portrait, appuyée, au pont, au-dessus de la voie ferrée de Signac. Oh ! la ville serrée dans ses remparts comme une bourse fermée, comme une étoffe plissée à travers un anneau ! Elle ne la regrettait pas, mais y revenait parfois en pensée. La rue étroite et fraîche, la chambre en contrebas, aux murs chaulés... La " perspective " comme on appelait là-bas la promenade, où elle se promenait le soir avec une amie rieuse, à figure plate, dont elle ne se rappelait pas le nom... C'étaient de beaux soirs, des garçons moqueurs appuyés sur leur bicyclette, des bals dans des baraques en bois, fréquentés par des militaires, les petits hôtels qui grâce à leur sol carrelé, à leurs rideaux à carreaux, laissaient une impression presque familiale, ingénue... Ingénu aussi le calot tombé à terre, la robe neuve en satin bleu (qu'elle devait être laide !) froissée par des mains moites, et en sortant de l'hôtel, le bâillement du petit matin, le café brûlant bu en hâte, le clairon lointain, les bicyclettes passant comme des hirondelles, et elle courant, courant dans ses souliers à talons éculés jusqu'à l'usine de cartonnage... C'était l'enfance et l'innocence pour elle, ces souvenirs à odeur d'été[97]*... »*

---

96. *Les Mensonges*, pp. 8, 9.
97. *L'Empire céleste*, p. 45.

En définitive, ils se révèlent être bien plus présents à cette agitation dont ils sont étrangers que s'ils s'y trouvaient réellement mêlés. Semblables au pionnier qui s'aventure sur la glace, ils assurent leur progression. Leur prudence consiste à reconnaître autour d'eux des éléments sécurisants : bruits humains et quotidiens, respiration dont ils guettent le rythme régulier.

> « *Ses yeux un peu trop ronds parcouraient avec complaisance la pièce, se posaient sur l'enfant buvant du lait dans un bol à fleurs, sur l'argenterie de famille, sur les crevettes roses dans la porcelaine blanche et tout cela, jusqu'à l'odeur un peu âcre de l'encaustique qui venait des meubles luisants, lui parut paisible et quotidien. Dehors aussi, songeait-il confusément, les champs étaient allongés, l'un après l'autre, avec ordre et, dans une heure ou deux, on verrait revenir sur la mer le troupeau des voiles grises. Tout était paix sur les Flandres dorées* [98]. »

Mais n'est-ce pas avant tout le désir de lucidité qui prime dans cet ordre des choses ? Un regard circulaire les précise, satellites qui gravitent autour d'une planète jusqu'à lui être indissociables, épaves salvatrices dans l'immense étendue de la mer.

> « *L'intimité presque étouffante de cette chambre, les paroles plus douces, plus familières, le bras passé sous mes épaules, la cigarette fumée en silence, et surtout, sur le visage que j'aurais voulu d'un adversaire, une paix qu'il me fallait respecter. Désespérément, je cherchais des paroles pour rompre le silence, des paroles pour ressusciter encore la rivalité, la colère, domaine où je me mouvais à l'aise. Mais je ne trouvais rien, et je me tenais à côté de Jean, envieuse un peu de sa tranquillité, refusant de la partager et la lorgnant pourtant, comme un gâteau dont on humerait le fumet. Le feu finissait en un long soupir d'aise ; du soleil pénétrait par l'étroite fenêtre et des enfants chantaient dans une cour proche avec d'horribles petites voix*

---

98. *Cordélia*, p. 175.

> *grêles, fausses, joyeuses, une ronde mélancolique. Les cariatides veillaient sur nous, grotesques et un peu effrayantes. Etendu à côté de moi, cet inconnu me prit la main* [99]. »

> « *Je ne sais répondre aux questions que par des images* [100]. »

Ces images ont le génie de la précision. Elles atteignent le lecteur dans sa chair et dans son âme. Elles naissent d'un étonnement perpétuel lié au désir de transmettre, de la façon la plus juste et comme elles sont ressenties, les impressions diverses que telle situation procure, ceci à un premier degré. Au second degré, cette puissance créatrice répond au besoin d'exorciser (en allant aussi loin que possible sur le plan de la connaissance) un malaise qu'il importe de cerner et d'affronter. Mais ce malaise présente de multiples visages.

Les images qualifient des décors et les habillent d'imaginaire et de fantastique.

> « *Cet étonnant sous-sol voûté, silencieux, glacé, où circulaient des hommes chaussés de bottes de caoutchouc, comme dans le ventre d'une baleine* [101]. »

Dans ces décors, elles sont utilisées pour exprimer des éléments qui la composent, ou pour caractériser des figurants qui s'y profilent.

> « *cette chambre, avec ses édredons monstrueux, ses oreillers offerts comme des huîtres dans la pénombre* [102]. »

> « *Attablé devant une bouteille de bière, au centre de la chambre, il y avait une sorte de paquet de chiffons, surmonté d'une casquette, et qui émettait des grognements vagues* [103]. »

---

99. *La Chambre rouge*, p. 76.
100. *La Maison de papier*, p. 12.
101. *Les Mensonges*, p. 296.
102. *Les Signes et les Prodiges*, p. 101.
103. *Les Mensonges*, pp. 49, 50.

Elles contribuent aussi à créer ou à amplifier des atmosphères. Il s'en dégage des climats d'angoisse ou de paix.

Source de souffrance, mise à vif d'une plaie qui suppure, l'angoisse engendre la peur. Accablés par tant de monstruosités, les personnages trouvent leur salut dans la révolte.

> « *L'œuf originel, la coque enveloppante de la voiture fendant, déchirant sans hâte un paysage insignifiant — comme une étoffe neuve le ciseau d'un tailleur expert. Bord à bord la plaie aussitôt se ressoude, se recolle. Devant, derrière, toile peinte, hermétique et riante : le crissement régulier du ciseau qui fend la toile, petite coupure qui progresse et se reforme, petit éclair gris dans l'étendue incommensurable de l'étoffe, croisant çà et là d'autres éclairs métalliques, sifflant, ronronnant, hermétiques. Clos.*
>
> *Ses gestes doux, réguliers, d'une indifférence voluptueuse, mettant en troisième, passant en quatrième, régressant paisiblement, le pied sur l'accélérateur qu'il voyait bouger, paisible comme le pied d'une fileuse... Gestes de Parque. Pourquoi, avec cette harmonieuse sécurité de mouvements, cette infaillibilité qui était la sienne, ne pas les précipiter sur un arbre ? Dans un gouffre ? La route n'en comportait pas, à vrai dire. Simple amplification poétique. Quand elle ne pensait à rien, elle était si belle qu'elle évoquait la mort.*
>
> *Seuls parfaitement. Etrangers parfaitement l'un à l'autre. Un point de départ, ou une fin* [104]. »

Origine d'un bien-être relatif, la paix mensongère n'est que l'engourdissement du Mal. « L'ignorance refus » (par lassitude ou par lâcheté) est le contraire de l'innocence. Elle enferme les personnages dans la résignation.

> « *Qu'étaient les événements qui avaient marqué Nicolas, à côté de ce désespoir si profond qu'il n'était même plus une souffrance, mais une sorte de paix. Comment expliquer à ce combattant, qui avait durement conquis son droit de vivre, ses champs, son ciel, le refus que Nicolas opposait à tout cela ? Comment même le per-*

---

104. *Les Signes et les Prodiges*, p. 87.

> *suader de l'importance de cette vie parmi tant d'autres ?*
> *La fraîcheur de la nuit entrait par la porte ouverte. Cette pièce éclairée, seule au milieu de la campagne, comme une de ces petites chapelles toujours vides, où dans l'humide silence, aidé de quelque infirme sacristain, un prêtre célèbre un office solitaire... Simon luttait, convaincu cependant que ce serait en vain*[105]. »

Plusieurs images relèvent du domaine maritime : mer, marée, marin, vague, tempête, coquillage, plante aquatique, poisson, grotte sous-marine, navire, voile... Elles interviennent pour illustrer l'action ou la perception.

> « *L'odeur du vent entrait dans les maisons, leur apportait un moment la nostalgie de la mer et cette ville qui avait vogué sur les eaux avant de s'ensevelir dans le sable, pour une heure avait un air de départ, fenêtres battantes, rideaux gonflés comme des voiles. Même la petite maison délabrée avait sa part de vent de mer*[106]. »

---

105. *Les Signes et les Prodiges,* pp. 432, 433.
106. *Cordélia,* p. 46.

TROISIÈME ITINÉRAIRE :
LES FÊTES ET LES COUTUMES

« *Car enfin, j'aime " la vie ", à la façon dont l'entend la concierge. J'aime aimer, j'aime écrire, j'aime avoir des enfants, et j'aime une belle manifestation de rue, un bal du 14 juillet, j'aime être en colère et transportée de joie, j'aime boire et manger trop. J'aime nager et marcher dans le vent, rire, faire des scènes et pleurer au cinéma. J'aime par-dessus tout les fêtes, les longs repas prémédités, les bougies dans le chandelier en bois coloré, trop de fruits sur un énorme plat, trop de vin dans les cruches en terre, trop de gens, trop de fumée, une tarte gigantesque, la surexcitation des enfants, une gifle donnée à la hâte, les crêpes fumantes, les boules brillantes de l'arbre de Noël, et je voudrais me couper moi-même en tranches comme le pain de seigle sur la table en bois, et me distribuer à tous ceux qui sont là. J'aime mes parents parce qu'ils sont mes parents, mes enfants parce qu'ils sont mes enfants, j'aime mon mari et moi-même, mon travail, mes amis, le monde et les hommes. Et, dans le fond, j'aime faire l'amour et accoucher en hurlant. La tradition, quoi*[1]. »

---

1. *Lettre à moi-même,* pp. 178, 179.

Le goût de la fête répond à un « *besoin d'enfance et de néant*[2] ».

Très tôt, fêtes et coutumes vont impressionner et ravir la petite Françoise. Elle y découvre des images merveilleuses et féeriques. La magie qui s'en dégage fait qu'elle s'y trouve conjointement reine et spectatrice.

L'héritage de sa terre flamande est riche en traditions et en manifestations. Celles-ci lui sont restées chères. Dans *Lettre à moi-même*, elle relate ses impressions alors qu'elle assiste à la fête du Carnaval dans un petit village des Flandres.

> « *Il devait y avoir une retraite aux flambeaux, un bal de masques sur le pavé inégal de la petite place. J'étais arrivée en avance, un peu avant la tombée du jour. Des gens se hâtaient dans les rues, la place était déserte, de temps à autre un masque passait, furtif, comme honteux encore, et disparaissait au coin d'une ruelle, bizarre, avec son énorme tête de carton et son costume étriqué, comme étaient étranges les maisons médiévales sous le fard violent du néon. On attendait l'heure de sortir, tous à la fois, des maisons, pour se précipiter sur la place, en cohue brutale et bariolée. Il y avait l'attente qui précède les fêtes, dans l'air l'odeur des fritures*

---

2. *Lettre à moi-même*, p. 35.

> *hâtives, dans les cafés, la fumée épaisse des pipes et le bruit des verres, des soucoupes heurtées, avec une très légère angoisse qui flottait. J'étais assise dans cette fumée, avec un peu le sentiment d'être dans une gare. Le café était petit, bas de plafond ; les poutres épaisses où pendaient des réclames de Coca-Cola, les petits carreaux verts des fenêtres, les banquettes défoncées de moleskine, les hommes debout devant le comptoir en bois (je remarquai qu'il n'était pas nickelé) se tapant sur l'épaule, s'esclaffant, avec une cordialité peut-être un peu marquée. Il y avait des masques en carton dans un coin, posés par terre en tas, encore inoffensifs. Il y avait sur des étagères, au-dessus du bar, des bouquets de fleurs en papier, sous globe, d'aspect naïf et désuet, dont je savais, pour en avoir vu de semblables chez mon grand-père, qu'il s'agissait de trophées de tir à l'arc. Le rouge fané, le bleu naïf des fleurs rudimentaires évoquaient Epinal et ses soldats de plomb, amants aux joues rouges dont on rêve à douze ans*[3]. »

La famille aussi compte ses rites et ses fêtes. Ils contribuent tout naturellement à révéler à cette nature imaginative et sensible le sens des cérémonies. Ils accentuent son attrait pour les fastes. Ainsi cette tradition qui veut qu'en Belgique, en Lorraine et dans beaucoup d'autres pays, le jour de la Saint-Nicolas, les enfants reçoivent des cadeaux, était célébrée par la famille Lilar.

Saint Nicolas naquit vers 270 dans un pays au sud de l'Asie Mineure (l'actuelle Turquie). La légende raconte que trois petits enfants s'en allant glaner aux champs, s'y perdirent. Ils demandèrent asile au boucher. Celui-ci les pria d'entrer, mais à peine eurent-ils franchi le seuil de la porte qu'il les tua et les mit dans un saloir comme de vulgaires jambons. Au bout de sept ans, saint Nicolas vint à passer dedans ces champs. Il alla frapper chez le boucher, et lui demanda à manger ce qui était dans le saloir. Un à un le saint en retira les trois petits enfants et les rendit à la vie. Voilà pourquoi saint Nicolas devint le patron des enfants et des tonneliers.

3. *Lettre à moi-même*, pp. 236, 237.

Cette fête longuement préparée découvrait au matin du 6 décembre, un monde miniaturisé dans lequel l'enfant se trouvait être Gulliver. Sur la table, entourant les jouets, se trouvaient des oranges (symbole de l'Orient), un bateau en chocolat (symbole du voyage) toutes voiles (en pâte d'hostie) hissées, et chargé de quelques personnages (petites poupées japonaises) ; un grand saint Nicolas en chocolat avec la cuve et les petits enfants, et puis des spéculoos (biscuits à base de farine, cassonade, cannelle et saindoux) géants, figurines garnies de grains d'anis et de sucre.

Mais dans les années d'enfance, la fête n'est qu'innocence.

Puis viennent les années d'adolescence « *merveilleusement colorées et bruyantes, années foraines en toboggan, effrayantes aussi où les visages soudain deviennent fantastiques comme des masques de carnaval, inhumains comme des têtes de jeu de massacre, et soi-même, on est au centre de ces couleurs comme au centre d'un prisme, au centre d'un manège, au centre du monde, et si tout ce tourbillonnement s'arrête de temps en temps, c'est qu'à travers tout l'habitude nous reste de nous asseoir bien régulièrement à une petite table, n'importe où, et d'aligner coûte que coûte des mots, encore des mots*[4]... » Mais ces années-là, Françoise Mallet-Joris ne veut pas les décrire.

Plus tard, au-delà de l'innocence — car « *l'innocence est intacte, portes closes, cœur pur mais fermé*[5] » — elle découvre que la fête n'est pas seulement célébration, mais qu'elle est aussi divertissement, création d'un monde artificiel et irréel qui étourdit et protège. Le « merveilleux », gâché par la bêtise, devient alors « grotesque » et cette ivresse du corps, de l'esprit et de l'âme est le contraire même de la vérité qu'elle veut affronter.

Réceptions mondaines, réunions de tout ordre ne sont que prétexte à... La célébration n'est plus qu'un simulacre.

> « *Je voudrais dire, dans une réception froide et guindée, la surprise d'un grand chapeau vert et orange, l'irruption déplacée de la fête au milieu du rite social, mon*

---

4. *Lettre à moi-même*, pp. 229, 230.
5. *La Maison de papier*, p. 295.

*élan vers cette dame qui me dit : " Je suis Mme A... "
Qu'importe ? Un instant elle est dissonance, la faute de
goût, la poésie. Je voudrais dire merci*[6]. »

Le côté sinistre de la fête se révèle, et Françoise Mallet-Joris s'acharne à en démontrer les multiples rouages : disgrâce, étrangeté physique ou morale, « *cauchemar étincelant (...), folle pantomime au creux de la nuit, représentation absurde hors du temps et de la vie*[7] ». Ces réjouissances-là ne sont que fuites. Elles trahissent un trouble et une insatisfaction profonde.

Dans l'œuvre de chair qu'elle a entreprise, Françoise Mallet-Joris laisse libre cours à la fantaisie. Elle s'émerveille de découvrir chez ses enfants ce goût pour la fête et les rites. Elle en favorise le climat. Ils sont signe d'une appartenance. Ainsi le poème, « *acte sacré et rituel* », que chaque année Daniel enfant écrivait au premier jour de vacances au Gué-de-la-Chaîne. « *Pour souligner son caractère rituel, le poème commençait toujours par les mêmes mots : " Le matin quand je m'éveille*[8]*... "* » Françoise Mallet-Joris aime cette notion de poésie dénuée de toute prétention littéraire, car de toute l'année, Daniel n'écrivait plus rien. Elle y voit « *le sens du sacré, le désintéressement, la notion de l'importance et du poids de la poésie. Le goût de la contemplation, le noble mépris de l'exploitation d'un don*[9] ».

Les soirées poétiques, autre rite familial, « *comportent une partie matérielle importante. Il nous faut des biscuits à l'orange et du pain d'épice, des biscuits au gingembre et des bonbons acidulés, ou encore ces biscuits américains " en forme de doigts " enrobés de chocolat (" le clou de la soirée ", dit Pauline), et puis du Coca-Cola ou de l'Evian Cassis, une grosse bougie posée sur un plateau, une soirée calme où tout le monde est détendu, bref, il nous faut beaucoup de choses pour apprécier la poésie. On arrive cependant à réunir toutes ces conditions une fois tous les quinze*

---

6. *La Maison de papier*, p. 281.
7. *Marie Mancini*, p. 145.
8. *La Maison de papier*, p. 25.
9. *La Maison de papier*, p. 26.

jours environ. Alors nous nous groupons sur mon lit, immense radeau qui a traversé déjà bien des vicissitudes, et sur lequel on finit toujours par se retrouver [10] ».

Et puis un jour, il y a eu le « Mystère », « *un jeu pour les enfants, un retour à l'enfance, à la gratuité, pour tous ceux qui y participaient* [11] ». Cette coutume est devenue depuis quelques années le cadeau que chacun offre à l'autre en guise de Noël « *parce que* — explique Françoise Mallet-Joris — *je ne sais pas si j'aime encore tellement les cadeaux* ».

> « *J'ai aimé, j'ai aimé beaucoup le Noël traditionnel et banal, ces orgies de cheveux d'anges et de néons, ces vitrines, ces catalogues en couleurs, ces amoncellements de victuailles et de couleurs, le mauvais goût des carrefours décorés de sapins en plastique et d'étoiles au courant alternatif. Mais ça tourne court, le paquet, la ficelle, on a beau se donner de la peine pour les choisir, les noëlliser comme on dit, une fois offerts les paquets :* " *c'est tellement gentil ! C'est juste ce que je voulais* ", *il est devenu rare que quelque chose se passe qui serait vraiment Noël, le don gratuit de Noël* [12]. »

L'importance accordée à la fête, l'attachement marqué à certaines coutumes se retrouvent dans l'œuvre d'écriture. L'auteur s'attarde à les décrire longuement, patiemment jusqu'à ce que le lecteur y pénètre et s'y enlise. Il ne s'agit nullement d'une diversion. Si Françoise Mallet-Joris a le goût des images insolites et le sens du spectacle envoûtant, c'est que ces paysages « état d'âme » expriment mieux que tout raisonnement la vérité de ses personnages.

Une évidente parenté la lie à Federico Fellini tant par l'identité des phantasmes que par la similitude de leur expression. Ces grandes fêtes bariolées ont un même caractère

---

10. *La Maison de papier*, pp. 103, 104.
11. *La Maison de papier*, p. 308.
12. *La Maison de papier*, p. 305.

baroque et, au-delà des images, des thèmes communs se structurent : la nostalgie de la pureté enfuie, la présence fatale du mal et de la bêtise, le sens de la faute, le plaisir qu'y prennent les personnages — descente aux enfers nécessaire au triomphe de la vérité —, « *dans un monde de parias et de simples, la recherche désespérée d'un rachat spirituel, la hantise du salut et, plus encore, le besoin d'une fraternité humaine, d'une absolue confiance dans les hommes* ». (Marcel Martin — *Cinéma 57,* n° 22 — à propos de *Lo Sceicco Bianco* — 1951), l'élan maladroit vers le bonheur transformé en inquiétude, la névrose due à l'impuissance créatrice et puis surtout la peur, cette peur de la vie qui colle à l'âme comme une peau. Longue et douloureuse est la maturation de l'abcès, mais il crève et met à nu une peur qui, ne cherchant plus à se dissimuler, contient le germe de la rédemption.

Comme Federico Fellini, Françoise Mallet-Joris porte aux « marginaux » — « *chez qui l'ardeur à vivre ne le dispute qu'au dérisoire de l'enjeu* » — non seulement la même attention, mais le même amour, la même sympathie secrète. Celle-ci « *accompagne, au cours de ses innombrables pérégrinations, cette troupe d'êtres dépareillés et cependant terriblement semblables* ». (André S. Labarthe — *Les Cahiers du Cinéma* — à propos de *Luci Di Varieta* — 1950.)

Pour Françoise Mallet-Joris, la notion de réussite est très relative. « *On ne réussit pas une fois pour toutes* — dit-elle — *on réussit au jour le jour. Un personnage qui a raté quelque chose, c'est un personnage qui a tenté quelque chose* » et, « il y a plus de mérite à rater la cible qu'à ne pas tirer. » (Epicure)

L'un comme l'autre introduisent dans le champ visuel des personnages secondaires surgis du réel, de l'imaginaire ou d'un présent qui n'est pas sans références au passé. Ils n'ont souvent aucun rapport direct avec la ligne de l'intrigue, mais l'importance qu'ils prennent fait qu'ils y interviennent.

> « *Fellini réinvente les dialogues et les situations au moment de tourner, inscrivant tout juste un vague schéma sur de méchantes petites feuilles volantes. (...) Et ce n'est pas tout : Fellini s'attache à certains visages*

qu'il trouve intéressants, drôles ou sympathiques. Il ne peut s'empêcher de les remettre en jeu. » (Mirella Gamacchio — script-girl de Fellini.)

« *Si j'ai envie d'introduire en cours de roman un ou dix personnages qui n'ont rien à voir, je les mets. Si j'ai envie de mettre une scène qui n'a aucun rapport, je la mets (...) Autrefois je faisais des plans très détaillés et puis je m'apercevais que je n'étais jamais capable de faire ces plans. C'est impossible, parce qu'il y a un élément vivant dans le roman qui est agréable, qui fait que la trame se modifie au fur et à mesure que l'on travaille.* » (F. Mallet-Joris — interview réalisée par la Radio Télévision Belge, centre de production du Hainaut, 3ᵉ programme pour l'émission Rencontre diffusée sur antenne le 5 mai 1973 — réalisation : Georges Moucheron.)

Les parenthèses ne l'effraient pas, elle en fait d'ailleurs un usage fréquent. La digression, qui correspond à un mouvement naturel, n'est pas négligée. Il n'y a pas de décision purement intellectuelle au départ. L'auteur laisse venir et surtout laisse vivre. Jusqu'au bout de l'écriture, le suspense demeure car, sans cesse et l'un par l'autre, les personnages se modifient.

Impitoyables témoins de la vie, tous deux posent sur les êtres un regard lucide et amer doublé d'un grand étonnement. Dans ces fêtes, très belles, les images fantastiques et mystiques sont hallucinantes. « *Je veux* — dit Fellini — *cesser de présenter la vie comme une suite de problèmes et d'essayer d'y trouver des solutions ; je veux au contraire me mettre en condition de l'aimer, et non seulement la vie, mais tout...* » (Interview accordée à Oriana Fallaci.)

« *La vie est une fête* » — fait-il dire à Guido dans *Huit et demi* —, la vérité n'existe que dans l'amour qui accepte — soi et les autres — tels qu'ils sont.

« *Fellini est un mensonge selon Cocteau, " un mensonge qui dit la vérité ", donc un poète, un trouveur de personnages et d'images. La force de fascination de son œuvre et sa valeur viennent de ce qu'elle est essentiellement faite de personnages et d'images et non de sujets ou de problè-*

mes. » (René Gilson — *L'Avant-Scène* n° 63 — spécial Fellini.)

Chez Françoise Mallet-Joris, les visages de la fête sont multiples.

Les grandes fêtes populaires (foires, marchés, carnavals, attractions publicitaires...) animent les rues des cités et les font miroiter d'un éclat extraordinaire. Des foules de tous ordres s'y rassemblent. Cette abondance de gens et de visages masqués par l'enivrement collectif atteint une dimension cosmique. Le langage de cette masse grouillante, indifférente aux individus qui la peuplent, est le cri. Ses déplacements sont canalisés par les bruits et les lumières insolites qui l'entourent. Les décorations alléchantes et les couleurs excessives qui habillent ces manifestations créent le dépaysement. Une exaltation fiévreuse s'en dégage.

> « *Nous arrivions sur le port, sur le quai encombré de baraques, d'une foule houleuse dont le bruit étouffait les calmes battements du lac. Les manèges tournaient avec de longs grincements asthmatiques, la foule était bariolée, même les femmes de pêcheurs toujours vêtues de brun et de noir portaient des fichus de couleur. Le vent soufflait sur cette animation, froid, vif, mais sans autre résultat que d'en augmenter l'ivresse ; moi-même, devant cette fête, je ne pus m'empêcher de la partager un peu, et nous plongeâmes dans la foule. De Barfleur, des soldats étaient venus nombreux, et les prostituées, quittant leurs accoudoirs et leurs attitudes nonchalantes, couvertes de verroterie, vantaient leur marchandise en plein vent, à côté des marchands de vin chaud qui faisaient fortune. Juchés sur des tabourets, leur louche d'étain brandie comme une arme, ils faisaient à tue-tête l'éloge de leur cru, en vantaient la force et le parfum et l'odeur de la cannelle montait des marmites de cuivre ; mais ils ne s'insultaient pas entre eux comme le faisaient plus loin, les marchands de marrons. Ils étaient trop sûrs de se renvoyer l'un l'autre, le soir venu, une clientèle titubante*[13]. »

13. *La Chambre rouge,* pp. 86, 87.

Les fêtes mondaines ont un cadre plus réservé. Des tables somptueusement dressées rassemblent pour des repas interminables des êtres guindés qui respectent avec rigueur un code de convenances tout établi. Des buffets trop garnis encombrent les salons où se réunissent des marionnettes travesties d'habits coûteux, de chapeaux extravagants, et d'autres artifices tellement encombrants qu'ils finissent par camoufler et modifier le motif même des réceptions.

« La scène se passe au château de Chantilly. Dans la grande salle une estrade a été dressée, étroite d'ailleurs et mal commode d'accès, où est en train de se donner un ballet du roi. On voit peu d'ailleurs les comparses, aux costumes éclatants, qui se pressent à la droite de l'estrade ; un vide a été ménagé à gauche où l'on aperçoit bien distinctement, au contraire, le roi en habit de fermier qui gravit la dernière des trois petites marches et va entrer en scène. La figure du roi n'est pas maussade, à son habitude, mais sérieuse, préoccupé qu'il est comme un enfant de l'effet qu'il va produire. Il paraît plus à l'aise dans ce costume de fermier (confectionné tout de même dans les plus fines étoffes) que dans un vêtement d'apparat. Le col ouvert dégage son cou, la tête est droite, le regard assuré : il va danser.

La reine, dans sa chaire élevée, au premier rang, n'est qu'un trait scintillant d'azur et de diamants, scintillant comme les douze cents flambeaux qui éclairent la salle, comme les tapisseries tissées d'or qui couvrent les murs. On ne voit pas mieux les princesses confortablement adossées à leurs fauteuils. Voici le joli profil de Mlle d'Escars vêtue de satin feu à parements blancs. Sur les banquettes réservées à la Cour, on se bouscule, on s'écrase. A l'extrémité droite, une dame en vêtement sombre, ouvert sur une belle gorge, se renverse en arrière et perd ses sens, pendant qu'un valet adroit avance furtivement la main vers la grande croix de rubis qui lui pend au col. Ces cheveux blonds savamment étagés, c'est Henriette, vers laquelle se penche un gentilhomme du cardinal en velours bleu à collet de daim. Ce dos bien droit, ces mains sagement posées l'une sur l'autre et qui tremblent peut-être, c'est Louise. Et tout à côté, on aperçoit fort bien le beau visage impérieux de Mme de Sennecy, sa marraine, l'habit neuf du poète Renart, tout confus de s'être glissé dans cette noble assemblée. (L'évêque de Limoges doit être ailleurs, dans cette assemblée de prêtres, sur le côté, qui font de lumineuses taches rouges.) Le chevalier doit courtiser quelque belle : toujours est-il qu'on ne le voit pas. Mais on voit fort bien le cardinal, qui paraît sourire avec indulgence au divertissement, d'un sourire bénin, tout à fait ecclésiastique. Au fond c'est franchement l'étouffoir, le respect n'empêche pas la foule qui se presse, malgré les efforts de trois gardes, à une porte restée entrouverte. Un magistrat en robe a réussi à se faufiler, et le suivent sa femme, trois petits garçons de tailles différentes, la frimousse éveillée, dont l'un montre du doigt, et même la nourrice tout endeuillée, qui porte le bébé. Une grosse femme piétine un beau seigneur, forte de son poids. Un Gascon se glisse entre les banquettes, en superbe arroi, mais son haut-de-chausses est déchiré et laisse passer son linge. Et tout ce monde se hisse sur la pointe des pieds, monte sur les banquettes, monte sur les épaules les uns des autres, la bouche ouverte, les yeux écarquillés, le doigt tendu, se montre le roi, se montre la reine, se montre le cardinal, et ceux qui sont bien informés chuchotent en montrant le dos de La Fayette, la Favorite. Demain, ils mêleront à leur gré et distribueront les figures du jeu de cartes. Ils auront vu le ballet du roi[14]. »

Mais la vie finit par se mêler au spectacle jusqu'à en être indissociable. Il n'y a plus de figuration ; ou alors, la vie elle-même est une figuration où les personnages se bornent à contempler leur bonheur. « *Quoi de plus séduisant d'ailleurs que ces rencontres brillantes et mélancoliques, où la parade se fait poignante de ce qui pourrait être et ne sera jamais*[15] ? » Feu de paille dont la flamme jaillissante et claire est d'un instant, la fête (son caractère grandiose et luxueux)

14. *Les Personnages*, pp. 257, 258, 259.
15. *Marie Mancini*, p. 69.

est éphémère. La fougue avec laquelle les êtres s'y précipitent délibérément tient à la connaissance qu'ils ont du gouffre où tout se brise et se perd.

> « *Il goûte avec elle cette errance à travers les campagnes balayées de vent et de pluie, le violent plaisir de la chevauchée et la petite ville qui apparaît au loin comme une sorte de miracle ; la fête qui aussitôt commence, somptueuse ou grotesque, mais au milieu de laquelle, avec ces absurdes vêtements de parade, ces précieux joyaux qui pourraient aussi bien être verroterie, parmi les discours et les révérences, on n'oublie pas la nuit qui entoure la ville, l'obscur silence des grands arbres mouillés, l'odeur des feuilles pourrissantes dans les clairières, tout l'irréel de ce voyage* [16]. »

Cet étalage de clinquant ne tente qu'à recouvrir « *de son vernis les plus troubles fermentations* [17] », de même que la médiocrité qui place les êtres dans l'impossibilité d'assumer le temps et de le vivre instant après instant.

Epuisé par tant d'exubérance, le mécanisme s'encrasse, la féerie devient incompréhensible, absurde. Le ballet désorganisé transforme la cérémonieuse parade en tumulte. La peur, cette grande peur de vivre entraîne un gaspillage effréné d'argent, de forces et de joie. Dans ce monde plein de symboles, d'évasion, de travestissements, le plaisir est traqué comme un gibier, la vie « *s'organise et se groupe comme un jeu de cartes, de tarots aux images poétiques et mystérieuses, belles en soi mais dont le sens n'apparaît qu'une fois animées par la main qui sait s'en servir* [18] ».

> « *Des gradins avaient été aménagés dans le parc, et les personnages venaient s'y asseoir sagement, l'un après l'autre, chacun ayant revu avec soin son costume et son rôle, le sachant sur le bout des doigts. Le colonel qui se rêve dictateur. Le capitaliste qui sera dictateur derrière ce bel étendard flottant au vent : les jeunes brutes à la tête pleine de soleil ; les idéalistes pauvres*

---

16. *Marie Mancini*, p. 59.
17. *Marie Mancini*, p. 191.
18. *Marie Mancini*, p. 230.

> *mais qui se cramponnent (nous faisons notre devoir, et madame ajoute ingénument : nous avons deux pièces de plus qu'à Carcassonne !) ; les techniciens qui sont cyniques et calculateurs avec une joie d'enfant, et organiseront le plasticage d'un immeuble avec autant de plaisir que la chute d'un château de sable, autrefois ; les fonctionnaires désabusés pour qui Madrid est une nomination, une garnison de plus et voilà tout* [19]. »

En définitive, toutes ces fêtes ne contribuent qu'à dissimuler l'angoisse. Elles divertissent et décentrent pour un temps, mais la surabondance est démesure et la mélancolie succède à l'exaltation. L'aube qui renaît voit disparaître des fantômes masqués, abandonnant au nouveau jour les restes tristes et désespérés d'un spectacle dérisoire.

Les fastes qui accompagnent certaines cérémonies religieuses (messes, processions...) ont un caractère insolite et grandiose. Les rituels pleins de mystère, l'odeur de l'encens, la banalité des orgues se mêlent dans une grandeur écrasante. Elles sont prétexte ou alibi à d'autres fêtes, profanes celles-là, et qui finissent par les oblitérer totalement : dans *la Chambre rouge*, la réception organisée par Tamara après l'office de Noël à Sainte-Marie-des-Pleurs, et à laquelle les notabilités de Gers avaient toutes accepté de se rendre ; de même, l'arbre orné et le souper fumant vers lesquels la foule se hâte au sortir de la messe.

> « *tous ces visages, dépouillés de leur gravité comme d'un masque, rougeoyaient d'animation à la pensée de la fête proche* [20]. »

Dans *Cordélia*, la procession qui se déroule à l'occasion des fêtes de la Vierge n'est en définitive que l'occasion d'une rivalité entre deux cités voisines.

D'autres fêtes ont un caractère plus intime. Elles ne sont pas préméditées. Elles naissent de l'événement et d'une situation dans laquelle les personnages se trouvent être placés. C'est une question de regard où l'imagination a un rôle important à tenir. Ainsi l'exotisme avec lequel Tamara, dans

---

19. *Les Signes et les Prodiges*, pp. 337, 338.
20. *La Chambre rouge*, p. 60.

le Rempart des béguines, célèbre la présence d'Hélène, prend une allure de fête : la chambre fleurie, le déjeuner, si peu conventionnel, pris à même le sol, le climat d'étrangeté auquel contribue le cadre plonge Hélène dans un émerveillement sans bornes. Jusqu'au moment de la séparation, le regard d'Hélène, envoûté par la fête, éveille la magie des images.

> *« Derrière nous, on allumait les réverbères de l'avenue, et les petites flammes reflétées dans l'étang y construisaient comme un immense gâteau d'anniversaire à multiples rangées de bougies, ou comme un château de cristal illuminé par l'intérieur et, prisonnier dans cette demeure, je vis avec étonnement le reflet de nos deux visages*[21]. »

Dans une nouvelle de *Cordélia*, intitulée *le Souterrain*, Fanny n'ayant pu, comme elle l'avait prévu et imaginé, passer un après-midi idyllique avec Luc, entreprend avec Richard une expédition fantastique dans un château en ruine. Tout devrait la rendre morose : l'après-midi manqué, ce genre d'expédition pour lequel elle a de l'aversion, les accès que la boue rend incommodes, la présence même de Richard dont les manies l'agacent. Mais l'imagination donne à la recherche d'un mystérieux trésor, dont Richard lui révèle le secret, un aspect féerique. Ils décident d'y retourner le lendemain, et les prodiges du regard suffisent à transformer le pique-nique mouillé en une fête fabuleuse.

> *« Le temps coulait sans bruit, comme une eau tranquille et égale, reflétant des mirages dorés, des diamants dans des paniers, de petites portes secrètes, des fêtes de tentures rouges dans un château restauré par miracle. La voix grêle de Richard s'exaltait en décrivant ces fastes inouïs, et Fanny secouait ses cheveux cendrés avec de grands rires charmés. Pourtant, il fallait partir : partir, quitter ce lieu de féerie pour le château Napoléon III, quitter cette chambre suspendue entourée de lierre pour une vraie chambre, avec de vrais rideaux au lieu de ces ramures vertes, aux murs recouverts de papier au lieu*

---

21. *Le Rempart des béguines*, p. 115.

de ces pierres irrégulières et pleines d'ombre, avec un ridicule petit poêle ventru au lieu de ce feu de branches. Il fallait cesser d'être Robinson, Superman, les sauvages guettant l'ennemi qui s'avance dans la plaine, les explorateurs à deux doigts du but qui se reposent avant l'assaut final. Il fallait redevenir ces personnages grotesques, de grandes personnes qui ont joué à être des enfants, le temps d'un pique-nique, et qui reviennent au logis en échangeant des propos mondains [22]. »

Pour Sandro dans *Mort d'un village*, autre nouvelle de *Cordélia*, la fête est l'ouverture de sa nouvelle boucherie, le commencement de quelque chose qui se fond dans la grande foire d'été que la pluie va rendre tragique.

L'été, le soleil, les vacances redonnent vie à certains lieux ou à certaines cités dits de villégiature. Des plages se peuplent d'une foule bigarrée, « *de cabines de bains rayées, de hauts fauteuils d'osier pour vieilles dames* [23] ». Les terrasses des établissements, qu'une saison suffit à faire vivre, s'alourdissent de passants. L'air est plein de l'odeur épicée de cette population hétéroclite qui entre et sort d'hôtels fastueux, se divertit de soleil, de jeux de hasard, et s'enivre « *de valses viennoises ou de tangos argentins* [24] » dans ces petits bals qui, à la tiédeur de la nuit, fleurissent sous quelques lampions autour d'un orchestre tzigane aux défroques étincelantes.

Il existe des constantes dans la façon dont se déroulent certaines fêtes : leur cadre étrange, la débauche qu'elles entraînent, une certaine innocence confrontée au mal, le crescendo qui les transforme en cauchemar atroce où les corps deviennent odieux, et la peur envahissante. Dans ce miroir, le face à face permet au mensonge d'éclater, de dire enfin la vérité. Cette déchirure met au monde un être nouveau, autonome qui lance un défi à « *la vie, soudain débarrassée de sa croûte d'habitude, du masque décent et laid du quotidien, qui saigne et qui rit* ».

Tamara, dans *le Rempart des béguines*, conduit Hélène dans un bar féminin. Ce monde étrange étonne et inquiète

22. *Cordélia*, pp. 139, 140.
23. *Les Mensonges*, p. 209.
24. *Les Mensonges*, p. 240.

la jeune fille. « *C'était comme l'un de ces cauchemars dont on n'arrive pas à se réveiller. Impossible de se dégager, de s'enfuir, au milieu de cette foule moqueuse*[25]. » Livrée à Puck, elle émerge soudain d'un long sommeil innocent.

> « *Je n'avais jamais, avant ce jour, connu la honte poussée à ce point ; je n'avais jamais réalisé que mes rapports avec Tamara pouvaient être qualifiés de honteux... Je le comprenais tout à coup et, en même temps, une bouffée de chaleur me montait entre les épaules*[26]. »

Hélène se découvre enfin au miroir, alors que Tamara en l'humiliant envisageait de la mieux dominer.

De même, dans *les Signes et les Prodiges*, Jean emmène Gisèle, dont il a fait sa maîtresse, dans un « salon mondain » où il l'abandonne sans secours à un monde étrange d'inconnus. Veut-il la mettre à l'épreuve ? Elle l'ignore, mais elle sent monter en elle comme un défi qu'elle décide de relever malgré sa peur. Peu à peu l'ivresse transforme cette réception rigide en orgie. Une coupe de champagne vidée intentionnellement par son danseur sur les reins presque découverts d'une femme en robe rouge, déclenche le mécanisme. Gisèle veut fuir, mais la main d'Arnaud la maintient fermement au milieu du salon.

> « *Deux femmes maintenant ont les seins nus, et celle dont la robe a été trempée de champagne l'a tout bonnement enlevée et danse en porte-jarretelles. Certains visages rient, d'autres sont rouges, enfiévrés, d'autres encore figés comme des masques. Gisèle danse comme dans un rêve. Ne pas trahir, ne pas montrer son trouble, sa gêne... Une douloureuse colère s'élève en elle contre Jean qui l'a amenée ici, qui savait... Mais elle ne montrera rien... Elle serrera les dents. Elle dira que c'est drôle. S'il a voulu l'éprouver, elle triomphera. Ses membres ont beau se raidir, elle danse, s'efforçant toujours de ne rien voir. Tous ces masques autour d'elle, qui lui rappellent ses frayeurs d'enfance, ces couples*

---

25. *Le Rempart des béguines*, p. 178.
26. *Le Rempart des béguines*, p. 180.

qui s'enlacent, les dents d'Arnaud qui brillent dans un sourire agressif [27]. »

Jean avait cru « *qu'elle fuirait éperdue, et qu'il pourrait alors, cruellement se moquer d'elle. Mais Gisèle a été trop humiliée. La bonté, la douceur, les conseils l'ont humiliée pendant des années : elle ne veut plus se laisser faire. Elle veut montrer qu'elle est capable de tout, qu'elle peut vivre n'importe quelle vie* [28]... »

« Aidez-moi » — murmure-t-elle.

« A sortir ? A fuir loin de tout cela ? A retourner vers Yves-Marie et l'ennui qui l'humilie comme une tare ? Mais Arnaud, comme s'il sentait ce double mouvement de fuite de retour » défait, d'un geste preste et qu'elle n'a pu prévoir, son corsage lâche qui retombe. « *Elle se fige sur place, diminue, sans un geste pour se protéger, se voiler, avec cette brûlure intolérable à la place de ses deux seins. C'est le cataclysme, la fin du monde, elle brûle de honte. On peut la tuer maintenant.*

Et c'est à cet instant qu'elle retrouve dans la foule le visage de Jean, yeux sur elle.

Les yeux de Jean, ces yeux pâles où se mêlent un peu de ruse et un peu de pitié... Va-t-elle s'y refléter telle qu'elle est, elle et son geste de défense, son regard traqué, sa peur ? Va-t-elle y voir une Gisèle encore une fois incapable d'agir comme les autres, d'être à l'unisson, une Gisèle incapable d'aller jusqu'au bout de sa vie ? Elle voit clair en lui tout à coup, comme elle a vu clair en Yves-Marie : un mépris affectueux, une condescendance gentille, une pitié dont elle s'exaspère. Mais ce n'est pas vrai, elle n'est pas ce petit animal médiocre, rusé, juste bon à plaire et à distraire un homme qui se croit supérieur. Elle est tout autre chose, elle est aussi forte qu'eux, elle va le prouver, elle le prouve. Des deux mains, soudain, elle arrache ce corsage comme elle arracherait une peau, elle arrache ces sages années où elle a vécu repliée, étouffée, héroïquement elle arrache tout ce qu'on lui a appris, tout ce dont on l'a gavée et qu'elle n'a, au fond, jamais accepté, et soudain elle est là, aux trois

---

27. *Les Signes et les Prodiges*, p. 357.
28. *Les Signes et les Prodiges*, p. 357.

quarts nue au milieu d'un cercle de bravos et de rires, mais en réalité devant les seuls yeux de Jean, le défiant, flambant toute de honte et de fierté, le visage soudain embelli, épuré par cette flamme ; et lui, devant cette femme qui vient de naître sous son regard, qu'il a créée sans le vouloir et qui maintenant le défie, il a presque peur [29]. »

Dans *l'Empire céleste*, Stéphane et sa petite formation musicale sont engagés par des Américains pour animer la soirée qu'ils donnent sur leur péniche. « Partie » déguisée, où les visages se cachent derrière d'énormes têtes d'animaux aux couleurs criardes.

Stéphane vient de mettre un terme aux années d'indifférence passées aux côtés de Louise, mais, la pierre écartée, il ne voit pas où mène le chemin déserté. Il est seul, dépouillé ; son avenir ne peut être qu'une autre « prise en charge ». Les invités rient trop fort, « *des rires à crever le plafond* [30] », et cet immense beuglement lui fait mal. Derrière la pierre, il y a un cauchemar d'enfant, plein de masques...

Tout à coup, une femme qui danse seule et porte une tête de canard ôte son corsage et le jette en l'air avec un rire strident.

> « *Sous le masque grotesque, ses seins nus apparurent, opulents. Marcel s'était arrêté de jouer, et Stéphane se retournait, plaquant un accord magistralement faux, mais l'hôtesse accourut, le masque rejeté en arrière, le visage étincelant de fureur.*
> *— Mais jouez ! Jouez donc ! Vous êtes payés pour cela, pas pour regarder, non ? Ils repartirent à faux. La femme tournait toujours sur place, les seins ballottants, à la fois irréels et absurdement présents sous cette tête verte, énorme, presque effrayante. Après le premier moment d'étonnement, un cercle s'était formé autour d'elle, et applaudissait en mesure.*
> *— Une autre ! cria quelqu'un, une autre !*
> *Des femmes poussaient de petits cris, refusaient l'aide complaisante des messieurs, qui tentaient de les dégra-*

---

29. *Les Signes et les Prodiges*, pp. 358 et 360, 361.
30. *L'Empire céleste*, p. 419.

> *fer, s'effondraient en rires hystériques. Des hommes erraient, cherchant une victime complaisante, dansant sur place*[31]. »

Stéphane ne parvient plus à distinguer les limites du rêve. On lui demande de jouer, de jouer n'importe quoi, et il tape les touches du piano à s'en faire mal aux doigts ; pourtant, il a le sentiment de ne produire aucun son.

> « *Cauchemar qui se rapprochait de celui de la veille, où les paroles n'atteignaient que des visages fermés, sans pitié, décidés d'avance à la condamnation*[32]. »

L'orgie s'étend, l'excitation monte et les êtres finissent par ressembler au masque qu'ils portent. Grisées, affolées de bruit, ces bêtes démesurées dissimulent « *on ne sait quoi derrière leur sinistre, leur immuable hilarité*[33] ».

> « *Stéphane suffoque, sa tête tourne ; cette femme qu'on déshabille et qui hurle, ces masques impassibles qui le poursuivent, ce sont eux, eux qui le chassent sans cesse de partout, ses ennemis, ce sont eux qui rient, eux qui dévoilent cruellement la maigre nudité qui fuit sous les huées. Pourquoi est-il là, aux prises avec ses ennemis ? Le bruit l'étouffe, l'air lui manque, il s'épuise à surveiller ses mains et à tourner la tête, à espérer follement que soudain tout va se taire, tout va changer, les corps obscènes se vêtir, les têtes redevenir humaines... Il lui semble qu'elles grossissent encore, ces têtes, qu'elles rient de plus en plus, le narguent, l'attirent. Il tente de crier, d'appeler Bruno, Marcel, pour qu'ils se retournent, mais son souffle est trop court, ses lèvres remuent en vain. (...) Rien ne le protège plus, si les masques le veulent, lui aussi sera nu, sous les huées. La peur grandit dans sa poitrine comme un oiseau qui bat des ailes*[34]. »

Il fuit, la peur le presse. Il fuit aujourd'hui comme hier parce qu'il a peur d'être la victime du délire des hommes

---

31. *L'Empire céleste*, p. 420.
32. *L'Empire céleste*, p. 421.
33. *L'Empire céleste*, p. 422.
34. *L'Empire céleste*, p. 423.

rassemblés. Le corps brisé, son esprit lutte encore « *contre un anéantissement fascinant et terrible. L'esprit veut être Stéphane encore.*

« *Etre Stéphane... Retrouver les mots, les phrases dont il s'est fait un rempart. Mais les phrases qu'il réunit avec un immense effort ressuscitent les monstres. Les miroirs qu'il dresse reflètent de hideux visages. Faut-il laisser s'effondrer le rempart, s'ouvrir les portes pour accueillir la peur* [35] *?* »

Il n'a plus la force de se défendre, la fatigue est son dernier refuge. « *Et la peur dernière le prend, celle de l'enfance, celle qui n'a ni nom ni visage, et qu'il lui faudra, s'il avance encore, rencontrer* [36]... » Le temps éclate. « *Il se voit, se juge, se dissout* [37] », mais cette mise au monde n'est qu'une longue agonie.

Après avoir été admise à participer à un sabbat, Anne de Chanteraine (*Trois Ages de la nuit*), pénètre, ointe de l'onguent, dans la communauté réunie dans la grange-aux-loups (« *abri vétuste qui fait peur le jour, mais, la nuit, abrite, dans une complicité tiède, ces ombres sorties du bois* [38]. »)

« *Elle regarde avidement ces visages, ces taches colorées, ces joues rouges, ces yeux brillants ; enfin ils sont à sa portée, dévoilés, désarmés, elle n'aurait qu'à tendre la main pour cueillir leurs secrets. Et le sien, le sien, son misérable secret d'enfant, qui sait si elle ne pourra pas s'en dégager aussi, en oublier la honte, la honte ineffaçable de n'être pas aimée* [39] *?* »

L'abondance de victuailles la surprend. Au matin, rien ne doit subsister de ce défi à la peur.

« *Une sorte de générosité préside à ces agapes, qu'observe Anne avec stupeur. Car s'y coudoient toutes les*

---

35. *L'Empire céleste*, p. 426.
36. *L'Empire céleste*, p. 428.
37. *L'Empire céleste*, p. 428.
38. *Trois Ages de la nuit*, p. 61.
39. *Trois Ages de la nuit*, p. 61.

> *misères, des plus raffinées aux plus humbles, aux plus malodorantes. La mendiante plonge ses mains dans les viandes, les déchire, les souille. Le vieux respect de la nourriture, l'un des plus anciens qui soient, bafoué, vaincu. Le vieux dégoût envers les pauvres, les infirmes, vaincu, car la laideur et la pauvreté ici s'exhibent, triomphent, et Christiane, le corsage ouvert, appartient à qui veut la prendre, son éclat doré foulé aux pieds, sa plénitude anéantie et voulant l'être. Elle ne s'est rhabillée, parée de cette robe éclatante, que pour la voir sur son corps, déchirée, comme elle voudrait peut-être que le soit ce corps triomphant qu'elle traîne, exigence jamais résolue* [40]. »

Dans cette grange, rien n'existe et rien ne s'incarne. Anne est seule, innocente encore.

> « *La tête a beau lui tourner, le corps ne rien peser, elle n'arrive pas encore tout à fait à se fondre dans cette ronde, dans cette fraternité hagarde. Cet homme qui court à quatre pattes, ce vin renversé sur un corps nu demi-pâmé, cette étreinte qui se veut bestiale, ces danses, ces chants, sous son regard conservent une sorte d'innocence onirique. Elle est si proche encore de l'enfance et de son théâtre, si proche de ces animaux qu'on torture, de ces nudités qu'on épie, de ces gestes qu'on imite sans trop savoir pourquoi, de ces mystères cachés que l'on devine, dont on rit, dont on a peur, qu'elle y voit clair, sans le vouloir, qu'elle sait encore, de science enfantine, le vain, le creux des simulacres, qu'une grande pitié d'elle et des autres l'envahit, devant l'amère retombée qu'elle prévoit, qu'elle connaît, qui suit l'élan fou de la prière, comme le débridement hagard et forcené des passions. Une larme très précieuse coule sur son petit visage sans beauté. Une larme de pitié* [41]. »

Laurent lui demande si elle a peur. Elle nie et refuse tout enivrement. Il l'entraîne alors au milieu de l'assemblée criarde, vers un homme masqué et vêtu tout de noir qui pré-

---

40. *Trois Ages de la nuit,* pp. 61, 62.
41. *Trois Ages de la nuit,* p. 62.

side et ordonne cet hallucinant envoûtement collectif. Anne garde la tête froide, et pourtant « *elle voudrait tellement, elle aussi, se jeter sur le sol, trépigner, perdre la tête, se fondre dans cette masse et se dire demain : " Je ne me souviens de rien. "* [42] »

L'homme en noir la désigne, l'écartèle et la marque comme on marque une bête. Anne entourée par ces « *masques colorés, hilares et cruels* [43] », serre les dents. Elle est glacée de dégoût. « *Et elle se laisse entourer, attirer, envahir par ce délire, enfin dénouée, enfin perdue* [44]*...* » Ce pacte qu'elle a signé lui donne, si pas un pouvoir, un autre regard. Elle ne se sent plus exclue ni rejetée du monde des choses et des vivants.

> « *Elle s'est introduite par la force, par la ruse, parmi eux, les autres, les grandes personnes. Elle les a vues telles qu'elles sont réellement, pâmées du désir du mal, du désir de quelque chose qui les dépasse, les emporte, et écœurées, du même écœurement qu'elle connaît depuis l'enfance, du quotidien, de la vie plate et sans relief, de la petite ville* [45]. »

Grande bande dessinée pleine d'exclamations et d'onomatopées, la fête n'engendre que ricanements. Les êtres n'y sont plus seulement déguisés, mais altérés et le personnage oblitère la personne. Elle se situe sur un plan vertical. Tout y glisse comme la pluie sur une vitre. Il faudrait changer de plan, briser la vitre, et gagner en profondeur. Imaginer, inventer, créer. Alors peut-être que la fête pourrait devenir ce quotidien célébré par amour.

---

42. *Trois Ages de la nuit*, p. 63.
43. *Trois Ages de la nuit*, p. 63.
44. *Trois Ages de la nuit*, p. 63.
45. *Trois Ages de la nuit*, p. 64.

Il y a plusieurs origines aux coutumes que décrit Françoise Mallet-Joris.

Les coutumes locales et populaires, dont une bonne partie sont issues de la tradition flamande.

> « *C'étaient bien elles, les prostituées du port et celles de la gare, qui toutes venaient, en vertu d'une vieille coutume, prendre leur part de la fête, y jouer leur rôle, et proclamer par leur présence l'existence, en chacune, d'un indéfectible espoir. Cette nuit, pas une ne péchera, pas une ne sera maquillée ; et ces dizaines de visages nus, qu'on voit effarouchés d'une sorte de pudeur à se montrer ainsi dépouillés, ces châles et ces vêtements sombres qui ne sont portés qu'une fois l'année, ce deuil d'un jour qui est proprement le deuil de l'âme, empêcheront toujours la messe de minuit à Sainte-Marie-des-Pleurs d'être indifféremment semblable à toutes les messes de Noël* [46]. »

Les coutumes religieuses ou relatives à des sociétés profanes exerçant un certain ministère (messes noires, orgies, enfants jetés dans des puits...).

> « *Le mois d'août commençait d'ailleurs et une autre exaltation remplaça la charité dans le cœur de ceux de Langeweghe. Il s'agissait des fêtes de la Vierge.*

---

46. *Les Mensonges*, p. 57.

> *Il était de tradition que ces fêtes durassent plusieurs jours, durant lesquels, dans chaque village, se déroulait une procession. Pour donner plus d'éclat à ces manifestations pieuses, l'évêque avait depuis quelques années institué une sorte de prix qui récompensait la procession la plus réussie* [47]. »

Les us et coutumes qui marquent l'appartenance à une société. Rites creux au cérémonial strict, vide de toute substance, obéissant à une convention tout établie (« *Les répliques attendues amenant le résultat attendu* [48]. »), et où seules la richesse et la notabilité permettent de faire une entorse à son code rigide, à son « Sésame, ouvre-toi ! »

> « *Mon père, bien que très strict sur certains points (ne pas manquer l'église, porter un chapeau, envoyer des fleurs aux personnes qui vous invitent) ignorait beaucoup des règles élémentaires de la société, même de celle de Gers dans laquelle il était admis depuis près de dix ans ; il ne s'était pas aperçu qu'on lui passait bien des petites fautes d'usage à cause de sa fortune* [49]. »

Certaines habitudes prises et répétées par les représentants d'une communauté fortuite, réunie par l'événement, la saison, le jour, l'heure... Elles sécurisent, mais enferment aussi, telle une araignée prisonnière de sa propre toile.

> « *Dans quelques instants, il allait sortir, respirer avec délices l'air du printemps, remonter le boulevard, salué çà et là par de braves commerçants qui fermaient leurs boutiques et le connaissaient de vue. Il boirait un verre avec Socrate, qu'il ne paierait pas, et Socrate le dévisagerait avec une grande compassion. Il dirait quelques mots à Mme Prêtre, la concierge, lancerait un regard à cette petite Sylvia (idiote, mais ravissante) qui, aux dires de Louise, était amoureuse de lui. Il croiserait peut-être l'un ou l'autre voisin, qui faisait*

---

47. *Cordélia*, p. 182.
48. *Les Signes et les Prodiges*, p. 14.
49. *Le Rempart des béguines*, p. 126.

partie du petit cercle du lundi (" Nous autres, de l'Empire Céleste ", disait-il en goûtant ce jeu de mots), M. Ducas, si cultivé, Paul Coban, un peintre abstrait du plus bel avenir, le Dr. Fisher, sur la porte duquel s'étalait une plaque de cuivre avec ses initiales : U.P.R. (Union Politique des Réfugiés)... Tous gens respectables, tous l'écoutant, le considérant, malgré ses malheurs, comme un être exceptionnel... Et quand il serait arrivé (lentement et en soufflant) au second, si Louise était sortie, il continuerait jusqu'au quatrième et irait boire aux yeux de Martine cette inépuisable complaisance dont il n'était jamais lassé [50]. »

Les coutumes révèlent l'attachement des personnages à une tradition, dans la nécessité qu'ils éprouvent de posséder une mythologie, de s'y rattacher et de s'y reconnaître.

Le côté cyclique et parfois exorcisant de certains rites a des vertus bénéfiques. Outre la sécurité, les personnages y trouvent un exutoire. Mais la paralysie peut gagner le monde des conventions tout établies : la fonction, le titre, le costume figent la liberté. La fête, si elle n'est pas vivifiée par l'amour, devient incompréhensible et absurde.

Parfois aussi, les rites ne sont qu'habitudes, manies ou tics. Ils camouflent le vide d'une existence dominée par l'impuissance créatrice ; les personnages s'y retranchent, sans révolte et sans espoir, dans une parfaite et uniforme médiocrité.

---

50. *L'Empire céleste*, p. 33.

QUATRIÈME ITINÉRAIRE :
LA SYMBOLIQUE DE LA COULEUR

> *La couleur, je dirais la couleur, et ce serait bien plus que le bleu ou l'orange ou le rouge ou l'or ou la couleur ou la lumière du jour : une certaine musique du songe ou du temps, avec bonheur, avec une angoisse heureuse ; une certaine résonance haute, grave, avec une bienheureuse tristesse, avec je ne sais quelle tendresse, quel amour à en perdre le sens, et ce serait bien plus, tellement plus qu'un certain bruissement du songe ou de l'être : la parole, le silence, l'étoile totale du monde, plus encore, infiniment plus que ce que nous mourons de ne savoir, de ne pouvoir dire... Peut-être une prière qui serait amour, peut-être une défaite ? Votre prière, votre amour, notre défaite.*
>
> Georges-Emmanuel Clancier,
> *Peut-être une demeure.*

« *Nous voulons des images, des personnages, et des couleurs violentes*[1]. »

Noir, blanc, rouge, jaune, bleu, vert, brun et leurs nuances composent la palette de Françoise Mallet-Joris. Une symbolique s'en dégage. Telles couleurs utilisées dans telles circonstances signifient. Leur intensité fait mal. Les pastels n'existent pas. Rehaussées par des éclairages d'atmosphère, même les demi-teintes s'imposent. On pense aux peintres flamands, surtout Ensor et Permeke ; chez les français, peut-être Vuillard. La nature, quand elle se colore, est une toile grise ou noire, parfois verte, toujours sombre et éteinte ou d'une fraîcheur qui semble artificielle. Ce n'est qu'un fond sur lequel se détachent les êtres et les objets qui, eux, sont colorés. Il arrive qu'un personnage (souvent secondaire) s'identifie à... ou soit qualifié par une couleur : celle du vêtement qu'il porte, celle des cheveux, des yeux...

« (...) *Ce fut à ce moment précis qu'il aperçut, à dix mètres de lui, une jupe grise. C'était une jupe très simple, d'étoffe, autant qu'il en pût juger, tout à fait commune, une jupe bordée de broderie candide, de petits arceaux blancs imitant ceux qui couraient le long des pelouses, bref, une jupe comme il avait dû en voir des milliers dans sa vie. Et pourtant, cette jupe*

---

1. *Lettre à moi-même*, p. 152.

> *et la taille flexible de sa propriétaire lui apparurent, en cet après-midi de mai, comme une révélation.*
>
> *(...) Et il suivait la jupe grise, bordée d'arceaux ingénus. La jupe grise s'arrêta devant un petit manège de chevaux de bois*[2]*. »*

Les couleurs sont, de la vie, une forme d'expression majeure. Si parfois elles se heurtent, c'est pour mieux exprimer la dissonance, le malaise qui existe dans l'assemblage hétéroclite des êtres et des choses. Dans le travesti qu'ils revêtent, le choix que font les personnages de telle couleur qu'ils affichent avec violence les isole en eux-mêmes et nous dispense de les regarder vraiment. Entre les portants multicolores du Guignol, Arlequin est toujours masqué. Une robe merveilleuse attire les regards, et elle cache un corps décharné. Des atours somptueux participent à la beauté d'un cadre raffiné, et ils recouvrent les déchirures de multiples combats. Ces feux d'artifices enchantent ceux qui se plaisent à les contempler, mais ils leur cachent aussi la nuit.

La couleur peut être mensonge. Elle rend le monde plus coloré, plus expressif, plus significatif et plus clair qu'il ne l'est en réalité ; « *comme ces fausses pêches ou ces fausses poires qu'on voit dans un compotier d'apparat, et dont on décèle tout de suite la fausseté à leur velouté exceptionnel*[3]. »

Les noirs et les gris forment la toile de fond des tableaux où les couleurs ont un langage. Ils les mettent en évidence.

> « *Elle se déshabillait, enfilait le peignoir jaune et rouge. Il regardait son esquisse, mécontent. Elle était là, assise sur le divan, à moitié nue, le peignoir retombant autour d'elle, les coudes sur les genoux, les poings fermés, ce corps pesant, aux lignes lourdes et paisibles, posé là sans beauté, mais avec une dignité statique... Ce n'était pas ça, pas ça du tout. Elle était venue derrière lui. Il eut un geste découragé.*

2. *Cordélia*, pp. 148 et 152.
3. *L'Empire céleste*, p. 114.

— *Mais tu n'as presque rien changé !*
— *J'ai travaillé mon fond.*
— *Un fond gris ! Tu as bien besoin de moi pour faire un fond gris ! Par le froid qu'il fait !*

Elle avait pris, à vivre avec Stéphane, ses habitudes frileuses, et les poses trop longues l'irritaient. Il se mit à rire. La mauvaise humeur de Louise l'amusait toujours.

— *Ce n'est pas si facile, tu sais ! Il y a toujours un reflet, tes yeux, tes cheveux, ton peignoir, et voilà que mon gris vire au bleu, vire au jaune... C'est très difficile de faire un gris plat, qui ne bouge pas.*
— *Et pourquoi essayes-tu ? Ce serait tout aussi joli si tu peignais le divan, et le peignoir, et...*
— *Et la fenêtre, et la tour Eiffel, et le petit oiseau dessus ? Pourquoi pas, en effet ?*

Vexée, elle se tut. Il continuait, distraitement, à regarder sa toile. Ce fond vivait, en dépit de ce qu'il avait voulu faire : séparer ce corps, ce visage, les isoler parfaitement, les montrer intacts, comme ils étaient, de tout rapport avec ce qui les entourait. Signifier l'objet féminin, l'objet Louise, coupé de tout ce qui pouvait l'expliquer, ou le détruire. Un moment, il avait vu ce que le tableau pourrait être, ce corps nu, pesant, équilibré comme par miracle, un miracle absurde, et entouré d'un gris plat, froid, comme... on voudrait que soit la mort.

Sa pensée vagabonda, retourna aux temps passés, au portrait si académique de Lou accoudée au pont de Signac, sur un fond de frondaisons vertes de goût le plus affreux. Dire qu'il figurait au Musée de New York ! Qu'on allait le reproduire dans ce reportage ! Il n'y pensait pas sans sourire. Pourtant, maintenant qu'il y réfléchissait, il lui semblait bien qu'à cette époque-là, déjà, il cherchait... ou plutôt non, il exprimait spontanément, alors, ce qu'il cherchait aujourd'hui, ce qu'il cherchait depuis... depuis Mozart. Quel drôle de processus, songeait-il, la main sur l'épaule de Lou. Il semblerait plutôt qu'on dût, au cours d'une vie, chercher longuement, sous diverses formes, à exprimer quelque chose, *et que la vieillesse venue, on n'eût plus qu'à répéter la découverte enfin claire...*

— Alors, tu y vas ? dit-il, avec une fausse impatience.

Il allait encore — au grand dépit de Louise, sans doute — travailler ce fond. Il s'y mit, lentement, et sa pensée, lente et appliquée comme son pinceau, retournait en arrière. Il n'avait pas besoin d'un fond gris, autrefois, pour isoler les êtres et les choses. Les mains de Lou, sa tête détournée dans l'ombre crûment violette, les verts froids, les verts chauds, chaque élément vivait distinct, séparé, sans contagion, sans complicité. Sa pensée se fit plus lente encore, se mouvant comme un élément tangible, compact — et son pinceau s'arrêta. Qu'elle était loin de lui, cette aisance, cette indépendance, cette irresponsabilité paisible ! Qu'il était plus dur à tuer, ce fond gris, que les arbres de Signac ! Il avait vécu pourtant cette paix, cette liberté, il l'avait vécue violemment, et pour la retrouver, aujourd'hui, il lui fallait s'écarter de tout ce qui était vie... Etait-il possible que ce qui avait été vérité, innocence à un certain âge, ne le fût plus à un autre ? [4] »

Ils teintent et nuancent les atmosphères et les ciels (grands ciels du nord où les vents véhiculent de lourds nuages de pluie), les arbres de l'hiver et la nature figée, les vieilles villes de pierres (grises et noircies par les fumées et la poussière des ans), l'eau du lac, du fleuve ou de la mer, les poissons qu'on y pêche, les voiles qui les hantent. L'habillement des silhouettes qui se fondent dans ces décors est aussi gris et noir comme l'est celui des chœurs dans la tragédie antique, comme l'est aussi, et plus simplement, celui des peuples de marins.

Le noir s'associe avec toutes les couleurs de la palette, mais plus particulièrement avec le blanc (« *le noir fait paraître le blanc plus blanc, et par là même il rassure*[5]. ») Marbres et carrelages forment damier. Une main invisible y avance ses pions.

Noir, couleur de la nuit, du mal et de la mort ; couleur

---

4. *L'Empire céleste*, pp. 251, 252, 253.
5. *Trois Ages de la nuit*, p. 318.

de soleil « *quand la lumière tue les couleurs*[6] » ; absence de couleur...

Le blanc, par opposition, est le résultat du mélange des sept couleurs spectrales (violet, indigo, bleu, vert, jaune, orange, rouge). Il rafraîchit les rouges, les verts et les bleus, il éclaire les bruns, associé aux ors, il est raffinement et donne au décor un aspect suave ; dans sa nudité, il est neutralité. Ainsi, les murs d'une « chambre-laboratoire », clinique aseptisée, lieu d'étranges chirurgies ; le givre et la neige qui recouvrent des prairies inaccessibles, le papier qu'il faut charger de signes. La porcelaine et la faïence de la vaisselle disposée sur les meubles sont blanches elles aussi, comme les fleurs dont la masse croulante trône au milieu des tables garnies, ou envahit les salons bourgeois qui ne vivent que de réceptions aux grandeurs provinciales. Le côté lingerie (linge de table, tabliers, robes, jupons, draps, déshabillés, pyjama, voilage de lit, rideaux, tentures...) baroque et si cher, lui aussi, aux peintres flamands, a des blancheurs toutes les nuances et tous les éclats. Une certaine élégance allant jusqu'à la distinction, un côté « col blanc » si sage et bien tenu font pacte encore avec cette couleur. De même, la peau très fine des mains et des visages, lisse ou ridée, va du blême au bistre en passant par les blafards, les ivoires et les nacrés.

Le blanc est le symbole de la pureté, de la peur, de l'extrême brûlure à l'extrême du rouge. « *Froide, froide douceur de la neige ! Mais la neige brûle les mains*[7]. » Souiller tout ce blanc, y mettre une tache, quelle tentation ! Pour le perdre diront certains, pour le sauver au contraire, au-delà de l'innocence, au centre même de la connaissance.

Couleur de sang, de feu, de vin ; couleur de fruits mûrs, de paupières éclatées, le rouge est de toutes les couleurs,

6. *Les Signes et les Prodiges*, p. 143.
7. *Les Personnages*, p. 233.

peut-être la plus intense. Du rose pâle à l'écarlate et au rubis en passant par les fauves et les roux, elle est celle aussi où l'écart entre les nuances est le plus marqué. Pareilles aux poupées de porcelaine, dont le teint blême contraste avec des pommettes rougies, les joues et les lèvres des personnages s'enflamment et rougeoient d'animation dans des atmosphères enfiévrées. Les enseignes de la nuit, l'éclairage des lieux publics ou privés qui se veut tout à la fois intime et provoquant est déchirant.

> *« Enfin, en tournant un coin nous nous trouvâmes dans une ruelle assez étroite, silencieuse, sombre, un vrai coupe-gorge, tout au fond de laquelle j'aperçus une enseigne rouge, éclairée au néon, qui traçait au-dessus d'une petite porte une sorte de paraphe : Lucy's Bar. (...)*
>
> *C'était, autant que je pus m'en apercevoir au premier coup d'œil, une très vaste cave, aux murs peints en rouge, aérée par un soupirail qui donnait sur la rue. Aux quatre coins de la salle un gros projecteur éclairait une piste ronde, entourée de barrières comme une piste de cirque et où se pressait une foule compacte. Contre le mur et autour de cette piste étaient disposées plusieurs rangées de bancs bruns et de longues tables où s'attablaient et se relevaient une quantité de femmes piaillantes, chantant très fort, appelant un garçon... (...)*
>
> *Le garçon s'était mis en devoir d'aller changer la couleur des projecteurs et de plonger la salle dans une pénombre rouge, propice aux langueurs du tango. (...)*
>
> *Réfugié contre le mur dans une sorte de niche de planche qui devait communiquer avec un semblant de coulisse, l'orchestre se composait de quatre musiciens : pianiste, accordéoniste, guitariste et trompette. C'étaient de gros hommes rouges, suants, et d'un aspect paisible, qui eussent été mieux à leur place dans une noce de village, marchant en tête d'un cortège, et jouant d'instruments champêtres et enrubannés*[8]*. »*

---

8. *Le Rempart des béguines*, pp. 168, 169, 170.

Le rouge est la couleur de la passion sous toutes ses formes, du plaisir, feu dévorant (tant de robes et d'habits rouges, tant de fleurs éclatantes débordant des étalages des marchands, la Chambre rouge, merveilleusement baroque, mystérieusement assoupie et fanée, pleine de sortilèges...),

> « *La chambre était rouge, d'un rouge véhément. Les murs étaient couverts d'une soie rouge passée, le lit à baldaquin, soutenu par des cariatides dorées, était tendu de velours rouge : le couvre-lit était grenat, avec de gros pompons. Le fauteuil aurait pu passer pour cerise, n'eût été son état d'usure et de saleté, qui lui donnait l'air d'un animal bizarre, atteint de pelade. Mais on pouvait affirmer hardiment que les rideaux avaient des tons rubis, et il s'en dégageait cette surprenante odeur de peluche, de fleur fanée et de poussière, qui règne également dans les maisons de passe et dans les salons des vieilles demoiselles. Un rideau de coton crocheté voilait la fenêtre et quand Jean voulut allumer un peu de lumière, elle s'échappa de deux torchères en bronze, placées de part et d'autre de la porte, qui remplirent la chambre d'ombres et de reflets sanglants* [9]. »

celle du sacrifice (et le phénix renaît de ses cendres), celle du spectacle (le rideau rouge se lève et tombe sur des acteurs habiles ou maladroits). Le rouge évoque tout à la fois l'amertume, la fraîcheur, l'ivresse et la souffrance ; une certaine grandeur au cœur de la misère (les haillons pourpres de Cordélia ne sont pas un travestissement, ils font partie de sa chair, et la délivrent), et de toutes les couleurs, avec les ors, elle est la plus riche, la plus noble et la plus flamande. Sa puissance suggestive est grande. Elle mêle intimement aurores et crépuscules et, dans un même sang, vie et mort se rejoignent.

Les roses, par contre, sont facilement désuets et vulgaires.

Le jaune, couleur hardie, est lumineux et éclatant. Il rehausse le hâle d'un teint, anime l'acajou des meubles,

---

9. *La Chambre rouge*, p. 63.

scintille aux caresses du soleil. Il est aussi triste et terne. Il fait passer, avec l'aide du temps, les photos et les cartes, il fane les dentelles et souille la blancheur des rideaux de coton, il mêle à la mousse, qui envahit les statues de pierre, les traces d'une érosion favorisée par les pluies, il tamise la lumière mystérieuse des brumes et des brouillards, il luit dans la graisse malsaine des corps sans grâce. Parfois même le jaune est si pâle qu'on vient à en douter.

Les oranges sont somptueux et chauds. Quant aux ors, ils ont la splendeur qu'affichent les riches façades flamandes. Cariatides, reliquaires, pendules ouvragées, anges baroques, appliques multiples attirent l'attention dans les décors — eux-mêmes souvent touchés d'or — qu'ils garnissent et encombrent de leur pesante présence. Broderies, carrosses, galons, bijoux proclament la richesse extérieure d'une société royale où le bonheur est resté sans rôle. Mais tous ces ors, plus brillants les uns que les autres, ne sont que clinquants. Valets du plaisir, ils épuisent la jeunesse et ne suffisent pas à vaincre la peur.

Bleu et or, blanc et or, pourpre et or sont signe de luxe et de raffinement. Anoblie de lumière, la pénombre découvre des reflets dorés dont l'intimité douce procure la paix. Paix sur les Flandres dorées, dans ces maisons-navires chargées, au large de l'hiver, d'une cargaison d'univers.

Le bleu est la couleur de l'enfance, de la pureté innocente... Dans *les Signes et les Prodiges*, la petite Pauline barbouille, sur la table de la salle à manger, une feuille de papier qu'elle tend soudain à son père en s'écriant :

« " Regarde ! C'est beau, le bleu ! "
Le bleu. Pur cri de joie. Il en sentait la beauté, il voyait cette joie mais de l'autre côté d'une vitre. Elle n'agissait pas sur lui, comme un remède posé là, sur la table, mais qu'on n'avale pas. Et pourtant, les paroles lui venaient, abondantes et faciles, sur cet instinct du beau, de la lumière qu'ont les enfants, sur la révélation de ces paroles, sur... Et ces paroles étaient vraies, mais

> *inutiles, comme mortes pour eux, pour tous deux, arrêtés un moment sur le seuil, regardant cette enfant, cette joie qui flambait toute seule, et ne les réchauffait pas* [10]. »

Couleur de l'innocence ou de la complaisance d'un regard qui transforme la réalité ou, tout au moins, l'épure de sa médiocrité. Stéphane, dans *l'Empire céleste*, subit le mensonge, il ne le crée pas. Cet hôte indésirable, incrusté par la force de l'habitude, finit par devenir un ami. Le cahier bleu, son journal, est pour Stéphane un merveilleux expédient. Il amplifie son personnage et lui donne vigueur et assurance. Il est remède à tout. « *Juge de son propre tribunal, prêtre de sa propre religion, rien ne pouvait plus atteindre Stéphane. (...) Le mensonge avait pris pour lui valeur magique, valeur de sacrement* [11]. » Le bleu est aussi la couleur du rêve et du repos.

> « *Je m'aperçus que j'étais couchée dans l'ancienne chambre de ma mère, après avoir fixé longtemps sans les reconnaître les rideaux bleu et blanc qu'elle aimait. Ils étaient très reposants, ces rideaux ; ils dissipaient presque le mal à la tête* [12]. »

Bleu et blanc, on pense aux Delft qui épousent les cuivres, aux petits carreaux qui recouvrent les tables et les murs des cuisines, aux tasses larges, aux cafetières fumantes... C'est à nouveau l'imagerie flamande qui surgit de ces tableaux, c'est la paix au milieu des noirs et des pourpres, l'étonnement d'un regard clair aux vues de qui tout s'apaise.

Les violets et les mauves sont des couleurs de mort et de chagrin. Elles font la lumière triste. Parfois, elles trahissent la vulgarité et le mauvais goût.

L'atmosphère d'intimité des intérieurs est due principalement à la couleur verte. Le papier des murs et celui des

---

10. *Les Signes et les Prodiges,* p. 188.
11. *L'Empire céleste,* p. 56.
12. *Le Rempart des béguines,* p. 200.

abat-jour, les velours, les satins, les draps et les cuirs des canapés et des fauteuils, des coussins et des rideaux empruntent aux verts diverses tonalités. Sous certains éclairages l'atmosphère peut devenir fantomatique et inquiétante. La couleur verte des marbres, leur froideur glacée, leur lumière d'aquarium créent un climat qui n'est pas étranger aux profondeurs océanes. Dehors, les quelques ramures et frondaisons semblent irréelles. Si lumineuses et si fraîches qu'on vient à se demander s'il ne s'agit pas d'un mirage.

Le brun est la couleur de l'exotisme, de la peau halée par l'air marin.
Ravier de grès, jarre de terre, dalles et tuiles, toile de filtrage, voiles des barques des pêcheurs... prodiguent leurs bruns. Les nuances font appel au chocolat, au pain d'épice, au caramel, au marron, à la châtaigne, à l'ambre, au bois et à la terre...
Cette couleur neutre s'allie, dans les intérieurs, avec les jaunes, les ocres, les oranges et les verts... Elle peut se dégrader jusqu'au beige, doux et distingué, mais plus fade, déprimant et triste, pouvant atteindre une terne laideur.

La puissance suggestive de la couleur — et pas seulement pour soi, mais dans l'absolu et pour les autres — tient dans la recherche d'une expression nécessaire pour rendre, dans l'écriture, une émotion vis-à-vis de laquelle l'auteur a pris certaines distances.
Les couleurs qu'utilise Françoise Mallet-Joris, contiennent et représentent symboliquement beaucoup de choses. Violentes, elles semblent avoir été posées à plat, comme dans les bandes dessinées ; leur simplicité donne, aux personnages qu'elles colorent, une grande densité. Cette technique fait penser à Léger, à Gris, à Miró... C'est la couleur à l'état sauvage, sans mélange, comme dans les dessins d'enfants. Les noirs, les blancs, les rouges, les jaunes, les bleus, les verts et les bruns se côtoient, s'affrontent, et tant

pis si leur association n'est pas heureuse... Peut-être qu'après tout ils nous sont offerts comme nous est offerte une boîte de couleurs par laquelle il faut se laisser envoûter jusqu'au vertige. Ne plus savoir à quel royaume on appartient, ne plus reconnaître les couleurs. Aimer tout ce qu'elles touchent pour qu'à la lumière du regard créateur, s'affirme la naïveté des paroles nostalgiques de la chanson de Bruno dans *l'Empire céleste*

« *Si tu m'aimais, le monde...*
Reprendrait ses couleurs [13]... »

et qu'elles gagnent enfin une autre dimension.

---

13. *L'Empire céleste*, p. 329.

UN COQUILLAGE

« *On n'est fait que pour chanter* [1] »

La musique, au même titre que les couleurs, est un élément majeur de l'écriture. Si Françoise Mallet-Joris « peint », je crois aussi qu'elle « chante ».

« *La musique procure plus que tout autre chose cette mélancolie, cette distance entre soi et les choses, si propice à l'écriture* [2]. » Elle s'élabore tout au long de l'œuvre. Elle est sons, rythmes, refrains (les saisons ; un personnage qui revient de loin en loin et dont on ne sait rien, si ce n'est une certaine identité de destin avec un autre personnage plus proche ; la survivance d'une éternité dans la fragilité et l'inconstance des choses...).

« *Je pense* — dit Vincent — *à la première personne qui a chanté. (...) La première personne qui a chanté, dans cette caverne, avec les bêtes dehors, qui faisaient peur* [3]... »

Pour Françoise Mallet-Joris, la chanson (à laquelle elle est venue en tant que parolière) est un exercice pas tellement différent après tout de la littérature. « *Si on ne chante pas* — dit-elle — *on étouffe même dans le roman.* » Il faut qu'existe cette symbiose entre les paroles et la musique. Si le roman est le fruit d'une longue réflexion et d'un long cheminement, la chanson, elle, est plus spontanée ; elle

1. *La Maison de papier*, p. 305.
2. *Les Personnages*, p. 90.
3. *La Maison de papier*, pp. 46, 47.

exprime les idées d'un moment ou une émotion ressentie devant une couleur, un événement... C'est avant tout un travail d'amitié (auteur et compositeur s'accordant pour une création harmonieuse), et il importe d'y rester simple. Elle satisfait un goût pour la musique qui n'a pas pu se réaliser (l'auteur avoue ne jouer convenablement d'aucun instrument), un goût aussi pour l'expression spontanée. Elle permet une libération à l'égard de certaines règles d'écriture.

LE VENT SE LÈVE...

> « " *C'est une chose admirable de regarder un objet et de le trouver beau, et de le retenir, et de dire ensuite : je vais me mettre à le dessiner, et de travailler alors jusqu'à ce qu'il soit reproduit.* " *(V. Van Gogh) Oui. Il est beau de regarder un objet, d'en prendre conscience, de le vivre. Mais chacun le peindra à sa façon ? Mais ce regard posé sur l'objet ne sera jamais le même, ce jugement porté toujours différent ? Sans doute.*
>
> *Mais cet effort, toujours le même. Cette prise de conscience, toujours la même. Cette acceptation, toujours la même*[1]. »

Il en est des êtres comme des jardins, on a beau en connaître les contours, le dessin des allées, les arbres témoins, on en ignore toujours les fleurs. Graines et oignons préparent sous la terre les couleurs des saisons ; le jardinier ordonne, espace, aère et dispense ses soins attentifs et patients à ce morceau de monde fertile et secret. Il n'invente rien, il regarde, il attend... Veilleur fidèle, il sait de ce silence la douce récompense. Matin après matin, le soleil magicien opère ses prodiges jusqu'au Matin parfait que le jour brûlera, abandonnant déjà aux cendres de la nuit, le rêve d'autres fleurs et d'une saison encore sans parfums et sans sons.

---

1. *Lettre à moi-même,* pp. 217, 218.

Il faut, par les charmes du jardin, se laisser envoûter, et pour l'apprivoiser, comme un caméléon, en prendre teints et tons. Il faut le respirer, en écouter la plainte, de sa fragilité comprendre l'inconstance. Ne pas tenter surtout de l'expliquer, ni même de le décrire. Le peindre, le regarder vivre et mieux encore, y vivre de sa vie.

Donc, ne pas cerner les êtres. De quel droit d'ailleurs prétendre enfermer quiconque dans les limites d'une compréhension toute subjective ? Laisser vivre et aimer...

> « *Je n'ose pas être aussi sérieuse que je suis. Je n'ose pas être aussi peu sérieuse que je le suis. Je n'ose pas prier autant que je voudrais, chanter autant que je voudrais, me mettre en colère autant que je voudrais, envoyer promener les gens autant que je voudrais, aimer les gens autant que je voudrais, écrire avec autant de force et de mauvais goût que je voudrais, avec autant de naïveté — et de pages — que je voudrais.* »
> (...)
> *Mais est-ce que je suis capable d'autre chose que de prier, de chanter, d'écrire, d'accueillir ceux qui viennent, et d'endurer le reste*[2] *?* »

A l'heure où j'achève ce voyage, à l'heure où d'autres le commencent, je voudrais dire la vie. Long dialogue où chacun, à un moment donné ou choisi, peut prendre la parole, instruire, répondre ou simplement raconter une histoire puis, son tour venu, écouter et ainsi de suite sans que jamais s'interrompe le rythme qui l'anime.

« *Il faut écrire de la façon dont on ne peut pas s'empêcher d'écrire.* » (F. Mallet-Joris, *Radioscopie* de Jacques Chancel sur France-Inter) Ce « hasard » qui est une œuvre, offre à ceux qui la reçoivent, le choix des itinéraires. J'ai fait les miens, il en est d'autres. Au mât de Misaine, il suffit de hisser la voile, elle prendra le vent, il suffit de lever l'ancre, de tenir la barre et de mettre le cap sur l'Aventure.

« *Quand on a fini d'écrire, a-t-on fini d'exister*[3] *?* »

---

2. *La Maison de papier*, p. 208 et p. 245.
3. *Lettre à moi-même*, p. 133.

Chansons

C'est encombrant, l'amour

Paroles : F. Mallet-Joris
Musique : Marie-Paule Belle

Refrain I

C'est encombrant l'Amour
Dans les appartements de nos jours
Non il n'a plus sa place
On ne saurait pas où le ranger
On s'y prendrait toujours les pieds
C'est un cadeau qui embarrasse
L'Amour...

Couplet I

Les appartements sont petits petits
Tout ce qu'on achète c'est crédit crédit
Les traites de l'auto ne sont pas payées
Et toi tu me parles d'aimer...
Les cloisonnements sont légers légers
Et quand les voisins sont crevés crevés
On entend des coups des cris hystériques
Et toi tu parles de musique... !

Refrain II

C'est encombrant l'Amour
On ne fait plus de bonheur-du-jour

Derrière la télé
Il faudrait vraiment tout déplacer
L'armoir' le buffet la desserte
C'est un cadeau qui déconcerte
L'Amour...

Couplet II

Les stationnements sont coûteux coûteux
Les encombrements sont nombreux nombreux
Depuis quinze jours j'attends le plombier
Et toi tu me parles d'aimer...
Les épanchements sont comptés comptés
Les enlacements sont pressés pressés
Au bout de huit jours c'est la fin du mois
Et toi tu me parles d'émois... !

Refrain III

C'est encombrant l'Amour
Il faudrait fixer une heure un jour
Rien dans mon agenda
Ça sera pour la prochaine fois
Rappelle-moi au téléphone
C'est un cadeau qui désarçonne
L'Amour...
C'est encombrant l'Amour
Il faut mettre un tas de choses autour
Faut une musiqu' de fond
Du champagne des divans profonds
Bref des dépenses écrasantes
C'est un cadeau qui désoriente
L'Amour...

Wolfgang et moi

Paroles : F. Mallet-Joris et M. Grisolia
Musique : Marie-Paule Belle

C'est fini la sourdine, je rue dans les brancards
Je suis Léopoldine, la sœur de Mozart
Et comme la renommée n'est pas un boomerang,
Je n'aurais pas dû le laisser signer : Wolfgang.
Wolfgang et moi ça n'allait pas tout seul
Il était fort en gueule
Moi, sur la clé de Fa, fa, fa, fa, fa...
Wolfgang et moi, on s'aimait bien quand même
Lui était fort à bras moi j'étais forte en thème.

Aujourd'hui sous son nom mes œuvres sont jouées.
Tout ça, parce que je n'osais pas lui dire non,
Quand il passait son temps à jouer à la poupée
Tandis que j'écrivais ses symphonies bidon
Wolfgang et moi, c'était comme chien et chat
Il faisait l'joli cœur avec mes droits d'auteur,
-teur, -teur, -teur, -teur...
Wolfgang et moi, c'était pas rigolo
Et de nos éclats d'voix, il naquit Figaro
Et patati, patati, patata. Et patati, patati, patata (bis)

Quand Papa recevait des marquis au clavecin
Wolfgang leur racontait des bluets et des trucs
Ses fourberies à lui valaient deux cents scapins
Et moi je m'faisais suer à jouer la marche turque

Wolfgang et moi c'était le bon vieux temps
Il jouait les Don Juan, moi je le composais
-sais, -sais, -sais, -sais...
Mais cette fois ou j'fais l'tube de la semaine
Ou j'dis qu'le Requiem, il est de Beethoven
de Beethoven, de Beethoven, de Beethoven (bis).

Ce texte est reproduit avec l'autorisation gracieuse de la Société Allo Music.

Un peu d'angoisse et de café

Paroles : F. Mallet-Joris et M. Grisolia
Musique : Marie-Paule Belle

La jeune fille un peu maigre qui passe les accessoires
Les couteaux, les bouquets, les ballons, les miroirs
La femme qui sourit avec deux dents en or
A qui on va passer des sabres dans le corps
Si par hasard on les regarde
On se demande quelquefois
De quoi donc vivent ces gens-là

D'un peu d'angoisse et de café
Beaucoup de poisse et de gaieté
Deux éventails, un matin blême
Le train du soir n'est pas chauffé
Trois tourterelles et du lamé
Ce soir on applaudit à peine
Mais de quoi vivons-nous, nous-mêmes
D'un peu d'angoisse et de café

Le noir en satin blanc qui passe l'escabeau
Qui jette la sciure et soigne les chevaux
La mère qui soutient ses fils en pyramide
Et qui sourit toujours, colossale et stupide
Si par hasard on les regarde
On se demande quelquefois
Mais de quoi vivent ces gens-là

D'un peu d'angoisse et de café
Beaucoup de poisse et de gaieté
Un soir de gloire et puis la gêne
Deux éventails, trois fleurs fanées
Et sous les projecteurs qu'on aime
Tant de modeste vanité
Mais de quoi vivons-nous, nous-mêmes
D'un peu d'angoisse et de café

Et les cuivres chantaient l'allocation-chômage
L'amazone au matin fait aussi le ménage
Le magicien debout déjeune d'un œuf dur
Et les cuivres chantaient le bonheur des cœurs purs
Sans qu'une fois on les regarde
Sans qu'on se demande pourquoi
Ils ont vécu, tous ces gens-là

D'un peu d'angoisse et de café
Beaucoup de poisse et de gaieté
Sous les néons glorieux et blêmes
Pauvres mots, instruments faussés
Mais en somme on fait ce qu'on aime
Tant pis si ça n'a pas marché
Car de quoi vivons-nous, nous-mêmes
D'un peu d'angoisse et de café...

Galaxie

Paroles : F. Mallet-Joris et M. Grisolia
Musique : Marie-Paule Belle

Je suis entrée
dans le soleil
me suis jetée
dans un fauteuil
et j'ai rêvé
je suis allée
jusqu'à la lune
j'ai commandé
une bière brune
et j'ai rêvé

je t'ai rêvé au firmament
et sur tes yeux passait l'Asie
puis je tombais dans l'Océan,
la lune est facétie

je suis montée
jusqu'à Pluton
où j'ai dansé
sur un ballon
et j'ai rêvé
puis arrivée
sur Uranus
ensorcelée,
j'ai pris un bus
et j'ai rêvé

je t'ai rêvé en cosmonaute
habit d'argent, cœur métallique
sur le vaisseau des Argonautes,
Uranus a son chic

j'ai regagné
enfin la terre
où mal aimée
je désespère,
mieux vaut rêver
que l'espace est
un chant sublime
où respirer
mène aux abîmes
en voie lactée

mieux vaut rêver que tu reviens,
mieux vaut rêver que nos corps dansent
que je ne vogue pas en vain,
Terre, donne-moi ma chance,
                ta   chance,
                   une chance.

Demi-sommeil

Paroles : F. Mallet-Joris
Musique : Marie-Paule Belle

O tes mains sur mon corps
Lisse
Troublant dans ce décor
Russe
Quand tes mains sur ces dunes
Glissent
Je crois naïve à une
Puce.

Je bouge dans le lit
Nue
Lorsque ta bouche me
Frôle
Je sens mon rêve qui
Rue
Et je dis : je suis toute
Drôle

Lasse de mon sommeil
Flûte !
Quand enfin je m'éveille
Rose
Mon rêve m'a bien plu
Chut !
Mais le raconter je
N'ose...

Refrain

Evidence !
C'est le sommeil je n'y peux rien
Imprudence !
Je suis la proie d'un magicien
Innocence !
C'est malgré moi que je t'appartiens...

Un jour une semaine...

Que ça dure un jour
Ou une semaine
Que vienne la joie
Que dure la peine
d'amour...
Ça ne dépend pas
De toi ni de moi
C'est comme un été
Qu'on ne mérite pas...

Ier refrain

Le vent porte sur ses ailes
L'orage ou l'aube nouvelle
Trésors et Chagrins tout emmêlés
Cœur insouciant et frivole
Tu crois encore que tu voles
Et sans le savoir tu es blessé...

Ce qui fait d'Amour
La longue durée
Et qui va mourir
Sans raison donnée
Un jour...
Ça ne dépend pas

De toi ni de moi
C'est comme un hiver
Qu'on ne mérite pas...

IIe refrain

Le vent porte sur ses ailes
L'orage ou l'aube nouvelle
Trésors et Chagrins tout emmêlés
Cœur amoureux et fidèle
Il suffit d'une étincelle
Et sans le savoir tu as changé

Ce qui fait un jour
De ton beau visage
Celui de l'amour
Sans aucun partage
Toujours...
Ça ne dépend pas
De toi ni de moi
Les autres saisons
Nous ne les voyons pas...

IIIe refrain

Le vent porte sur ses ailes
L'Orage ou l'aube nouvelle
Trésors et chagrins tout emmêlés
Les cœurs si forts et si frêles
L'un et l'autre qui s'appellent
Encore une fois vont s'envoler...

Paroles : *F. Mallet-Joris et M. Grisolia*
Musique : *Marie-Paule Belle*

I.

Du fog
dans Londres
Du smog
dans l'ombre
Ce n'est pas rare
du fog
dans Londres
du smog
c'est sombre
j'ai le cafard

Les bobbies bleutés
Traquent les délinquants
Big Ben a soupé
Avec ses vieux mendiants
Un cargo à quai
Sifflote un mi bémol
Qui se casse le nez
En v'nant toucher le sol

II.

Du fog
Plein Londres
On peut
Confondre
Matin et soir
Du smog
C'est sombre
Et Londres
Nous montre
Son beau costard.

Les bars clandestins
Fleurissent les sous-sols
On crois' des destins
En loqu' ou en faux-col
Le métro fumant
De l'opium et du gaz
Ecrit un roman
Dans l'alcool et le jazz

III.

Le fog
Sur Londres
Le smog
s'effondre
Moi j'en ai marre
Du fog
de Londres
Dans ces
Décombres
Il se fait tard...
Les rues de Chelsea
Pleines d'odeurs bizarres
Attendent le Messie
Derrière leurs comptoirs

Les pigeons mouillés
Sont seuls à Trafalgar
Mon rêv' s'est taillé
Il me reste le cafard.
(reprise au trombone du mouvement lent)

L'hiver des cœurs

Paroles : F. Mallet-Joris et M. Grisolia
Musique : Marie-Paule Belle

Les statues sous leurs casques
Ont vieilli
Les poissons dans les vasques
Ont pâli
C'est l'hiver, la bourrasque
A Paris,
Et la neige est un masque
A la vie.

Les maisons sous le ciel
Ont blanchi
Les parcs et les ruelles
Sont sans bruit
C'est l'hiver si cruel
A Paris
Et la neige est l'hôtel
De la vie.

  L'hiver des cœurs
  C'est la saison
  Des longues heures
  A l'abandon

Les gens sous leurs manteaux
Qui sont gris
Les taxis, les métros
Qui s'enfuient

C'est l'hiver, un corbeau
Sur Paris,
Et la neige est l'enclos
De la vie

Les néons réconfor-
tent la nuit
Quelqu'un frappe à ma porte
Et c'est lui
Et alors que m'impor-
te Paris
Car la neige m'emporte
Avec lui

    L'hiver au cœur
    En ta maison
    C'est la chaleur
    Nous nous aimons.

Les petits dieux de la maison

Paroles : F. Mallet-Joris
Musique : Marie-Paule Belle

Refrain

Les petits dieux de la maison
Souriaient en te voyant faire
Avec amour et déraison
Si maladroitement, ma mère
Au long des jours, au long des mois
T'usant le cœur, t'usant les doigts
A des besognes ménagères
Comme un ange un peu maladroit.

1

Je me souviens, le dé à coudre
fuyait tes doigts, malicieux
Les lunettes fuyaient tes yeux
Les objets semblaient se dissoudre
Quand tu les appelais, je crois ⎫ bis
Qu'ils revenaient autour de toi. ⎭

2

Je me souviens, dans le potage
Le sel était trop abondant

Ça brûlait mystérieusement
Nous cependant nous restions sages
Car ton sourire était si doux ⎱ bis
Que nous ne goûtions rien du tout ⎰

3

Je me souviens de notre enfance
On disait : comme ils sont nombreux
Sur notre appétit monstrueux
Tu te lamentais, il me semble
Mais à table, vite attendrie ⎱ bis
Tu invitais tous nos amis. ⎰

Refrain

Les petits dieux de la maison
Un jour ont choisi de se taire
D'autres mains rangent le salon
Mais où est ton amour, ma mère
Devant ce silence et ce froid
Ton ombre m'apparaît parfois
Cherchant s'il n'y a rien à faire
Comme un ange un peu maladroit.

C'est à mi-chemin

Entre toi et moi
entre doute et joie
Entre rien et tout
entre chien et loup
C'est à mi-chemin
entre tout et rien
que je te rejoins

Entre feu et froid
entre jeu et joie
Entre fleur et fruit
entre jour et nuit
C'est à mi-chemin
entre tout et rien
que je te rejoins

Entre tu et vous
entre sage et fou
Entre flûte et cor
entre amour et mort
C'est à mi-chemin
Entre tout et rien
que je te rejoins

Entre ici et là
entre rêve et drap
entre corps et cœur
entre alliance et peur
C'est à mi-chemin
entre tout et rien
que je te rejoins

Entre tôt et tard
entre viens et part
Entre terre et ciel
entre ombre et soleil
C'est à mi-chemin
entre tout et rien
que je te rejoins

Entre près et loin
entre plus et moins
Entre oui et non
amour et raison
c'est à mi-chemin
entre tout et rien
que je te rejoins

Etre ensemble c'est facile
tout peut arriver
Etre ensemble c'est fragile
tout peut se briser
C'est si tendre
de t'attendre. Il nous faut rester...

*Poèmes inédits*

Poèmes pour Daniel

Nous t'avons bien regretté dimanche
Quand les prés étaient verts et les aubépines blanches
Et les petites filles couraient dans les prés
En pensant que le monde était un grand carré,
Lumineux, tout parsemé de primevères...
En les cueillant, Pauline est tombée par terre
Avec sa couronne de fleurs, ses yeux arrondis de colère
Elle avait l'air du petit roi des nains, furieux.
Les primevères étaient très jaunes et ses yeux étaient très
    bleus
Et bleu aussi son grand tablier raide
Elle a tendu sa grosse petite main pour demander notre aide
Nous avons relevé le petit roi des nains
Alberte un peu jalouse a ri d'un air malin
Et nous avons compris qu'elle voulait être reine
Aussi. Nous avons tressé d'autres fleurs non sans peine
Et posé sa couronne, un peu sur le côté.
Nous sommes reparties parmi les primevères
Les petites filles bleues courant dans tout ce vert
Elles devant, et nous derrière, dans les prés
Et nous aurions voulu que le monde ne soit qu'un grand carré

Le Gué-de-la-Chaîne
un 1ᵉʳ mai avec Catherine

Maisons

Les maisons où nous sommes n'ont jamais de rideaux
On les voit s'allumer le soir comme de grands bateaux
Et les cris des enfants tiennent lieu de mouettes
Cris aigus, purs, vides, qui font encore paraître
Plus vaste et plus léger le silence aux plafonds hauts

Les maisons où nous sommes ont des portes mal fermées
Des planchers inégaux, des tentures fanées
Qui ne servent à rien
Les murs n'ont pas fini d'être tapissés ou peints
Il s'y agrippe des masques, des objets sans valeur et bizarres
C'est Arlequin perdu sur le quai d'une gare
Sa valise à la main

Les maisons où nous sommes ont de beaux paysages
Parfois. Ce serait bien plaisant sans le tangage
Et les petits enfants se noient dans les prés
Il faut en refaire d'autres, plus pâles, pour retourner
En ville, des enfants tristes, pour néons
Il va faire froid, bleuâtre, il faudra boire pour oublier
Que les murs sont faits de carton.

Je voulais un parquet luisant, une tulipe
Dans une cruche brune, sous l'almanach
Un profil doux, penché sur l'aiguille patiente
Et qui ne pense pas
Une présence dans la chambre d'à-côté
Une alliance avec les saisons, les années
La vie pas à pas

Les maisons où nous sommes ont un air de bâiller
Un air las de passage
Un air de salle d'attente où l'on a trop fumé
Trop écrit sur le papier gris à un absent
Qui nous a oublié
Nos maisons sont ailleurs, Dieu nous prenne en pitié

Espérance

Tous les jours, les enfants font des fleurs en papier
Des taches de couleur, des pantins, des flottilles
Tous les soirs les papiers déchirés et froissés
Meurent sous notre table.

Tous les jours les enfants font des chansons aiguës
Tous les jours des histoires aux pages d'un cahier
Ils bercent le jouet que le chien a brisé
Puis l'oublient et s'endorment.

Tous les jours les enfants égarent nos papiers
Brisent les bibelots et déchirent les livres
Tous les jours naît et meurt un prodige oublié
Qui loue Dieu de sa beauté.

Nos murs sont en papier nous ne possédons rien
Pas même le silence
Les enfants vont grandir et oublier ce temps
Où tout était louange

Mais nous ferons toujours des dessins oubliés
Des histoires à voix basse

Du bout du doigt sur la poussière du mobilier
Un ange trace
« Dieu soit loué » en mots calligraphiés.

Paris, octobre

Un petit mot pour Vincent

Bonjour ma petite alouette
Mon diamant
Mon beau soleil en gouttelettes
Ma claire fontaine d'argent
Mon hirondelle en coup de vent
Est-ce que tu existes vraiment ?

Un jour un peu biblique

Tout ce que je voudrais et ce que je n'ai pas
C'est toi qui l'as, Seigneur des pommes
Seigneur des mois dorés, pacifique empereur
Des sillons, des soirs pleins d'odeurs
Des couchants doux comme le cidre
De l'amour sage qui s'enivre
A petits coups, sans peur.

Tout ce que je voudrais et ce que je n'ai pas
La bûche dans le feu de bois
Le repos, la porte et le toit
Le nom d'un homme
Le jour clos comme un lit breton
La nuit sans rêves à tâtons
Et sans fantômes
Le geste au geste limité
Le cœur à l'horloge fixé
La mort comme un chien attaché
Qui fait un somme

Tout ce que je voudrais tu veux me le donner
Seigneur du doux royaume
Comme on cueille des fleurs comme on coupe des blés
Comme un soir de printemps l'enfant que tu couronnes

Sourit sous le carton doré
Et ton bras sur ma taille est prêt à moissonner
Tu possèdes et tu donnes
Ton regard est de pluie et l'herbe va monter.

Mais ce que je voudrais je ne l'aurai jamais
Seigneur de mes semailles
Mon blé je l'ai jeté à ce vent qui passait
Il l'emporte en un lieu où tu n'iras jamais
Moi-même ai les yeux pleins de paille
Et ma moisson est pour un étranger.

Tu règnes en Ta maison, Seigneur aux douces mains
Et ta femme est féconde et tu coupes le pain
Le soir dessus la planche
Un jour qu'il faisait froid tu m'avais hébergé
Je n'oublierai jamais tes deux mains sur mes hanches
Ni le sommeil dans ton grenier

Le passé

Nos amis de tous pays
Autour de la table
Mangent chantent parlent crient
Grappes de raisins grains d'épis
Sur les bancs inconfortables.

Les Espagnoles sont dans la cuisine et parlent de Franco
L'une d'elle est fille mère et son bébé est beau
Avec la mie de pain Günther esquisse un plan
Il n'y a rien de plus sûr que les techniciens allemands

Grappes de raisins grains d'épis
Serrés, poussés et assourdis
Autour de la table
Le vin est bon les enfants crient
Les bancs sont inconfortables

Une Polonaise est susceptible et se vexe d'un rien
Il ne faut pas parler quand elle joue du Chopin
Je ne tolère pas qu'on parle de mes livres
Quand la soirée s'avance nous sommes tous un peu ivres
Et des regards s'échangent qu'on oubliera demain.

Fâchés, contents, divers, unis
Trop de silence et trop de bruit
Parfois ils sont insupportables
Grappes de raisins grains d'épis

Daniel seigneur des portes entre et sort sans arrêt
Il fait du jazz avec ses copains on entend des rires niais
C'est l'âge. Son amie s'appelle Martine ils s'embrassent sur
[les yeux
Elle a l'air d'avoir douze ans et ne se lave jamais les cheveux
Mais Vladimir s'appelle Balkanowic et sa femme Solange
Quand Jacques parle de philosophie on dirait un archange

Sur les bancs inconfortables
Entre le chat et le chien
Entre le pain et le vin
Nos amis se sentent bien

Jean ne dit pas grand-chose il joue de la guitare
Parfois il lit des vers irréguliers le soir
Ses amours sont multiples complexes et poétiques
La bonté de son cœur le rend mélancolique
Et parfois quand on a sommeil, qu'il se fait tard
Et qu'il pleut, et que la vie s'allonge comme un trottoir
Interminable, il nous dit doucement en musique
Qu'après tout l'amour est unique...

Il y a Gilles et Pierrette qui sont toujours heureux
Parce qu'il le faut, que c'est un principe, et une sorte de
[modestie
Pour se permettre de souffrir il faut être orgueilleux
Monique est notre Minerve douce-amère, un peu snob
Jamais elle ne pourrait aimer un garçon qui s'appellerait Bob
Mais l'enfance dort dans ses yeux.

Il y a Francine et sa gourmette de métal
Ah ! il faut lui parler du diabète rénal !
Lucienne a un caractère très stendhalien
Françoise est bonne et fait du bien
La porte ne ferme pas bien
Entrez tous ne touchez à rien
Cette heure-là est si fragile
C'est notre bien.

Vincent lit Jules Verne Alberte joue du piano
Pauline chante fort et Catherine chante faux
Mais son âme est pure et droite comme une épée
Elle pense à Dieu et à l'amour quand la soupe est brûlée
Louez-le sur la flûte, sur la cithare et le saxo.

Essai de bibliographie

1947   *Poèmes du Dimanche.* Avec un portrait par Félix Labisse.
Edition originale. Bruxelles, Editions des Artistes, 1947.

1951   *Le Rempart des béguines.*
a) Edition originale. Paris, Julliard, 1951.
b) (Coll. Edition nouvelle, 30). Paris, Club des éditeurs, 1957.
c) Le livre de poche, n° 1031. Paris, 1963 *.

1955   *La Chambre rouge.*
a) Edition originale. Paris, Julliard, 1955.
b) Collection « J'ai lu » *.

1956   *Cordélia.*
Edition originale. Paris, 1956 *.
Les Mensonges.
a) Edition originale. Paris, Julliard, 1956.
b) Collection Fiction 64. Paris, Club des libraires de France, 1957.
c) Liège. Cercle des lecteurs, 1959.
d) Collection La guilde du livre, 324. Lausanne, La guilde du livre, 1959.

* Edition à laquelle se réfèrent les citations de *Le miroir, le voyage et la fête.*

  e) Collection « J'ai lu », n°⁵ 87-88. Paris, Ditis, 1960 *.

1958 *L'Empire céleste.*
  a) Edition originale. Paris, Julliard, 1958.
  b) Collection « Voici » 2-3. Paris, Union générale d'éditions, 1963.
  c) Collection « J'ai lu » *.

1961 *Les Personnages.*
  a) Edition originale. Paris, Julliard, 1961.
  b) Collection « J'ai lu » *.

1963 *Lettre à moi-même.*
  a) Edition originale. Paris, Julliard, 1963.
  b) Collection « J'ai lu » *.

1964 *Marie Mancini, le premier amour de Louis XIV.*
  Edition originale. Paris, Hachette, 1964 *.

1966 *Les Signes et les Prodiges.*
  a) Edition originale. Paris, Grasset, 1966.
  b) Cercle du Nouveau livre, édition club, 1966.
  c) Culture Art et Loisirs : publication dans la collection « Meilleur livre de la femme », 1973.
  d) Librairie Générale Française, édition Livre de poche, n° 3112, 1971 *.
  Enfance ton regard...
  Edition originale. Paris, Hachette, 1966.

1968 *Trois Ages de la nuit.*
  a) Edition originale. Paris, Grasset, 1968.
  b) Cercle du Nouveau Livre, édition Club, 1968 *.
  c) Librairie Générale Française, édition Livre de poche, n° 3861, 1974.

1970 *La Maison de papier.*
  a) Edition originale. Paris, Grasset, 1970.
  b) Club Français du Livre, édition Club, 1970.
  c) La Guilde du Livre, édition Club, 1971.
  d) France-Loisirs (Montréal), édition Club, 1973.

e) Culture Arts et Loisirs. Publication dans la collection « Meilleur livre de la femme », 1973.
f) Rombaldi, édition Club, 1974.
g) Librairie Générale Française, édition Livre de poche, n° 3337 *.
h) Livre de Paris, édition Club.
i) Librairie Générale Française, édition Livre de poche. Collection « Les Cent livres », 1972.
j) Editions de Saint-Clair, édition Club, 1975.

1973 *Le Jeu du souterrain.*
a) Edition originale. Paris, Grasset, 1973 *.
b) Club Français du Livre, édition Club, 1973.
c) Cercle du Livre de France (Montréal), édition Club, 1973.
d) Livre de Paris, édition Club, 1973.
e) France-Loisirs, édition Club, 1974.
f) Edition Livre de poche, 1976.

1975 *Juliette Gréco.*
Coll. « Poésie-Chansons ».
Edition originale, Seghers.

1976 *Allegra.*
Edition originale. Paris, Grasset, 1976.
J'aurais voulu jouer de l'accordéon.
Edition originale, coll. « Idée fixe », Julliard Paris 1976.

Livres pour enfants.

1972 *Le roi qui aimait trop les fleurs.*
Edition originale. Paris, Casterman.

1973 *Les feuilles mortes d'un bel été.*
Edition originale. Paris, Grasset.

Préfaces.

1962 Brontë E., *Haute-Plaine,* Club des amis du livre. Paris.

1963 Tolstoï L., *Anna Karénine*, Le Livre de poche. Paris,

1965 Cheever P., *Les Wapshot*, Julliard, Paris.

Traductions.

1960 Delaney S., *Un goût de miel*, en collaboration avec Gabriel Arout.
Œuvres Libres. Nouvelle série, n° 167. Paris, Fayard,

1963 Dayan Y., *Sables*, collection Capricorne. Paris, Julliard.

Editions.

1957 Nouvelles. Collection dirigée par Françoise Mallet-Joris. T. I. Paris, Julliard.

1963 Rendez-vous donné par Françoise Mallet-Joris à quelques jeunes écrivains. (Nouvelles.) Paris, Julliard.

Table des matières

Françoise Mallet-Vérité par Claude Roy (*les Livres de France*, février 1966)	7
Une Flamande corrosive par François Nourissier (*le Nouvel Observateur*, 15-6-1966)	11
Françoise Mallet-Joris répond au questionnaire Marcel Proust	15
Biographie très sommaire	19
Entretien avec Matthieu Galey	25
Les Œuvres vues par :	
Lise Deharme — *Poèmes du dimanche*	43
Gérard Bauer — *le Rempart des béguines* (*le Journal d'Alger*, 22-8-1951)	45
Jean Blanzat — *la Chambre rouge* (*le Figaro littéraire*, 19-2-1955)	49
Emile Henriot — *Cordélia* (*le Monde*, 29-2-1956) ..	53
Emile Henriot — *les Mensonges* (*le Monde*, 28-11, 1956)	57
Robert Kemp — *l'Empire céleste* (*les Nouvelles littéraires*, 27-11-1958)	63
Jean Mistler — *les Personnages* (*l'Aurore*, 21-3-1961)	67

Henry Bonnier — *Lettre à moi-même* (*le Provençal*, 24-2-1963) 73

Luc Estang — *les Signes et les Prodiges* (*le Figaro littéraire*, 1966) 79

Pierre-Henri Simon — *Trois Ages de la nuit* (*le Monde*, 27-4-1968) 83

Robert Kanters — *la Maison de papier* (*le Figaro littéraire*, 9-3-1970) 89

Kléber Haedens — *le Jeu du souterrain* (*Journal du Dimanche*, 25-2-1973) 95

Bertrand Poirot-Delpech — *Allegra* — *J'aurais voulu jouer de l'accordéon* (*le Monde*, 12-2-1976) ... 99

Poèmes du dimanche 105

Le Miroir, le voyage et la fête, par Monique Detry .. 131

Chansons 273

Poèmes inédits 297

Essai de bibliographie 311

www.ingramcontent.com/pod-product-compliance
Lightning Source LLC
Chambersburg PA
CBHW050838230426
43667CB00012B/2049